roro

Wie kann man sich von Stress, Sorgen, Angst, Schmerzen, Depression und Abhängigkeiten lösen? Stanley H. Block stellt zwei einfache Techniken vor, die sich in jeder Situation durchführen lassen und das sich immer schneller drehende Gedankenkarussell stoppen.

Außerdem hat Block ein Zehn-Tage-Programm erarbeitet, das schon vielen Menschen geholfen hat, ihr Leben erfolgreich zu verändern.

Stanley H. Block ist Professor für Jura und Psychiatrie an der Seattle University, Professor für Psychiatrie an der University of Utah und arbeitet auch als niedergelassener Psychiater und Psychotherapeut.

Dr. Stanley H. Block

STOPP DAS DENKEN, SPÜR DAS LEBEN!

Die Tyrannei der negativen Gedanken durchbrechen

Deutsch von Christoph Bausum

Rowohlt Taschenbuch Verlag

Die Originalausgabe erschien 2005 unter dem Titel
«Come to Your Senses» bei Beyond Words Publishing, Inc.,
Hillsboro, Oregon (www.beyondword.com).

Deutsche Erstausgabe
Veröffentlicht im Rowohlt Taschenbuch Verlag,
Reinbek bei Hamburg, Januar 2010
Copyright der deutschen Ausgabe © 2010 by Rowohlt Verlag GmbH,
Reinbek bei Hamburg
«Come to Your Senses»
Copyright © 2005/2007 by Stanley H. Block
Redaktion Angela Troni
Umschlaggestaltung ZERO Werbeagentur, München
(Foto: Blue Line Pictures/Getty Images)
Satz aus der Weiss und Myriad PostScript (InDesign) bei
Pinkuin Satz und Datentechnik, Berlin
Druck und Bindung CPI – Clausen & Bosse, Leck
Printed in Germany
ISBN 978 3 499 62570 1

Erfahren Sie,

wie Ihr Identitätssystem Sie daran hindert, den auch in Ihnen vorhandenen heilsamen Quell des Wohlbefindens und der Weisheit zu entdecken und auszuleben.

Lernen Sie,

wie Sie Ihr Identitätssystem durch Bridging ruhigstellen und Ihr Leben voll ausschöpfen können.

Inhalt

Vorwort

In den zwei Jahren seit der ersten Veröffentlichung von *Stopp das Denken, spür das Leben!* haben Bridging und Mind-Body-Mapping bei Tausenden von Menschen ihre Wirksamkeit als Therapiemethoden unter Beweis gestellt. Das ist spirituell ebenso wie empirisch (durch medizinische Forschung) belegt. Seit 2006 untersucht das *Veterans Administration Medical Center* in Salt Lake City, durch welche Mechanismen Bridging und Mind-Body-Mapping aus Krisengebieten heimgekehrten Soldaten helfen, die Folgen von posttraumatischen Belastungsstörungen zu überwinden, Aggressionen und Suchtprobleme zu bewältigen und sich erfolgreich wieder in ihren Alltag als Zivilpersonen einzugliedern.

Tausende Menschen haben unsere Methoden kennengelernt und erfolgreich eingesetzt, nachdem sie unser Buch gelesen, an einem unserer Seminare oder ambulanten Therapieprogrammen teilgenommen oder durch unsere Fernseh- und Radioauftritte davon erfahren haben. Dazu gehören Menschen, die Probleme mit chronischen Schmerzen, mit ihrem Gewicht sowie mit Aggressionen innerhalb der Familie oder am Arbeitsplatz hatten. Profisportler, Manager, Geistliche und Verkäufer nutzen diese Techniken, um ihre Leistungen zu verbessern. Besonders effektiv sind Bridging und Mind-Body-Mapping bei der Suchtbekämpfung – die Rückfallquoten in den Therapieprogrammen sinken erheblich, wenn die Betroffenen zusätzlich mit Bridging arbeiten.

Diese überarbeitete Ausgabe von *Stopp das Denken, spür das Leben!* enthält ein zusätzliches Kapitel mit einem Zehn-Tage-Programm, das schon vielen Menschen geholfen hat, ihr Leben erfolgreich zu verändern.

Buch und Programm wollen Sie nicht dazu auffordern, Ihre Vergangenheit zu rekonstruieren, negative Gedanken zu verbannen, neue Verhaltensweisen anzunehmen oder sich auf irgendeine Weise zu «reparieren». Vielmehr werden Sie Ihren inneren Quell der Heilung, des Wohlbefindens und der Weisheit aktivieren, indem Sie lernen, Ihr Identitätssystem zu erkennen und ruhigzustellen. Das Identitätssystem ist ein natürliches Körpersystem, das in uns allen vorhanden ist. Es kann Ihre Sinne abstumpfen lassen, Ihr Denken lähmen, Ihren Körper verspannen und Ihnen ein falsches Bild darüber vermitteln, wer Sie eigentlich sind. Dieses falsche Bild ist so stark, dass Sie es mit jeder Zelle Ihres Körpers verinnerlichen. Wenn Sie lernen, das Identitätssystem ruhigzustellen und Ihre Sinne zu aktivieren, wird sich Ihr Leben in jeder Hinsicht verändern.

Sie denken, das klingt zu schön, um wahr zu sein? Sie müssen nicht blindlings glauben, was wir Ihnen erzählen. Nehmen Sie sich lieber zwei Minuten Zeit, dann können Sie Ihr eigenes Identitätssystem in Aktion erleben. Holen Sie Ihre To-do-Liste hervor oder denken Sie an Ihre bevorstehenden Verpflichtungen. Bemerken Sie die Anspannung, die von Ihrem Körper Besitz ergreift, während Sie dies tun? Heben sich Ihre Schultern, ballen sich Ihre Fäuste oder verspannt sich Ihr Rücken? Achten Sie darauf, wo Ihr Körper die Spannungen manifestiert. Jetzt streichen Sie mit den Fingern langsam über den Umschlag dieses Buches. Spüren Sie die Beschaffenheit und Temperatur des Umschlags in Ihren Fingerspitzen. Fühlen Sie sich in Ihre Fingerspitzen hinein, während Sie weiter über das Buchcover streichen, und achten Sie darauf, was geschieht. Konzentrieren Sie sich auf das, was Ihre Fingerspitzen empfinden. Halten Sie einen Moment inne und hören Sie auf die Hintergrundgeräusche, die Sie umgeben. Achten Sie darauf, was mit der Spannung in Ihrem Körper passiert, wenn Sie Ihre Sinne aktivieren.

Das Identitätssystem sorgt nicht nur für körperliche Anspannung, es benebelt auch Ihre Sinne und macht Sie taub für Ihre Mitmenschen und Ihre Umgebung. Denken Sie zum Beispiel an die unzähligen Gegenstände und Oberflächen, die Sie heute schon berührt haben. Haben Sie die Schlüssel, die Tassen, die Schuhe, das Wasser, das Frühstücksbesteck und all die anderen Dinge wirklich gespürt, die heute Teil Ihres Lebens waren? Wann haben Sie das letzte Mal beim Autofahren eine Ausfahrt oder Abzweigung verpasst, weil Sie in Gedanken woanders waren? Wie viele Bemerkungen, wie viel Körpersprache, wie viele Nuancen des Lebens haben Sie in dieser Woche in Ihrem Umgang mit anderen Menschen übersehen?

Vielleicht denken Sie, dass dieses Übersehen, Überhören und Nichtwahrnehmen ganz natürlich ist, eine Begleiterscheinung unseres schnellen und aktiven Lebens, die keine nachteiligen Folgen hat. Aber das stimmt nicht! Ihr Identitätssystem bemächtigt sich Ihrer Gedanken, fährt Ihre Sinne herunter – und hindert Sie so daran, das ganze riesige Potenzial Ihres Lebens zu verwirklichen. Es schränkt Ihr Fühlen, Denken und Handeln ein. Wenn Sie Ihre Sinne neu aktivieren und lernen, sich mit Ihrem Identitätssystem auszusöhnen, werden Sie erstaunt sein, wie unglaublich reich und befriedigend das Leben ist, das Ihnen offensteht.

Dieses Buch bietet Ihnen zwei Möglichkeiten, Ihr Leben erfolgreich umzukrempeln: Zum einen können Sie das Buch von vorn bis hinten durchlesen und dann das Zehn-Tage-Programm in Kapitel 13 absolvieren. Zum anderen können Sie die Einleitung lesen und dann sofort zu Kapitel 13 springen. Absolvieren Sie Schritt für Schritt das dort beschriebene Zehn-Tage-Programm und lesen Sie parallel dazu die entsprechenden Abschnitte des Buches, die zum Thema des jeweiligen Tages gehören. Die Lektüre wird das Verständnis der einzelnen Lektionen und Übungen dieses Tages vertiefen. Egal auf welche Weise – Sie können Ihren eigenen Weg wählen, um Ihr Leben in jeder Hinsicht zu verbessern. Lassen Sie uns anfangen!

Einleitung   Die Entdeckung

«Ich habe ihn behandelt, Gott hat ihn geheilt.»
Ambroise Paré

In meiner vierzig Jahre während Laufbahn als Arzt, Psychiater und Psychoanalytiker habe ich mir viele Gedanken über das Mysterium der Heilung gemacht. Ich war stets davon überzeugt, dass wir das Leid der Menschen nachhaltig verringern könnten, wenn es uns gelänge, herauszufinden, auf welche Weise wir unsere natürlichen Heilprozesse behindern. Wenn wir die Barrieren für das Heilen beseitigten, könnten wir unsere angeborene Vitalität freisetzen und nicht nur unser physisches Leben heilen, sondern das emotionale und spirituelle Leben gleich mit dazu. Mit diesem Ziel vor Augen fing ich an, nach einem System im menschlichen Körper zu suchen, das verantwortlich dafür sein könnte, unsere natürliche Heilung zu behindern.

Wir wissen, dass natürliche Heilung dem Menschen angeboren ist. Während Sie diese Zeilen lesen, werden in Ihrem Körper beschädigte oder sterbende Zellen in einem natürlichen Prozess geheilt oder regeneriert. Ebenso werden, während Sie noch den nächsten Atemzug nehmen, in den Tiefen Ihres Gehirns zahlreiche Probleme gelöst. Genau so,

13

wie sich Muskeln nach starker Anstrengung auf natürliche Weise erholen und wieder zu Kräften kommen, so findet auch Ihr Gehirn auf natürliche Weise Erholung und Heilung von Stress und Belastungen des täglichen Lebens. Die natürlichen Heilungssysteme des menschlichen Organismus sorgen auf körperlicher, geistiger und spiritueller Ebene unablässig für Harmonie und Gleichgewicht und halten so die Gesundheit aufrecht.

Der menschliche Organismus ist eine wundervolle Anordnung ineinander verwobener Systeme. Das Herz-Kreislauf-System reguliert den Blutkreislauf. Herz, Blutgefäße und ein riesiges neuroendokrines Netzwerk liefern sauerstoffreiches Blut an Gehirn, Muskeln und lebenswichtige Organe. Das Magen-Darm-System, bestehend aus Mund, Speiseröhre, Magen, Dünndarm, Dickdarm und Mastdarm sowie Stoffwechselorganen wie Leber und Bauchspeicheldrüse, zerlegt die Nahrung und führt sie dem Stoffwechsel zu. Das Zentralnervensystem mit Gehirn, Hirnstamm, Rückenmark und dem peripheren Nervensystem, die alle aufs feinste eingerichtet sind, Körper und Geist zu steuern und gesund zu erhalten, ist so etwas wie der Vorstandschef dieses ganzen Verbunds.

Nirgendwo in diesen bekannten Systemen konnte ich ein Element finden, das als Wurzel der menschlichen Funktionsstörungen in Frage kam. Am Anfang meines Berufslebens hatte ich als theoretischer Physiker für General Dynamics an Steuerungssystemen für Raketen und Satelliten gearbeitet und für die Rand Corporation ein neuronales Netzwerk für Anpassungsverhalten untersucht. Die wissenschaftliche Herangehensweise an das Identifizieren und Lösen von Problemen war mir bei meiner Suche eine unschätzbare Hilfe. Mein Glaube an eine höhere Macht jenseits der Wahrnehmung meines beschränkten Verstandes bestärkte mich, trotz einer Reihe von Fehlschlägen immer weiterzumachen. Mit einer höheren Macht meine ich diese unbeschreibliche Essenz unseres Daseins, ob man sie nun Gott, Jesus, Allah, Buddha, universelles Bewusstsein, das Absolute oder das Nichts nennt. Ich selbst ziehe die Bezeichnung *Quelle* vor. Der Mensch kann von dieser Quelle des Lebens ebenso wenig getrennt sein wie ein Lichtstrahl von der dazugehörigen Lichtquelle. Doch spüren Sie diese Verbindung in Ihrem Alltag? Ich tat es nicht, mir fehlte ein Gefühl des Wohlergehens. Egal wie erfolgreich ich war, ich konnte keine innere Ruhe finden, darum war ich um so fester entschlossen, herauszufinden, welche Barriere uns daran hindert, 24 Stunden am Tag die Verbindung zur Quelle unseres Lebens zu spüren – und zur Heilung, die unser angeborenes Recht ist.

Es dauerte mehrere Jahre, bis ich die Antwort erkannte – und das geschah nicht mit einem Paukenschlag, sondern mit einem leisen Summen. Eines Abends saß ich in meinem Wohnzimmer. Alles war still, abgesehen von dem leisen Brummen des Straßenverkehrs irgendwo draußen und dem vertrauten Geräusch des laufenden Kühlschranks. Plötzlich hörte das Summen des Kühlschranks auf. Etwas später fing es wieder an. Doch der Kühlschrank war die ganze Zeit gelaufen. Ich hörte angespannt hin und bemerkte, dass immer dann, wenn ich Gedanken nachhing, das Summen des Kühlschranks nachließ. Plötzlich ging mir auf, dass meine selbstbezogenen Gedanken mir die Ohren verschlossen hatten! Mir fiel auf, dass ich völlig ruhig war, wenn ich meine Aufmerksamkeit auf das Summen der Maschine lenkte. Wenn mir das Geräusch entglitt, war mein Kopf dagegen mit Gedanken verstopft, mein Körper war angespannt, und ich hatte einen Tunnelblick.

Meine eigenen Gedanken hatten einen Zusammenbruch meines Bewusstseins ausgelöst! Auf einmal dämmerte es mir: *Das Herunterfahren unseres Bewusstseins trennt uns von der Essenz unseres Daseins.* Mit heruntergefahrenen Sinnen sind wir von unserer Quelle und von allem Sein abgeschnitten. Letztlich hatte der simple Akt des Lauschens auf ein banales Haushaltsgeräusch meine Sinne aktiviert.

In den folgenden Wochen fing ich an, stärker auf meine Sinne zu achten. Ich erkannte, dass ich jeden Tag Hunderte von Gegenständen berührte, ohne dass mir bewusst war, wie sich irgendeiner davon anfühlte. Ich sah unzählige Dinge und Menschen, aber ich konnte nicht wirklich sagen, dass ich sie wahrgenommen hatte. Wie den meisten Menschen wäre es mir oft unmöglich gewesen, nachdem ich mein Auto vor der Tür geparkt hatte, irgendetwas zu benennen, das ich auf der Fahrt nach Hause gesehen hatte.

Ich hatte das Problem erkannt – das zusammengebrochene Bewusstsein; als Nächstes musste ich nun herausbekommen, welches «Ding» das Bewusstsein zusammenschrumpfen lässt und uns die Freude am Leben verdirbt. Es war mir klar, dass der Akt des Denkens selbst nicht der springende Punkt sein konnte, schließlich ist Denken eine natürliche Funktion. Mir war aufgefallen, dass ich immer noch denken und gleichzeitig Hintergrundgeräusche hören konnte. Schließlich fand ich heraus, dass nur bestimmte Gedanken uns unfähig machen, unsere Quelle zu spüren. Wenn sich das Bewusstsein ausdehnt, dann lösen bestimmte Gedanken ein System aus, das das Bewusstsein zusammenbrechen lässt. Andere Gedanken tun das nicht. Bei mir äußerte sich das so, dass ich auf der Autobahn oft meine Ausfahrt verpasste. Wenn jemand mit mir redete, hörte ich nicht immer, was der andere sagte. Wenn ich mich morgens anzog, wenn ich zu Fuß ging, wenn ich Sport trieb, war ich mir meiner Bewegungen nicht bewusst. Ich spürte nicht die unzähligen Objekte, die ich berührte. Sobald das System, was auch immer es war, «in Betrieb» war, funktionierte ich nur eingeschränkt. Zu diesem Zeitpunkt hatte ich noch keinen Namen für jenes System, das uns daran hindert, unsere Essenz zu spüren und das Leben voll auszuschöpfen. Außerdem musste ich erst noch herausfinden, welchem Zweck es diente.

Die nächsten Antworten bekam ich aus dem Mund eines Kindes.

Eines Tages saß ich in einem Flugzeug hinter einer Mutter und ihrer dreijährigen Tochter. Ich verfolgte, wie sie sich mit einem Passagier unterhielten, der auf der anderen Seite des Mittelgangs saß. Der Mann stellte sich dem Kind vor: «Ich bin Joe, und wer bist du?» Die Mutter freute sich, als ihre Tochter stolz sagte: «Ich bin Elizabeth.» Sie unterhielten sich nett miteinander, er neckte sie, und sie lachte. In dieser unbeschwerten Stimmung fing er an, sie Joe zu nennen. Sofort korrigierte sie ihn: «Ich bin Elizabeth.» Er neckte sie weiter und sprach sie immer wieder als Joe an. Bald wurde sie verkrampft und ängstlich, und schließlich fing sie an zu weinen. «Ich bin Elizabeth!», schrie sie frustriert. Joe hörte mit dem Necken auf und dank dem Trost und der Zusprache der Mutter hatten sich die beiden bis zum Ende des Fluges wieder versöhnt.

Mir war bei dieser Unterhaltung ein Licht aufgegangen. «Elizabeth» war nicht nur der *Name*, mit dem man das kleine Mädchen rufen konnte, sondern es war auch die Bezeichnung für das, *was* sie zu sein glaubte. Sobald diese Identität in Frage gestellt war, wurde ein ganzes System aktiviert. Das System, nach dem ich gesucht hatte, das System, das die Wurzel von Krankheit, Stress und Unzufriedenheit bildete, war das *Identitätssystem*! Plötzlich konnte ich Elizabeths Kummer verstehen: Wenn meine Identität (also wer ich zu sein glaubte) in Frage gestellt war, aktivierte sich mein Identitätssystem, was Angst, körperliche Anspannung, eingeschränkte Funktionen und ein reduziertes Bewusstsein zur Folge hatte.

In diesem Buch will ich das menschliche Identitätssystem untersuchen und der Frage nachgehen, wie es die natürliche Verbindung zwischen Körper und Geist (die sogenannte Mind-

Body-Verbindung) unterbricht und Bewusstsein sowie Selbstheilungskräfte eines jeden Menschen auf diesem Planeten einschränkt. *Stopp das Denken, spür das Leben!* benennt nicht nur das Problem, das Sie und mich davon abhält, unser Leben voll auszuschöpfen, sondern es bietet auch ein Arsenal von Werkzeugen, mit denen sich die Manipulationen Ihres Identitätssystems leicht umgehen lassen. In zwölf Kapiteln werden Sie zunächst lernen, die Tricks Ihres Identitätssystems zu erkennen, und dann, wie Sie Ihr System ausschalten, damit Sie natürlich und frei funktionieren können. Zahlreiche Beispiele aus meinen Seminaren liefern Kontext und Ermutigung, während Sie lesen, wie Sie Ihre Sinne aktivieren, um das Leben zu führen, für das Sie bestimmt sind.

Das Identitätssystem hat eine enorme Macht. Es zu verstehen kann die grenzenlose angeborene Essenz Ihres Daseins befreien. Ich will Sie ermutigen, *Stopp das Denken, spür das Leben!* zu nutzen, um für sich selbst eine sofortige, gewaltige, kontinuierliche und positive Lebensveränderung herbeizuführen. Der Bewusstseinswandel, den Sie beim Lesen dieses Buches erfahren werden, setzt sofort ein, sobald Sie die ersten einfachen Maps erstellen, die deutlich machen, wie Ihr Identitätssystem Sie einschränkt und schädigt.

Durch diese Erneuerung wird Ihr negativer Selbstdialog – sei es «Er liebt mich nicht», «Ich kann das nicht», «Mit diesen Rückenschmerzen werde ich nie wieder aktiv sein können» oder «Das wird nie etwas werden» – in der unermesslichen Weite Ihres natürlichen Ichs verschwinden. Wie Sie wissen, ist die Macht des positiven Denkens von kurzer Dauer. In diesem Buch werden Sie nicht lernen, auf eine bestimmte Art zu «sein», stattdessen wird Ihnen bewusstwerden, wie Sie *mehr* von dem werden können, was in Ihnen steckt – vitaler und authentischer. Wenn Sie momentan Schwierigkeiten haben, die Zeit zu finden, Ihr Leben zu genießen, dann werden die beschriebenen Bridging-Techniken die Qualität Ihres Lebens verbessern. Wenn Sie sich nach einem harten Arbeitstag nicht entspannen können, werden Sie lernen, die in Ihrem Kopf umherwirbelnden Gedanken zu beruhigen. Sie werden sehen, dass es genauso leicht ist, den Geist zur Ruhe kommen zu lassen wie den Körper. Zahlreiche Beispiele – von Menschen, die mit Schmerzen, Krankheiten, Sucht oder Traumata kämpfen, bis zu solchen, die ihre Leistung steigern wollen – illustrieren die Ausführungen in den einzelnen Kapiteln.

Für eine solche grundlegende Veränderung ist man niemals zu alt. Die 78-jährige Jeanette hatte ihr Leben innerhalb weniger Tage umgekrempelt, nachdem sie angefangen hatte, die Bridging-Techniken aus diesem Buch einzusetzen. Sie hatte eine schwere Jugend, wuchs als jüngstes von acht Kindern zur Zeit der Weltwirtschaftskrise auf. Mit zehn Jahren musste sie bei fremden Menschen putzen gehen, um die Finanzen ihrer Familie aufzubessern. Ihre Mutter war bettlägerig, sie litt unter rheumatischer Arthritis und war lieblos und distanziert. Als Mutter war Jeanette dann schwierig, sie versuchte, das Leben ihrer Kinder und Enkel zu kontrollieren, wollte sich in ihnen verwirklichen, traktierte sie mit unwillkommenen Ratschlägen und kritisierte sie oft. Die Beziehungen innerhalb der Familie waren verständlicherweise belastet. Nach mehreren erfolglosen Versuchen mit traditioneller Psychotherapie kam sie mit über 60 Jahren zu einem meiner Seminare und begann mit den Bridging-Übungen. Weniger als eine Woche nach ihrer ersten Sitzung konnte sie erkennen, dass das, was in ihrer Kindheit geschehen war, sie nicht dauerhaft geschädigt hatte. Vielmehr schädigten sie ihre Gedanken, die wieder und wieder zu diesen Erinnerungen zurückkehrten. Als Jeanette erkannte, dass das die Methode war, mit der ihr Identitätssystem sie kontrollieren und auf ein beschädigtes Ich begrenzen wollte, wurde sie entspannter und offener. Statt ihre Kinder zu kritisieren, hörte sie ihnen zu. Zu ihrer großen Überraschung ging ihre Familie sofort auf sie zu. Jeanette fing außerdem an, sich mit Kunst zu beschäftigen. Eine Nachbarin bemerkte die Persönlichkeitsveränderung und fragte sie, ob sie Psychopillen nähme! Eine andere Nachbarin sagte: «Du liebe Zeit, seit wann bist du denn nicht mehr so empfindlich? Ich kenne dich schon seit 20 Jahren. Wie ist das passiert?»

In meinen Seminaren wollen die Teilnehmer oft wissen, wie es sein kann, dass Heilung und Veränderung so simpel sind. Sie fragen sich, wie es möglich ist, dass die Techniken in diesem Buch – auf Hintergrundgeräusche hören, gezielt auf Körperempfindungen achten, spüren, was die Finger berühren – ihr Leben verändern. Ihr Identitätssystem will nicht, dass sie auf ihre angeborenen Selbstheilungskräfte vertrauen. Doch es ist wahr: Was sie – und Sie – tun müssen, um diese grenzenlose Kraft der Selbstheilung und eine Ahnung der Ihnen offenstehenden Möglichkeiten freizusetzen, ist lediglich, Ihre Sinne neu zu aktivieren.

Allerdings ist es nach meiner Erfahrung so, dass die meisten Menschen zwar die Bedeutung dieser Worte verstehen, doch die Trennung von unseren Sinnen ist in unserem modernen Leben derart tief verwurzelt, dass kaum jemand dazu in der Lage ist, diesen Weg ohne Hilfestellung zu beschreiten. Genau darum geht es daher in diesem Buch. Hier finden Sie eine elegante, einfache und wirkungsvolle Methode, ein natürlicheres und glücklicheres Leben zu führen. Sie können innerhalb weniger Stunden eine Veränderung anstoßen, die Ihr Leben auf den Kopf stellen wird. Ob Sie als Vater, Mutter, Freund oder Partner besser werden wollen, ob Sie Ihre Leistungen im Beruf steigern, Gewicht verlieren oder eine ungesunde Abhängigkeit beenden wollen – *Stopp das Denken, spür das Leben!* wird Ihnen helfen, sich auf ganz einfache, aber grundlegende Weise zu verändern. Wer an chronischen Schmerzen leidet, wird die wahre

Heilkraft seines Körpers erfahren, und wer mit Aggressionen, Depressionen oder Angst zu kämpfen hat, wird bemerken, dass seine Perspektive – und sein Leben – sich ändern, wenn er sich von der inneren Weisheit seines Körpers leiten lässt und aufhört, auf den alten, selbstzerstörerischen Selbstdialog zu hören. Was immer Sie sich vom Leben wünschen – wenn Sie Ihre Sinne neu aktivieren, werden Sie eine Ruhe und Klarheit erlangen, die Ihnen in allen Lebenslagen zur Seite stehen können.

Die folgenden Kapitel enthalten zahlreiche Übungen und Erfahrungen aus Seminaren und Therapiesitzungen aus fast vier Jahrzehnten. Die Techniken in *Stopp das Denken, spür das Leben!* sind über viele Jahre der praktischen Anwendung immer weiter verfeinert worden. Ich bin sicher, dass sie Heilung und Harmonie in Ihr Leben bringen werden. Nutzen Sie sie, um Ihre persönliche Weisheit und die Selbstheilungskräfte kennenzulernen, die Ihnen angeboren sind.

1 Die Heilung beginnt bei Ihrem Identitätssystem

Von Jugend an wird uns beigebracht, dass wir auf unseren Körper achten sollen. Wir lernen, uns die Haare zu waschen, die Zähne zu putzen und die Nägel zu schneiden. Man sagt uns, dass wir unsere Muskeln trainieren und keine ungesunden Dinge essen sollen. Wir eignen uns all das an, was nach Meinung unserer Eltern und Lehrer wichtig ist, um ein glückliches und produktives Leben zu führen.

Doch selten, wenn überhaupt, wird uns beigebracht, was wir mit unseren Gedanken tun sollen. Natürlich muss man bei vielen Gedanken auch nichts *tun*, denn sie kommen und gehen einfach und richten so wenig Schaden an wie ein Vogel, der in unser Blickfeld fliegt und gleich darauf wieder daraus verschwunden ist. Doch daneben gibt es viel zu viele andere Gedanken, die in unserem Kopf klebenbleiben wie Fliegen an einer Fliegenfalle. Einige bleiben jahre- oder sogar lebenslang haften und füllen unser Denken mit Sorgen, unnötigem Ballast und Lärm – ein Zustand, der unser Leben in vielfältiger Weise schädigt. Was ist das nur für ein Klebstoff, der Gedanken noch lange nachdem sie ihr Verfallsdatum überschritten haben, in unserem Kopf festhält? Produziert wird er von unserem Identitätssystem, einem System, das den bereits erwähnten anderen Systemen ähnelt, die unseren Körper am Laufen halten: dem

Zentralnervensystem, dem Herz-Kreislauf-System und dem Magen-Darm-System.

Das menschliche Identitätssystem hat sich entwickelt, um die Abgrenzung von Familien, Klans, Kulturen, Rassen, Nationen und Spezies zu unterstreichen und zu vertiefen – mit anderen Worten, um uns dabei zu helfen, unsere eigene individuelle Identität zu schaffen. Das Identitätssystem besteht also schon per Definition aus selbstbezogenen Gedanken, den Menschen würden sonst Eigeninteresse, Richtung und Antrieb fehlen. Doch obwohl sein Zweck darin besteht, für Individuation und soziale Strukturen zu sorgen, die wir zum Überleben brauchen, behindert das Identitätssystem durch den Drang zur Trennung gleichzeitig die menschliche Entwicklung. Das Bedürfnis nach Abgrenzung hat aus evolutionärer Sicht betrachtet nämlich nicht nur positive Folgen. Individuen und Zivilisationen konnten dank der Entwicklung ihrer Identitätssysteme reifen und gedeihen. In seinem Buch *Das unbeschriebene Blatt* vertritt Steven Pinker die einleuchtende These, dass das Identitätssystem sogar genetisch verankert ist. Er schreibt, dass solche Erfindungen wie Namen, Tabus, Ehe, Regierung, Werkzeuge und wirtschaftliche Ungleichheit in allen Gesellschaften vorhanden sind. Andere gemeinsame Merkmale der Individuation sind Aggression, Gewalt, Waffen, Sexualneid, Neid und Bescheidenheit.

Das Identitätssystem an sich ist nicht das Problem. Problematisch wird die Sache erst, wenn es dominant wird und das harmonische Zusammenspiel zwischen Abgrenzung (das Identitätssystem) und Einheit (die Quelle) stört. Seine positive Wirkung endet an jenem Punkt, an dem Ihr Ich einen starren und exklusiven Charakter bekommt – wenn Sie nur noch die Geschichte Ihres Identitätssystems sind und sein können und nicht mehr wissen, wie Sie es ruhigstellen sollen. Denn immer, wenn es überaktiv wird, schränkt es das Bewusstsein ein, schafft Angst und stört die Harmonie und das Gleichgewicht der

Mind-Body-Verbindung. Das führt langfristig zu einer falschen und eingeschränkten Sichtweise, die nicht nur Ihre Selbstwahrnehmung beeinträchtigt, sondern auch Ihre Aktivitäten, denn es reduziert Sie darauf, nur so gut sein zu können wie Ihr letzter Gedanke. Doch das ist natürlich eine Täuschung. Alle Gedanken sind nämlich lediglich eine Folge der Tatsache, dass eine Gehirnzelle Neurotransmitter ausgestoßen hat. Um sich von selbstbeschränkenden Gedanken befreien zu können, ist es von entscheidender Bedeutung, dass Sie das Identitätssystem und seine Wirkungsweise durchschauen.

Das Identitätssystem ist nicht gleichzusetzen mit dem Freud'schen Ich, der Instanz unserer Psyche, die die Welt erfährt und darauf reagiert, die zwischen inneren Bedürfnissen und den Forderungen der Gesellschaft vermittelt. Das Freud'sche Ich kann durch natürliche Funktionen wie Hören, Sehen, Erinnern, Denken, mit anderen in Beziehung treten, Fühlen und Handeln charakterisiert werden. Das Identitätssystem dagegen zeichnet sich durch eine übertriebene Selbstbezogenheit aus; es schafft eine Identität, die nicht authentisch ist – weil sie nicht komplett ist – und die im Alltag Ihren natürlichen Funktionen in die Quere kommt.

Die Anforderungen des Identitätssystems

Ihr Identitätssystem basiert auf Gedanken, die ich *Anforderungen* nenne. Damit greife ich ein Konzept von Charlotte Joko Beck auf, die während ihrer dreißigjährigen Lehrtätigkeit und in ihren beiden Büchern *Einfach Zen* und *Zen im Alltag* diesen Begriff geprägt und viele der Bewusstseinsübungen, die in den nachfolgenden Kapiteln erwähnt werden, eingesetzt hat. Diese Anforderungen verstärken das beschädigte Ich (ein dysfunktionaler Body-Mind-Zustand) und diktieren, wie Sie und der

Rest der Welt sein sollten. Sobald Sie nun das Gefühl haben, dass diese Anforderungen nicht erfüllt werden, verspüren Sie die Symptome des aktivierten Identitätssystems: Anspannung, Angst und körperliches Unbehagen. Die Anforderungen des Identitätssystems sind Manifestationen des beschädigten Ichs, die Sie zwingen, sinnlos Energie aufzuwenden für den aussichtslosen Versuch, sie zu erfüllen. Welche Auswirkungen das haben kann, zeigt das folgende Beispiel.

Isabella, eine Verkäuferin in einer Boutique, ging abends oft genervt, erschöpft und aufgebracht nach Hause, nachdem sie den ganzen Tag lang dem Klatsch ihrer Kolleginnen und den Ansprüchen ihrer Kundinnen ausgesetzt gewesen war. Nachdem sie einige Wochen lang die in diesem Buch beschriebenen Techniken praktiziert hatte, stellte sie fest, dass sie ihre Arbeit auf einmal mit anderen Augen betrachtete. Wenn Isabellas Kolleginnen Klatsch und Tratsch austauschten, lächelte sie nur, weil ihr nun bewusst war, dass sie die Anforderung hatte, dass man nicht tratschen soll. Sie ließ es nicht mehr zu, dass das Verhalten der Kolleginnen ihre Reaktionen bestimmte, und konzentrierte sich stattdessen auf ihre Arbeit. Wenn Kundinnen ihr gegenüber fordernd und gereizt waren, erkannte sie ihre unrealistische Erwartungshaltung, alle Kunden glücklich zu machen. Sobald sie diesen Gedanken erkannt hatte, konnte sie ihn loslassen. Einmal davon befreit, meisterte sie Situationen, die sie vorher angespannt und niedergeschlagen zurückgelassen hatte. Auch ihr Privatleben verbesserte sich – weil sie auf der Arbeit entspannt war, verliefen auch die Abende mit ihrem Mann deutlich entspannter und harmonischer.

Wir Menschen haben eine Menge gemeinsamer Anforderungen unseres Identitätssystems, wie etwa «Ich sollte alles richtig machen», «Mein Leben sollte besser sein», «Ich sollte mehr Selbstkontrolle besitzen» oder «Andere sollten ehrlich und rücksichtsvoll sein». Wenn ich mit dem Auto unterwegs bin und mehrere rote Ampeln nacheinander erwische, denke ich: «Mensch, warum sind hier so viele rote Ampeln? Warum hat man die nicht synchronisiert?» Ich spüre die Anspannung in meiner Brust und erkenne die Anforderung, die mein körperliches Unwohlsein verursacht: *Stan verdient es, dass die Ampeln grün sind.* Wenn ich vor einer roten Ampel stehen bleiben muss, fühle ich mich beeinträchtigt – mein Körper ist angespannt, in meinem Kopf schwirren die verärgerten Gedanken umher, und ich schenke meiner aktuellen Aufgabe – dem Autofahren – weniger Aufmerksamkeit. Mittlerweile ist das anders: Wenn ich jetzt an eine rote Ampel komme, dann muss ich im Bewusstsein meiner Anforderung darüber schmunzeln, wie rote und grüne Lichter früher meine Mind-Body-Verbindung beeinträchtigen konnten. Mein Identitätssystem ist ruhiggestellt und funktioniert normal.

Ihr Identitätssystem bemächtigt sich der natürlichen Probleme und Sorgen des Alltags und macht daraus eine von Spannungen erfüllte, polarisierte Welt der Gegensätze. Diese werden dann mit Wertungen versehen: groß/klein, gut/schlecht, Erfolg/Scheitern, Liebe/Hass. Dieser Dualismus lässt Anforderungen entstehen: «Ich muss mich anstrengen, um gut und erfolgreich zu sein.» Das Gegenteil dieser Aussage können Sie einfach nicht akzeptieren. Der Dualismus beinhaltet auch ein Bild davon, wie die Welt sein sollte: «Es sollte nicht regnen» oder «Freunde sollten ehrlich und treu sein». Seien Sie sich der Tatsache bewusst, dass Ihr wahres Ich so groß ist, dass es nicht nur Optimismus, Stärke und Unabhängigkeit umfasst, sondern auch das jeweilige Gegenteil – Pessimismus, Schwäche und Abhängigkeit.

Die Mär vom beschädigten Ich

Wenn Sie eine Vorstellung davon haben, wer Sie sind, und glauben, dass das *alles* ist, was Sie sind, dann besitzen Sie ein unvollständiges Ich, ein begrenztes Konstrukt von Gefühlen, Empfindungen, Gedanken und Einbildungen. Das wahre Ich ist auf wundersame Weise umfangreich, vollkommen und untrennbar mit der Quelle und allem Dasein verbunden. Es ist in jedem Moment ganz da, nicht getrennt von dem Stuhl, auf dem Sie sitzen, dem Fußboden, der Erde oder der Luft, die Sie atmen, Ihren Eltern oder der Nahrung, die Sie zu sich nehmen, dem Tag, an dem Ihre Eltern sich kennenlernten, oder gar dem Ursprung der Menschheit. Ihr wahres Ich ist viel größer als das, was das Identitätssystem als verbunden oder getrennt wahrnimmt. Alles steht in Verbindung und hängt voneinander ab, und doch sind wir alle in jedem Moment einzigartig und ganz für uns. Unserem dualistischen Denken fällt es schwer, dieses Paradox zu begreifen. Es ist ähnlich wie mit den Elektronen in der Physik: Betrachtet man sie als Partikel, dann verhalten sie sich wie Partikel und haben feste Grenzen; wenn man sie dagegen als Welle betrachtet, verhalten sie sich wie eine Welle und besitzen bewegliche Grenzen. Ihre Essenz reagiert also auf den Blickwinkel des Betrachters. Wie grenzenlos die Verbindung zu unserer Quelle und aller Energie ist, hat Nima Arkani-Hamed treffend auf den Punkt gebracht. Der Teilchenphysiker und Stringtheoretiker am *Institute for Advanced Study* in Princeton fragte einmal: «Wie viel vom Universum können Sie zwischen Daumen und Zeigefinger klemmen?»

Er beantwortet seine Frage gleich selbst: «Möglicherweise deutlich mehr, als Sie glauben. Entfernte Bereiche des Kosmos sind womöglich weniger als einen Millimeter entfernt. Ganz andere Universen könnten in unserer Reichweite sein. Selbst wenn Sie diese Orte und Welten nicht sehen können, stehen

Sie vielleicht mit ihnen in Verbindung – durch die uns allen bekannte Kraft der Gravitation.»

Dass es das ganze Leben beeinflussen kann, wenn man nur eine beschränkte und beschädigte Version seiner selbst kennt, zeigt mein Dialog mit Julie:

JULIE: «Sie sagen immer, dass ich nicht wirklich beschädigt bin, aber das kann ich nicht glauben.»

STAN: «Es ist Ihr Identitätssystem, das immer wieder die Vorstellung unterstreicht, dass Sie beschädigt sind.»

JULIE: «Nein! Mein Vater hat mich missbraucht. Ich verstehe nicht, was das mit meinem Identitätssystem zu tun hat.»

STAN: «Ja, Sie haben ein starkes Trauma erlitten. Aber nehmen Sie sich jetzt einmal einen Moment Zeit, schließen Sie die Augen und richten Sie den Blick nach innen, um festzustellen, wo Sie beschädigt sind.»

Julie kommt der Aufforderung nach, und kurze Zeit später geht das Gespräch weiter.

STAN: «Julie, haben Sie eine Beschädigung gefunden?»

JULIE: «Die Beschädigung besteht darin, dass mein Vater mich missbraucht hat.»

STAN: «Aber das ist ein Gedanke. ‹Mein Vater hat mich missbraucht› ist nur ein Gedanke. Wo ist die Beschädigung?»

JULIE: «Ich verstehe nicht, was Sie meinen. Was er mir angetan hat, hat diese Beschädigung hervorgerufen, die mein Leben zerstört hat. Nun muss ich versuchen, mit dieser schrecklichen Erinnerung zu leben.»

STAN: «Was Ihr Vater getan hat, war schrecklich und falsch. Aber heute, hier in diesem Raum, besteht die Beschädigung, die Ihnen zugefügt wurde, nur aus Gedanken, die Ihr Identitätssystem sich zu eigen gemacht hat. Es sind Gedanken wie ‹Mein Vater hat mich missbraucht, also bin ich beschädigt› oder ‹Da mein Vater mich missbraucht hat, muss ich beschädigt sein›. Trotzdem sind das nichts weiter als Ihre Gedanken.»

JULIE: «Aber was ist mit dem psychologischen Schaden? Immerhin trage ich die Narben meines frühen Traumas. Ich sehe das als Beschädigung.»

STAN: «Wenn Sie sich in den Finger schneiden, reagiert Ihr Körper ganz natürlich, und die Wunde heilt. Vielleicht behalten Sie eine Narbe zurück, doch diese Narbe ist nicht das Gleiche wie der eigentliche Schaden. Sie ist lediglich das visuelle Merkmal einer verheilten Wunde. Wenn die Wunde aus irgendeinem Grund nicht verheilt, ist das ein Zeichen dafür, dass Ihre natürliche Heilfunktion gestört ist. Ein psychologisches Trauma ist nicht anders als ein körperliches Trauma. Auch wenn wir ein psychologisches Trauma erleiden – selbst wenn es etwas ganz Furchtbares ist –, dann besitzen wir die natürliche Fähigkeit zu heilen. Wenn eine psychologische Wunde nicht verheilt, ist das ebenfalls ein Zeichen dafür, dass Ihre natürliche Heilfunktion gestört ist. Der Störfaktor ist Ihr Identitätssystem, das sich Ihrer Gedanken bemächtigt, Ihnen das Gefühl gibt, beschädigt zu sein, und dieses Gefühl immer wieder verstärkt.»

JULIE: «Sie behaupten also, dass mein Vater mich nicht wirklich beschädigt hat? Er hat mir wehgetan, aber es ist mein Identitätssystem, das es wie eine permanente Beschädigung aussehen lässt?»

STAN: «Genau. Die Mission des Identitätssystems besteht darin, Sie so lange an Ihr beschädigtes Ich zu erinnern, bis Sie glauben, dass Sie nur aus dieser Beschädigung bestehen. Schauen Sie noch einmal in sich hinein, ob Sie eine Beschädigung finden können. Schließen Sie die

Augen und suchen Sie langsam und gründlich nach der Beschädigung. Sehen Sie erst ganz rechts, dann links, oben und unten, hinten und vorne nach. Überprüfen Sie, ob Sie irgendeine Beschädigung finden können.»

JULIE: «Ich konnte keine Beschädigung finden – nur Raum. Dafür waren da Gedanken darüber, wie ich zum Opfer gemacht wurde.»

STAN: «Ja, das sind ganz natürliche Gedanken, die im reinen Raum des Geistes entstehen. Es ist nur wichtig, dass Sie erkennen, wann Ihr Identitätssystem die Beschädigung vorschiebt und damit verhindert, dass Sie die Weite, die Funktion und die Heilkraft Ihres wahren, von der Quelle gespeisten Ichs erfahren. Wer Sie sind – also Ihr wahres Ich –, ist so riesig und grenzenlos, dass Sie nicht beschädigt werden können. Gedanken sind nur Gedanken.»

Sobald sie anfing, das Wirken Ihres Identitätssystem zu durchschauen, konnte Julie über ihre begrenzte Identität als Opfer hinausgehen und sich daranmachen, ihr Leben zu verändern, Freude zu empfinden und ihr Verständnis davon zu erweitern, wer sie eigentlich ist.

Durch die Entdeckung des Identitätssystems ist mir klargeworden, dass wir alle, selbst jene Menschen, die nicht wie Julie ein schweres Trauma erlebt haben, aufgrund unseres überaktiven Identitätssystems ein beschädigtes Ich aufweisen. Ist es erst einmal aktiviert, übernimmt das System die Kontrolle über unsere Mind-Body-Verbindung, mit der Folge, dass wir unseren Selbstwert und unsere Funktion als beschädigt wahrnehmen. Ich habe die Übungen in diesem Buch bei unzähligen Menschen eingesetzt, die den Wunsch hatten, ein erfüllenderes Leben zu führen.

Ihre persönlichen Storylines

Ihr Identitätssystem füttert das beschädigte Ich mit Storylines, also den täglichen Dramen, die Sie selbst konstruieren. «Mein Leben sollte eine Bedeutung haben, ich muss etwas bewirken in der Welt» ist ein Beispiel für eine Anforderung, deren zugehörige Storyline in etwa so lauten könnte: «Ich mache einfach nichts Wichtiges. Warum kriege ich nicht die Kurve? Was verpasse ich?» Solange Ihr Identitätssystem die Kontrolle hat, stecken Sie in einer kompletten Geschichte über die Vergangenheit oder die Zukunft fest, die Sie nicht nur vom Hier und Jetzt wegführt, sondern auch Ihr Bewusstsein verengt, Ihr Denken überfrachtet und Ihren Körper verspannt. Je öfter Sie sich die Wiederholungen im «Kanal Ich» ansehen, desto stärker werden die mentalen, physischen und spirituellen Aspekte Ihres wahren Wesens verschüttet. Ist das Identitätssystem dagegen ruhiggestellt, indem Sie seine Anforderungen und Storylines erkennen und umgehen, kann Ihr wahres und voll funktionstüchtiges Ich gedeihen. An dieser Stelle müssen Sie vor allem die Tatsache verinnerlichen, dass das beschädigte Ich zu 100 Prozent ein Irrglaube ist – Sie sind nicht wirklich geschädigt. Sie sind heil und auf wundervolle Weise komplett. Wenn dieses Wissen in Ihrem Bewusstsein ankommt, wird es Ihre Storylines nach und nach auflösen und dafür sorgen, dass Ihr natürliches Ich hervortritt. Wie das aussehen kann, zeigen die folgenden Beispiele aus meinen Seminaren.

Ron wuchs in einem Unterschichtviertel von Detroit auf. Obwohl er seit langem als erfolgreicher Geschäftsmann in einer wohlhabenden Vorstadt von San Francisco wohnte, wo er sich auch im Gemeindeleben engagierte, hatte er immer das Gefühl, dass er «doppelt so gut sein muss wie jeder andere». Er sprach nie mit anderen über dieses Minderwertigkeitsgefühl, weil er es für eine normale Folge seiner Kindheit hielt. Als Ron von den

Storylines hörte, erkannte er sofort seine eigene Storyline – nämlich dass er sich immer wieder aufs Neue beweisen musste –, die regelmäßig in seinem Kopf abgespielt wurde, das bekannte Gefühl, nie gut genug zu sein, und die damit einhergehende Anspannung hervorrief. Von diesem Augenblick an betrachtete Ron seine Storylines als Fremdkörper, auf die er achten musste. Er fing damit an, sie immer früher abzufangen, und gelangte dadurch zu seiner eigenen Überraschung zu einer ganz neuen inneren Ruhe und einem Gefühl des Wohlbefindens.

Seine Frau Liz bemerkte die Veränderung bei Ron sofort und schrieb sich für die nächste Seminarreihe ein. Sie ist eine attraktive Managerin in der Kosmetikbranche mit adretter Figur und sehr gepflegt. Doch hinter der schönen Fassade litt Liz an einer Essstörung. Frühere Versuche, mit Hilfe einer Psychoanalyse zur Wurzel ihres Problems vorzudringen, konnten sie nicht in ihrem Glauben erschüttern, dass sie dick, unattraktiv und nicht liebenswert war. Als wir über Storylines sprachen, bemerkte Liz: «Meine Gedanken sind wahr. Es sind keine ausgedachten Storylines. Schauen Sie sich doch nur mal meine Wurstfinger an. Sie sollten meine Hüften und die ganzen Flecken unter meinem Make-up sehen.»

Ich antwortete: «Es geht nicht darum, ob die Geschichten wahr oder falsch sind, sondern wie oft Sie sie am Tag durchspielen. Ich möchte, dass Sie künftig darauf achten, wann diese Storylines auftauchen. Immer wenn sie Ihnen auffallen, achten Sie einen Moment lang bewusst auf die Geräusche im Hintergrund und fühlen Sie, was Ihre Hände gerade berühren. Erst dann machen Sie weiter mit dem, was Sie gerade tun.»

In der nächsten Sitzung bemerkte Liz: «Ich bin erstaunt, wie aufdringlich diese Storylines sind. Sie laufen den ganzen Tag. Sobald ich sie mir jedoch bewusstmache und dann mit meiner Arbeit fortfahre, werde ich deutlich entspannter.»

Durch dieses Bewusstmachen war Liz endlich in der Lage,

ihre alten Storylines zu überwinden und ihr Leben zu verändern. Als ihr klarwurde, dass ihre Storylines ihr beschädigtes Ich zusammenhielten und ihre Essstörung förderten, wurden ihr Gewicht und ihre körperlichen Mängel nach und nach zu nebensächlichen Themen. Ihr Selbstbild hatte sich über ihre obsessive Beschäftigung mit ihrer Erscheinung hinaus ausgedehnt.

Ihr Identitätssystem will nicht, dass Sie sich ändern

Manchmal fällt es uns leichter, unsere Wahrnehmungen einzuschränken, als uns die unzähligen Möglichkeiten und Situationen vor Augen zu führen, denen wir gegenüberstehen könnten. Das Identitätssystem hilft uns bei dieser Einschränkung, indem es uns eine feste und klar abgegrenzte Identität gibt. Doch der Preis dafür sind Unruhe, überflüssige Ängste, ständige Anspannung und ein verengtes Bewusstsein. Kurz gesagt, es ist Ihnen unmöglich, die riesige, reichhaltige Vitalität Ihres wahren Ichs zu erleben und zum Ausdruck zu bringen. Bruce Lee meinte ganz offenbar das beschädigte Ich seines Identitätssystems, als er schrieb: «Weil man nicht gestört und verunsichert werden will, legt man sich ein Verhaltensmuster, ein Denkmuster, ein Beziehungsmuster zu. Nur wird man irgendwann zum Sklaven dieses Musters und hält es schließlich für die Realität.» Die Realität, von der er spricht, ist eben nicht das beschädigte Ich, das das Identitätssystem für Sie konstruiert, sondern ein uneingeschränktes, natürliches Funktionieren, das nicht durch irgendwelche Storylines beeinträchtigt wird.

Zum besseren Verständnis, welche Auswirkungen das Identitätssystem auf uns hat und warum wir es dringend ruhigstellen sollten, fordere ich die Teilnehmer meiner Seminare manchmal auf, sich vorzustellen, welchen Effekt das Identitätssystem auf einen Adler hätte. Manche Menschen meinen, es würde den Adler in einen Käfig stecken, sodass er nicht mehr frei fliegen, den Wind spüren und den Blick in die Ferne schweifen lassen könnte. Andere sehen im Identitätssystem eine Halteleine, die dem Adler nicht erlaubt, die Höhenflüge zu unternehmen, zu denen er fähig wäre. Der beste Vergleich, den ich gehört habe, stammt von einem jungen Mann, der sagte, dass das Identitätssystem den Adler keineswegs am Fliegen hindere. Es verhindere nur, dass der Adler die riesige Ausdehnung seiner selbst und dessen, was er tut, wirklich begreift. Er fühle nicht bis in die Knochen hinein, was er sieht und wie er über allem schwebt. Er erfasse nicht den enormen Überblick, den er über die Welt hat. Das Identitätssystem stumpfe ihn ab. Der junge Mann sagte: «Das wäre ja so, als würde ich im Regenmantel duschen. Genau das macht das Identitätssystem mit mir – es stumpft mich ab. Ich lebe mein Leben, ich fliege durch mein Leben, aber ich spüre nicht die volle Größe meines wahren Ichs, weil mein Identitätssystem mir den Körper raubt, die Sinne herunterfährt, mein wahres Ich kleiner macht.»

Das Identitätssystem trennt uns vom gegenwärtigen Moment, wie die folgenden Kommentare aus meinen Seminaren zeigen:

BRETT: «Wenn ich auf der Autobahn unterwegs bin, passiert es mir oft, dass ich mich vollkommen in meinen Gedanken verliere. Zehn Kilometer wundervolle Landschaft ziehen vorbei, und ich nehme sie überhaupt nicht wahr. Später verpasse ich sogar meine Ausfahrt. Ich denke, das ist durchaus nicht ungefährlich, immerhin könnte ich das Signal eines anderen Fahrers übersehen oder einen Unfall verursachen.»

DEBRA: «Ich bin auf Vorstandssitzungen oft so angespannt, dass manchmal fünf Minuten vergehen, in denen ich kein einziges Wort mitbekomme. Dann fragt jemand nach meiner Meinung, und ich muss eine Antwort aus dem Hut zaubern. Das ist, als müsste ich mich an den eigenen Haaren aus dem Sumpf ziehen. Ich versuche, ruhig zu wirken, doch innerlich bin ich völlig durcheinander.»

SYLVIA: «Mein Freund ruft an, und wir reden miteinander, aber innerhalb von Sekunden höre ich nichts mehr. Ich bin völlig abgedreht und nervös, und er spürt es genau. Dann wird er wütend, und ich weiß nicht, was ich sagen soll. Ich habe keine Ahnung, warum ich so abdrifte.»

JUAN: «Ich habe Sex mit meiner Frau, und auf einmal merke ich, wie ich an die Arbeit denke und daran, was ich gegessen habe, und dann bin ich wütend auf mich selbst, weil mir solche Gedanken kommen, und plötzlich fühle ich mich furchtbar.»

TOM: «Ich bin auf dem Golfplatz, aber mit den Gedanken bei der Arbeit oder bei den Finanzen. Ich versuche mich zu entspannen, aber natürlich verschlage ich am Ende den Ball.»

Gefangen in unseren täglichen Dramen, spüren wir unseren eigenen Körper nicht mehr! Doch das macht das Identitätssystem nicht automatisch zu unserem Feind. Im Gegenteil, es ist ein Segen, denn es zeigt nicht nur, was Sie unzufrieden sein und leiden lässt – es weist Ihnen auch den Weg zu Ihrem natürlichen Ich.

Bridging für das Bewusstsein

Der Zweck dieses Buches besteht darin, Ihnen einen neuen und aufregenden Blick auf Ihr Leben zu eröffnen und Ihnen

Werkzeuge an die Hand zu geben, mit denen Sie Ihr überaktives Identitätssystem «ruhigstellen» können. Wenn Sie Ihr
Bewusstsein einen Moment lang einem Anblick, einem Klang
oder einer Körperempfindung zuwenden, dann versetzen Sie
damit den Motor Ihres Identitätssystems in den Leerlauf. Als
ich anfing, mit Menschen zu arbeiten, um die notwendigen
Techniken zu entwickeln, die das Identitätssystem ruhigstellen können, nannte ich diese und den körperlichen, mentalen
und spirituellen Gleichgewichtszustand, den sie herbeiführen,
Bridging. Das ermöglicht Ihnen ein natürliches Funktionieren –
das heißt, mit einem ruhenden Identitätssystem frei zu leben.
Bridging bedeutet, Ihr Leben voll auszuschöpfen, bedeutet natürliches Leben. Es erreicht jede Zelle, jedes Atom Ihres Körpers, bis ins Innerste Ihres Seins hinein. Es verändert, wie Sie
die Natur genießen, sich mit Familie und Freunden verstehen,
Golf oder Tennis spielen, Sex haben, Geld verdienen, beten, für
sich selbst und andere sorgen oder beruflichen Erfolg haben.
Bridging erneuert Ihr Immunsystem und sorgt für Balance und
Harmonie in Ihren biologischen Systemen, denn es stellt eine
Verbindung zwischen Ihnen und Ihrer Quelle her.

Wenn nicht alle diese Facetten Ihres Lebens umgekrempelt
werden, dann findet auch kein wirkliches Bridging statt, denn
Bridging lässt sich nicht von den normalen Tätigkeiten des Alltags trennen. Es *ist* leben – frei und unbeeinträchtigt. Für Bridging müssen Sie nicht Ihr Leben unterbrechen.

Diese Praxis hat zwei Seiten. Die erste besteht aus Bewusstseinsübungen, die Ihr Identitätssystem zur Ruhe kommen
lassen. Durch das Bewusstsein kehren Sie in den Augenblick
zurück und werden sich der Anblicke, Klänge, Körperempfindungen und der Gedanken bewusst, die Sie umgeben, ob Sie
angespannt oder entspannt, ob Sie klar oder verwirrt sind.

Die zweite Seite des Bridging besteht darin, dass Sie sich mit
Ihrem Identitätssystem anfreunden, also seine Anforderungen

erkennen und sehen, wie diese Ihr Leben einschränken. Das geschieht durch Mind-Body-Mapping, worüber Sie in Kapitel 5 mehr erfahren werden. Um Ihr Identitätssystem ruhigzustellen, müssen Sie sich seiner nur bewusst sein.

Bridging ist ein absolut natürlicher Vorgang. Es nutzt schlicht die Weisheit des Körpers, um das Leben ganz auszuschöpfen. Als Erwachsene vergessen wir oft unsere angeborene Fähigkeit, das Bewusstsein über unsere Sorgen und Schmerzen hinaus auszudehnen. Nachdem ich in einem meiner Schmerz-Seminare einen Skeptiker durch das Konzentrieren auf Hintergrundgeräusche zum Bridging aufgefordert hatte, gestand er mir, dass er diese Technik vor langer Zeit selbst schon mal angewendet hatte: «Ich erinnere mich, wenn ich als kleiner Junge große Schmerzen hatte, dann legte ich mich ans Flussufer, schloss die Augen und hörte seinem Flüstern zu, und irgendwie schlief dabei der Schmerz ein.»

Wenn das Identitätssystem ruht, funktionieren wir auf natürliche Weise. Alle Körpersysteme, alle Organe, alle Zellen tun ihre Arbeit, und wir verhalten uns so, wie es den Umständen angemessen ist. So ist es zum Beispiel eine natürliche Reaktion auf Müdigkeit, ins Bett zu gehen und zu schlafen. Wenn jedoch unser Kopf mit Gedanken überfrachtet und unser Körper angespannt ist, dann kommt unser Identitätssystem unserer natürlichen Schlaffunktion in die Quere. Stellen Sie sich einen Werfer beim Baseball vor, dessen Identitätssystem die Steuerung übernimmt: «Ich habe einen Home Run zugelassen, ich werfe jetzt nicht gut, ich bin unsicher. Ich muss mich mehr anstrengen.» Er ist in diesem Moment so in seine Gedanken vertieft, dass es seine natürliche Funktion, einen Baseball zu werfen, stark beeinträchtigt.

In diesem natürlichen Funktionieren zeigt sich unser wahres, unser natürliches Ich – ein Ich, das der rational denkende Verstand nicht erfassen kann, ein Ich, das nur dann zum Leben erwachen kann, wenn unser Identitätssystem ruht. In diesem Buch werden Sie lernen, dem Identitätssystem und seinen Helfershelfern eine Ruhepause zu gönnen: dem «Depressor» mit seinem Motto «Ich bin nicht gut genug» und dem «Reparierer» mit seinem Motto «Du musst dich noch mehr anstrengen». Sowohl der Depressor als auch der Reparierer geben dem beschädigten Ich Nahrung und bringen so die Mind-Body-Verbindung aus dem Gleichgewicht.

Woran kann man nun das eigene Identitätssystem erkennen? Das ist eigentlich ganz einfach. Nehmen Sie sich eine Minute Zeit für ein kurzes Experiment – es wird der erste Schritt zur wichtigsten Veränderung Ihres Lebens sein! Egal wo Sie sind – zu Hause, draußen, in einem Zug oder anderswo –, verschieben Sie Ihre Aufmerksamkeit vom Lesen dieses Buches auf das Hören irgendeines nonverbalen Geräuschs. Das kann das Summen einer Neonröhre sein, das Zwitschern von Vögeln oder der Lärm des Straßenverkehrs. Musik und Stimmen funktionieren nicht. Konzentrieren Sie sich auf das Geräusch und achten Sie darauf, was damit geschieht, wenn Sie einen Gedanken haben.

Sie werden bald zwei Dinge bemerken. Erstens, wenn Sie Ihre Aufmerksamkeit auf das Geräusch lenken, dann treten die Gedanken in Ihrem Kopf zunächst einmal hinter den Akt des Hörens zurück, denn Ihr Bewusstsein dehnt sich aus, und Ihr Körper entspannt sich. Bald nachdem Sie Ihre Aufmerksamkeit dem Geräusch zugewendet haben, werden Sie bemerken, dass Ihre Gedanken versuchen, wieder in den Mittelpunkt zu gelangen: «Ich muss noch Rechnungen bezahlen», «Diese Übung ist dämlich» und so weiter. Sobald ein Gedanke aufkommt und das darin enthaltene Drama Ihre Aufmerksamkeit fordert, verengt sich Ihr Bewusstsein. Sie hören das Geräusch nicht mehr, und Ihr Körper spannt sich an. Das ist Ihr Identitätssystem in Aktion.

Das Geheimnis der Mind-Body-Verbindung wird gelüftet

Die folgende Abbildung entschlüsselt das Geheimnis der Mind-Body-Verbindung und zeigt schematisch den Unterschied zwischen einem natürlich funktionierenden und einem vom Identitätssystem gesteuerten Leben. Beide Kreisläufe – oder Schleifen – beginnen mit einem Gedanken. Bei der Natürlichen Schleife sorgen Gedanken, die von allen Einmischungen verschont bleiben, für natürliches Funktionieren und eine gesunde Mind-Body-Verbindung. Bei der Schleife des Identitätssystems ist derselbe Gedanke im Teufelskreis zwischen Depressor und Reparierer gefangen. Er behindert unser Funktionieren und stört die Mind-Body-Verbindung. Dieser körperliche und geistige Zustand ist das beschädigte Ich. Bewusstsein – das durch Bridging herbeigeführt wird – unterbricht die Schleife des Identitätssystems, sorgt für freie Gedanken und normalisiert Ihre Mind-Body-Verbindung wieder. So kann die Weisheit Ihres Körpers Ihr Leben verändern.

Wenn das Identitätssystem ruht, gibt es für jedes Problem eine Lösung

Sie, ich, Ihr Nachbar – wir alle haben in unserem Leben irgendwelche Traumata erlitten, von grauenhaften Kriegserlebnissen bis zu gewöhnlichen Dingen wie der Zurückweisung durch einen engen Freund. Wenn Sie nichts anderes aus diesem Buch mitnehmen, erinnern Sie sich bitte zumindest an eines: Egal, welche Traumata Sie erlitten haben, es ist Ihr Identitätssystem – nicht die Ereignisse selbst –, das Sie daran hindert, das Leben voll auszuschöpfen.

Es steht außer Zweifel, dass das Leben schmerzhaft sein

Natürliches und vom Identitätssystem gesteuertes Funktionieren

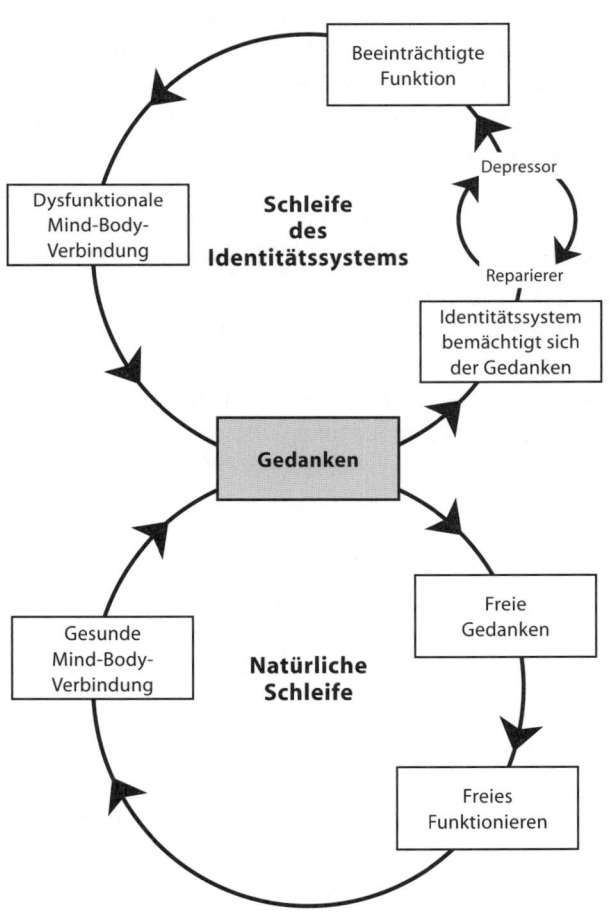

kann. Doch die gute Nachricht lautet, dass Sie und ich deutlich mehr sind als die Summe unserer vergangenen und gegenwärtigen Probleme. Dennoch listet uns das Identitätssystem genau diese Probleme immer wieder auf und reibt sie uns unter die Nase. Wie der Entertainer Will Rogers einmal sagte: «Wenn du bemerkst, dass du in einer Grube steckst, dann solltest du als Erstes aufhören zu graben.» Die Existenz des Identitätssystems beruht darauf, dass Sie immer weiter graben. Erst wenn wir davon ablassen, uns selbst Gruben zu graben, und unser Identitätssystem ruhigstellen, können wir unsere Probleme im richtigen Maßstab betrachten.

Um meinen Seminarteilnehmern zu demonstrieren, welche Macht das Identitätssystem hat, Probleme endlos präsent zu halten, bitte ich sie oft, drei große Probleme in ihrem Leben aufzuschreiben. Typische Dinge, die dabei genannt werden, sind etwa:

«Mein Mann liebt mich nicht mehr so wie früher.»

«Sie ist ständig am Meckern.»

«Durch meine Rückenschmerzen kann ich das Leben nicht genießen.»

«Ich esse zu viel.»

«Ich kann nicht aufhören zu trinken.»

«Mein Leben ist ein Trauerspiel.»

«Ich bin deprimiert.»

«Ich bin ständig krank.»

«Die Menschen enttäuschen mich immer.»

«Meine Tochter könnte schwanger werden.»

«Wenn es hart auf hart geht, versagen mir die Nerven.»

«Ich habe nicht genug Geld.»

Carla, die an einem meiner Seminare teilnahm, ist Anfang 30, intelligent, wortgewandt und verfügt über ein unbeschwertes Auftreten. Allerdings ist sie ungemein frustriert darüber, dass ihre Chefin ihre Leistungen nicht anerkennt. Im Folgenden finden Sie Carlas Problem-Map. Mind-Body-Mapping (das ich in folgenden Kapiteln noch genauer erklären werde) ist eine der besten Möglichkeiten, Ihr Identitätssystem zu erkennen und ruhigzustellen. Das Anfertigen einer solchen Map erlaubt es Ihnen, mit dem Finger gezielt auf die Machenschaften Ihres Identitätssystems zu deuten – und damit können Sie sie auch erkennen, wenn sie später erneut auftreten. Im Zentrum von Carlas Map steht ihr Problem: «Meine Chefin erkennt meine Leistungen nicht an.» Nachdem Carla ihre Map geschrieben hatte, verzog sie das Gesicht und sagte, dass es sie noch wütender auf ihre Chefin mache, das zu lesen, und dass diese Wut ihr ganzes Leben beherrsche.

Carlas Map quillt fast über von «Chef-Problemen», es wirkt so, als müsse das Verhalten der Chefin unvermeidlich zu Carlas Gemütszustand führen. Aber muss es das wirklich? Der springende Punkt ist jedoch nicht das Verhalten der Chefin, sondern die Tatsache, dass Carlas Identitätssystem dieses Verhalten dazu benutzt, ihr Denken zu überfrachten, ihren Körper zu verspannen und ihr Funktionieren zu beeinträchtigen. Carlas Map zeigt, wie ihre Storylines dafür sorgen, dass sie sich selbst als beschädigt erfährt: «Mein ganzer Körper verspannt sich, wenn ich nur daran denke, wie sie mich behandelt», «Für sie ist alles selbstverständlich» und «Warum mag sie mich nicht?».

Mit einem überfrachteten Kopf und einem völlig verspannten Körper *können* wir nicht anders, als uns – so wie Carla – als unvollständig und beschädigt zu erleben. Es ist genau dieses tiefverwurzelte innere Gefühl von Beschädigung, das Carlas Identitätssystem mit anderen Gedanken auf der Map zu reparieren versucht – etwa «Ich bin großartig, *sie* ist das Problem» und «Wenn doch nur Robert mein Chef wäre – er weiß mich zu schätzen». Wie heißt es so schön? «Wenn das Wörtchen ‹wenn› nicht wär.»

Die Gedanken sind nicht Carlas Problem. Jeder Punkt auf Carlas Map hat seinen Ursprung in einem völlig freien und natürlichen Gedanken. Es ist überhaupt nichts falsch an Überlegungen wie «Ich bin großartig, *sie* ist das Problem» oder «Ich suche mir einen anderen Job». Vielmehr bemächtigt sich Carlas Identitätssystem dieser Gedanken und benutzt sie dazu, Carla in ihrem Glauben zu bestärken, dass sie ein beschädigtes Ich hat. Es fällt der jungen Frau immer noch schwer zu akzeptieren, dass ihr Identitätssystem die Ursache für ihr Problem ist und nicht das Verhalten ihrer Chefin. Daraus entspinnt sich folgende Diskussion:

CARLA: «Ich bin bereit, das Problem von allen Seiten zu betrachten und alle Hinweise zur Kenntnis zu nehmen, die aus meiner Map hervorgehen. Das ändert aber alles nichts an der Tatsache, dass meine Chefin ein Problem *ist* und ein Problem *hat*, und das beeinträchtigt mein Leben.»

STAN: «Das ist nicht zu leugnen. Lassen Sie uns einmal die Möglichkeit in Betracht ziehen, dass Ihr Identitätssystem ein natürliches Lebensproblem – das Sie bei natürlichem Funktionieren durchaus lösen könnten – in ein Problem des beschädigten Ichs verwandelt hat, das *nicht* gelöst werden kann. Mind-Body-Mapping zeigt Ihnen, wie Ihr Identitätssystem Sie in die Falle gelockt hat. Es hilft Ihnen, den Unterschied zwischen natür-

Carlas Problem-Map

Für sie ist alles selbstverständlich.

Ich kann mir nicht leisten zu kündigen.

Ich bin so wütend auf sie.

Warum mag sie mich nicht?

Ich suche mir einen anderen Job, dann wird es ihr leidtun.

**Meine Chefin erkennt
meine Leistungen nicht an.**

Ich bin 30 Prozent mehr Lohn wert.

Wenn doch nur Robert mein Chef wäre – er weiß mich zu schätzen.

Ich bin großartig, sie ist das Problem.

Wo wäre sie ohne mich?

Sie verspricht mir weniger Arbeit, trotzdem lädt sie mir jeden Tag mehr auf.

Mein ganzer Körper verspannt sich,
wenn ich nur daran denke, wie sie mich behandelt.

lichen Gedanken und Gedanken des Identitätssystems zu erkennen.»

CARLA: «Ich halte es für völlig normal, dass ich von anderen gemocht werden will und dass ich versuche, mein Leben zu verbessern.»

STAN: «Das sind tatsächlich absolut normale Gedanken. Ihr Identitätssystem hat die *Anforderung*, dass die Chefin Ihre Leistung anerkennen sollte. Wird diese Anforderung nicht erfüllt, dann fühlen Sie sich beschädigt. Doch der Knackpunkt ist, dass Ihr Identitätssystem niemals zufrieden sein wird, egal wie sehr die Chefin Ihre Leistungen würdigt. Seine Mission besteht nämlich darin, Ihre Beschädigung und Unvollständigkeit zu verstärken.»

CARLA: «Das meinen Sie also, wenn Sie sagen, dass Probleme des Identitätssystems nicht gelöst werden können, natürliche Probleme dagegen schon?»

STAN: «Genau. Wenn Sie die Übungen regelmäßig absolvieren, bekommen Sie bald einen Blick dafür, wann Ihr Identitätssystem aktiv ist – und glauben Sie mir, damit ist die Schlacht schon halb gewonnen.»

David liefert uns ein weiteres Beispiel für eine Problem-Map, obwohl seine Storyline eine völlig andere ist als die von Carla. Sie will das beschädigte Ich durch Veränderungen der Außenwelt heilen oder reparieren, während Davids Map mit dem Finger auf ihn selbst zeigt, und zwar durchaus nicht entspannt und locker. Obwohl er beruflich erfolgreich ist und eine liebevolle Frau hat, ist Davids Map voller Selbstkritik: «Ich müsste besser sein», «Ich esse nicht das Richtige», «Ich verursache meine Kopfschmerzen selbst, weil ich nicht schlafen kann» und «Ich bin zu unorganisiert». Auch diese Gedanken waren ursprünglich hilfreiche, freie Gedanken. Es ist völlig normal, zu denken, dass man früher aufstehen, organisierter und entspannter sein müsste. Doch Davids Identitätssystem bemächtigt sich dieser Gedanken und setzt sie ein, um sein Denken zu lähmen und seinen Körper zu verspannen.

Davids Bewusstsein ist eingeengt, weil er sich voll und ganz darauf konzentriert, sich selbst als das Problem zu sehen. Wie sehr er es auch versucht, er kann seine vom Identitätssystem forcierten Probleme nicht lösen. Davids Versuche, sich selbst zu reparieren, sind getrieben durch das beschädigte Ich, doch sie führen nur dazu, den Schaden zu verstärken. Er ist nicht in der Lage, natürlich und frei zu funktionieren, was jedoch nötig wäre, um das Problem zu lösen.

Die Problem-Map

Nehmen Sie sich jetzt die Zeit, Ihre erste eigene Problem-Map zu erstellen. Sie wird Ihnen ein Gefühl für die Muster und die heiklen Punkte Ihres Identitätssystems vermitteln. Beim Durcharbeiten dieses Buchs werden Sie eine Menge Maps erstellen und auch immer wieder Bridging-Übungen machen. Heben Sie diese Problem-Maps auf – Sie werden sie im nächsten Kapitel nochmal brauchen.

Fangen Sie damit an, einen Blick auf Ihr Leben zu werfen. Was sind Ihre drei größten Probleme? Formulieren Sie jedes davon als einen Satz. Jetzt schließen Sie die Augen und malen Sie sich Ihr Leben aus, wenn Ihre Probleme gelöst wären. Als Nächstes schreiben Sie Ihr schwierigstes Problem in die Mitte eines leeren Blattes. Ziehen Sie einen Kreis um den Satz und denken Sie an das Problem, lassen Sie dabei Ihre Gedanken ganz natürlich zu.

Nehmen Sie sich höchstens fünf Minuten, um festzuhalten, was Ihnen zu dem Problem in den Sinn kommt. Fassen Sie jeden

Davids Problem-Map

Ich bin heute schon wieder zu spät aufgestanden.

Ich bin zu unorganisiert.

Mein Magen ist verkrampft.

Ich brauche immer so lange zum Einschlafen.

Ich verursache meine Kopfschmerzen selbst, weil ich nicht schlafen kann.

> **Ich brauche
> mehr Selbstkontrolle.**

Ich versuche mich zu entspannen, aber ich habe Angst, Fehler zu machen.

Ich bin nicht damit zufrieden, wie ich bin.

Ich sollte regelmäßig Sport treiben, aber ich tue es nicht.

Ich müsste besser sein.

Ich esse nicht das Richtige.

Gedanken in ein paar Worte und notieren Sie diese irgendwo auf das Papier. Lassen Sie die Gedanken zufällig aufkommen und halten Sie auch körperliche Sinneseindrücke fest. Brechen Sie die Kontinuität Ihres Denkens auf, indem Sie die Gedanken willkürlich auf dem Papier verteilen. Analysieren, erklären und verbessern Sie die Gedanken nicht.

Wenn Sie fertig sind, schauen Sie auf das in der Blattmitte ausformulierte Problem und achten auf Ihre *gegenwärtige* emotionale Reaktion darauf. Dann sehen Sie sich nacheinander jeden einzelnen Punkt auf Ihrer Map an und achten darauf, wie Ihr Körper reagiert und welche zusätzlichen Gedanken Ihnen kommen. Gefühle wie Frustration, Sorgen, Wut, Enttäuschung, Angst, Unruhe, Schuldgefühle, Beschämung, Schuldzuweisungen, Selbstverurteilung und besonders Körperspannung weisen auf eine Beteiligung des Identitätssystems hin. Denken Sie aber stets daran, dass diese Map nicht Ihr Leben ist, sondern lediglich ein Schnappschuss, der Ihr Identitätssystem in Aktion zeigt.

Die Problem-Map hat schon zahlreichen Menschen gezeigt, wo die Wurzeln ihrer Probleme lagen. Für viele ist der Effekt wie eine Offenbarung, das Öffnen der Tür zu einer völlig neuen Existenz, wie das folgende Beispiel zeigt.

Fred und seine Frau Kathy besaßen ein kleines, etabliertes Softwareunternehmen. In einer zweistündigen Sitzung sollten alle Mitarbeiter des Unternehmens ihr größtes Problem in einer Map festhalten. Fred zeigte seine Map der Gruppe: Sein Hauptproblem war, «nicht genug Geld zu haben, um ein neues Produkt auf den Markt zu bringen». Finanzielle Fragen und das Kalkulieren von Risiken waren auf der Map präsent, doch das vorherrschende Thema waren Freds Selbstzweifel und Selbstkritik. Körperlich manifestierte er seine Spannung, indem er sich vornüberbeugte und in einen jammernden Tonfall verfiel, während er erzählte, wie schlecht er sich deswegen fühlte. Mittendrin musste er plötzlich lächeln und rief aus: «Merken Sie, was ich da mit mir mache? In Wahrheit sind gar nicht unsere Finanzen an meinem Elend schuld – sondern mein Identitätssystem.» Etwas später am selben Tag, er führte mich gerade durch die Firma, folgte das nächste Aha-Erlebnis. Als wir in Kathys Büro kamen, erwies sich seine Frau als begabte Multitaskerin, die am Computer weiterarbeitete, während Fred mit ihr sprach. Er unterbrach sich und sagte verwundert: «Ich habe die Anforderung, dass Kathy ihre Arbeit unterbricht, wenn ich mit ihr rede. Bisher war ich in solchen Situationen immer total angespannt und wütend, und in mir brannte ein Gefühl der Zurückweisung. Jetzt ist es auf einmal anders. Ich erkenne, dass das nur meine Anforderung ist, und es steht Kathy frei, so zu sein, wie sie sein will. Dadurch erscheint es mir nicht mehr wie ein Problem!»

Diese lebensverändernden Erfahrungen sind nicht flüchtig, sondern die dauerhaften natürlichen Folgen des Bridging. Wenn Sie weiterhin mit den Werkzeugen dieses Buches arbeiten, können Sie die gleiche Veränderung zum Besseren erleben, die sofort beginnt und sich immer weiter fortsetzt. David, Carla, Fred und jetzt auch Sie haben den ersten Schritt getan, um Ihr Identitätssystem ruhigzustellen, indem Sie eine Map seiner Aktivitäten angefertigt haben. Sobald Sie Ihr Identitätssystem ans Licht bringen und es Ihrem wachsenden Bewusstsein aussetzen, können Sie Gedanken, die Sie nur klein machen wollen, hinter sich lassen und die Weite erleben, die Ihnen als Mensch von Geburt an eigen ist.

2 Wie Sie Ihr Identitätssystem erkennen – und wie es funktioniert

Ein jedes Leben hat seine Höhen und Tiefen. Die meisten Menschen schreiben die Tiefpunkte äußerlichen Stressfaktoren zu – Arbeitsproblemen, finanziellen Sorgen, familiärem Druck, Zeitmangel – oder vermuten angeborene Defekte in ihrem eigenen Wesen. Wenn wir niedergeschlagen sind, fühlen wir uns ausgebrannt. Der tägliche Stress ist uns zu viel, unser Körper schmerzt und fühlt sich müde und schwer an, die Atmung wird flach, die Schultern werden hochgezogen. Auch der Kopf fühlt sich schwer an, ist voller Sorgen und Irritationen. Wir schwanken zwischen Minderwertigkeitsgefühlen, Resignation und Schuldzuweisungen an andere. Selbst wenn wir unsere Anstrengungen verdoppeln, nützt es nichts.

Anderen fallen diese Tiefpunkte vielleicht gar nicht auf, aber uns belasten sie schwer. Egal, was wir erreichen, nie empfinden wir ein Gefühl der Erfüllung oder der inneren Ruhe. Wir sind getrieben und können uns einfach nicht entspannen. Wir kämpfen um die Siegestrophäe, und dank unseres Einsatzes und unserer Entschlossenheit erringen wir sie auch. Doch der Triumph ist hohl. Wir haben Millionen verdient, aber wir fühlen uns nicht so. Unser Körper rast. Unser Denken ist gelähmt. Unser Herz ist leer. Unsere Seele isoliert.

Dieser Zustand ist kein natürlicher Teil des Lebens. Weder

genetische Faktoren noch Erziehung, Traumata, Umweltbelastungen oder auch nur Persönlichkeitsmerkmale führen ihn herbei. Dieser Zustand hat vielmehr mit dem beschädigten Ich zu tun. Verantwortlich dafür sind die beiden Helfer des Identitätssystems, der Depressor und der Reparierer. Der Depressor bemächtigt sich freier Gedanken und versucht sie einzuspannen, um Ihnen ein Gefühl der Beschädigung zu vermitteln. Er ist gewissermaßen die direkte Verbalisierung des beschädigten Ichs. Der Reparierer dagegen bemächtigt sich freier Gedanken und versucht, die Beschädigung zu reparieren. Weil die Beschädigung, die er beheben will, jedoch illusorisch ist, ist seine Arbeit niemals getan. Depressor und Reparierer sind eigentlich leicht erkennbar, aber wer nicht weiß, wonach er suchen soll, wird sie niemals finden.

Wenn Sie lernen, die Anforderungen von Depressor und Reparierer zu erkennen, können Sie Ihr Identitätssystem endlich ruhigstellen und Ihr Leben voll ausschöpfen.

Werden Sie sich Ihres Depressors bewusst

Ihr Gehirn arbeitet mit einer großen Bandbreite von Gedanken. Ebenso wie der Tag nicht ohne die Nacht existieren kann, vermag Ihr Gehirn keinen Gedanken zu fassen, ohne sein Gegenteil mitzudenken. Ein natürliches Funktionieren des Gehirns schließt daher nicht nur positive, sondern auch negative Gedanken ein, die man nie ganz loswerden kann. Im Gegenteil: Der Versuch, sie loszuwerden, verleiht ihnen nur noch mehr Kraft.

Was soll man also tun, wenn einem Gedanken kommen wie «Ich werde das niemals richtig hinbekommen», «Ich bin faul», «Ich bin nicht gut genug», «Ich habe nicht genug Selbstkontrolle» oder «Ich bin zu dumm»? Das scheinen auf den ersten

Blick negative Gedanken zu sein, die man vermeiden sollte. Stattdessen sind es im Gegenteil wundervolle und natürliche Gedanken. Die Probleme entstehen erst dann, wenn der Depressor dazukommt und die Mind-Body-Verbindung vergiftet. Sehen wir uns hierzu ein Beispiel an. Der Gedanke «Mein Mann hat unseren Hochzeitstag vergessen» führt zu einer Storyline vom Typ «Er liebt mich nicht mehr, warum sonst hat er es vergessen? Was habe ich getan? Bin ich überhaupt liebenswert? Meine Mutter hat gesagt, dass mich niemand lieben wird. Ich bin früher schon öfter sitzengelassen worden ...»

Der Depressor nimmt also einen unschuldigen Gedanken und lässt ihn für sich arbeiten, indem er das Denken des Betroffenen mit einer Storyline verstopft und den Körper durch Angst und Anspannung lähmt. Reduziertes Bewusstsein, Angst und Spannung führen dazu, dass der Betroffene sich als beschädigt wahrnimmt. Er hat jetzt nicht mehr nur einen entsprechenden Gedanken, sondern eine totale körperliche Erfahrung. Wir alle haben diese Abfolge sich selbständig machender Gedanken schon mal erlebt. Anstatt eine Wunde heilen zu lassen, streut unser Identitätssystem noch Salz hinein.

Ein einfaches medizinisches Modell der bipolaren Hirnareale macht deutlich, wie das Identitätssystem funktioniert. Ein Areal, das manische Areal, beschleunigt mentale und körperliche Prozesse. Wenn dieses Areal des Gehirns krankhaft überstimuliert ist, führt es letztlich zur manischen Ausprägung der manischen Depression. Das depressive Areal dagegen verlangsamt uns. Wenn unser Körper natürlich funktioniert, hält er die beiden Areale im Gleichgewicht. Die Macht des Depressors in unserem Identitätssystem ist deshalb so groß, weil die Gedanken, deren er sich bemächtigt, die depressive Hirnregion aktivieren, womit er jede Zelle und jedes Organsystem unseres Körpers verändert. Der harmlose Gedanke «Ich bin wertlos» führt zu einer Kontraktion unseres gesamten Metabolismus.

Damit hat der Depressor eine natürlich funktionierende Mind-Body-Verbindung dysfunktional werden lassen.

Werden Sie sich Ihres Reparierers bewusst

«Ich bin schwach und hilflos, deshalb muss ich jemanden finden, der perfekt ist und sich um mich kümmert.» Das ist ein Beispiel für eine Anforderung des Reparierers – ein Gedanke, der das beschädigte Ich wiederherstellen soll. Der Teil «Ich bin schwach und hilflos» wird dabei oft kaschiert und überspielt, um einen positiven Eindruck zu erwecken. Der Reparierer nutzt den manischen Bereich des Gehirns und sorgt für Antrieb und Druck. Die Suche nach diesem «perfekten Partner» wird wichtiger als die Sorge um das eigene Ich. Doch kein anderer Mensch, so perfekt er auch sein mag, kann Ihr beschädigtes Ich reparieren, und der Zwang, diese Person zu finden, hat letztlich nur Enttäuschung und Leid zur Folge.

Das Identitätssystem funktioniert mit positiv klingenden Anforderungen wie «Ich will ein guter, freundlicher und mitfühlender Mensch sein» ebenso gut wie mit negativ klingenden Anforderungen à la «Ich will meinen Willen haben, egal wie». In einem meiner Seminare für Geistliche sagte einmal ein Pastor, dass er die Probleme der Menschen zu lösen versuche, deren Seelsorger er ist – was ein positives Ziel ist. Nachdem er die Rolle des Identitätssystems verstanden hatte, sagte er: «Ich glaube, die Quelle meines Rates ist oft der Reparierer und nicht mein natürliches Ich.» Auch außerhalb des Kirchensektors kommen viele Ratgeber und Therapeuten zu der Einsicht, dass sie in ihrer Arbeit oftmals das Identitätssystem ihrer Klienten oder Patienten unterstützen, was letztlich deren beschränktes Ich stärkt. Durch den Einsatz von Bridging können sie andere dazu bringen, ihre Probleme mit Hilfe des eigenen, frei funktionierenden Ichs zu lösen und Veränderungen anzustoßen, die selbst jahrelange Therapien nicht bewirkt haben.

Natürliche Gedanken können vom Identitätssystem leicht in Anforderungen verwandelt werden. Entscheidend ist, das eine vom anderen zu unterscheiden. Der springende Punkt ist dabei, dass in den Anforderungen des Identitätssystems wie etwa «Ich muss mich um mich selbst kümmern», «Ich muss die Kontrolle haben», «Ich muss mich richtig ernähren und täglich Sport treiben» oder «Ich sollte nicht krank werden» irgendwo die Überzeugung «Ich bin beschädigt» versteckt ist.

Nehmen wir einmal die Anforderung «Ich sollte nicht krank werden». Was passiert, wenn Sie doch einmal krank werden? Ihr Identitätssystem wird dafür sorgen, dass Sie wütend auf sich sind. Besorgnis und Verbitterung werden Sie handicapen, denn durch die Krankheit werden Sie in Ihrer Überzeugung bestärkt, beschädigt und eingeschränkt zu sein. Vergessen Sie nicht, dass «Ich sollte nicht krank sein» eigentlich ein natürlicher und angemessener Gedanke über Ihre Gesundheit ist. Wenn das Identitätssystem ruht, steht es Ihnen frei, einfach gesund zu werden und sich um sich selbst zu kümmern. Ihr Körper wird nicht mit Anspannung und Ihr Kopf nicht mit Selbstvorwürfen reagieren, falls Sie doch einmal krank werden. Natürliche Gedanken fördern die Heilung, Anforderungen dagegen ziehen mentale und körperliche Erkrankungen nach sich.

Roger, ein Arzt mittleren Alters, hatte in unserer ersten Sitzung Schwierigkeiten, zwischen natürlichen Gedanken und den Anforderungen des Identitätssystems sowie zwischen natürlichem Funktionieren und dem Funktionieren des Identitätssystems zu unterscheiden. Doch als wir uns erneut trafen, sagte er, er sei nun in der Lage, den Unterschied klar zu erkennen.

Roger berichtete: «Ich bin nach der Arbeit ins Fitnessstudio gegangen, denn ich hatte das Gefühl, dass ich sportliche Betätigung brauchte. Der Gedanke ‹Geh ins Fitnessstudio› und seine Umsetzung waren natürlich und ohne Zwang. Ich war total entspannt und achtete, während ich an der Beinpresse trainierte, auf die Signale meines Körpers. Auch das ist eine natürliche Funktion. Dann sah ich mich um und bemerkte einige junge Burschen, die ganze Berge von Gewichten drückten. Da übernahm mein Identitätssystem die Regie. Soll ich hier als Waschlappen dastehen? Ich kann mehr stemmen als das, was ich hier aufliegen habe. Was ist, wenn die Kerle zu mir herüberschauen und mein lächerliches Gewicht bemerken?›

Sofort legte ich noch 20 Kilo auf. Denen werde ich zeigen, was der Doktor noch draufhat. Während ich dieses Gewicht presste, fing mein Rücken an zu schmerzen. Die Zerrung spüre ich bis heute, doch es war für mich eine große Offenbarung, zu erkennen, wie mein Depressor und mein Reparierer mich überrumpeln. Inzwischen kann ich meine Körperempfindungen wie zusammengebissene Zähne oder Engegefühl in der Brust bemerken, sobald der Reparierer in Aktion tritt, etwa wenn ich mit den Kindern zu Hause bin. Sobald ich mir dessen bewusst werde, entspannt sich mein Körper, und ich habe die Wahl. Seitdem fällt es mir leichter, Vater zu sein. Ich bin nicht beschädigt, wenn die Kinder sauer auf mich sind.»

Das Identitätssystem generiert Misstrauen gegenüber Ihrem Ich und der Welt. Die Anforderungen Ihres Reparierers bringen Sie dazu, festzulegen, wie Sie und die Welt sein sollten. Werden diese Anforderungen erfüllt, sagt der Depressor, das reicht noch nicht, oder Sie bekommen Angst, dass diese positive Situation nicht von Dauer sein kann. Werden die Anforderungen nicht erfüllt, dann sorgen Angst und Unruhe – die Stützen des Identitätssystems – für körperliche Anspannung und schränken Ihr Bewusstsein ein, und zwar so lange, bis es zu einer Krise kommt. Natürlich tritt der Depressor auch dann wieder in Aktion, wenn die Bemühungen des Reparierers nicht zum Erfolg führen. Wenn Sie in Kapitel 5 Ihre persönliche Reparierer-Map erstellen, werden Sie hinter jedem einzelnen Punkt einen zugehörigen Depressor finden.

Beispiele für den Reparierer aus Davids und Carlas Problem-Maps aus dem letzten Kapitel wären etwa «Ich suche mir einen anderen Job, dann wird es ihr leidtun», «Ich bin großartig, *sie* ist das Problem», «Ich bin 30 Prozent mehr Gehalt wert», «Wenn doch nur Robert mein Chef wäre – er weiß mich zu schätzen», «Ich bin zu unorganisiert» und «Ich sollte regelmäßig Sport treiben, aber ich tue es nicht». Können Sie auf der Map, die Sie erstellt haben, Beispiele des Reparierers in Aktion finden?

Demaskieren Sie Ihr Identitätssystem

Um eine Vorstellung davon zu bekommen, wie umfassend Ihr Identitätssystem Ihr Leben kontrolliert, machen wir jetzt eine kurze Übung, die nicht mehr als eine Minute in Anspruch nimmt. Lehnen Sie sich zurück, entspannen Sie sich und schließen Sie die Augen. Atmen Sie tief und natürlich und zählen Sie jedes Ausatmen. Jedes Mal, wenn ein Gedanke dazwischenfunkt, fangen Sie von vorne an. Merken Sie sich, welche Zahl Sie erreichen können, bevor ein Gedanke interveniert. Die meisten Menschen kommen mit dem Zählen nicht weit. So groß ist die Macht des Identitätssystems. Obwohl das nur ein einfaches Beispiel ist, zeigt es doch, wie das Identitätssystem unser freies Funktionieren beeinträchtigt. Das tut es unablässig, tagein, tagaus.

Weil das Identitätssystem sich so gerne hinter den Anforderungen von Reparierer und Depressor versteckt, ist es wichtig, es aus möglichst vielen verschiedenen Blickwinkeln zu betrachten. Einer seiner Tricks besteht darin, unsere Interaktionen entlang der Grenze Ich/Nicht-Ich zu polarisieren. So sehen wir eine dualistische Welt anstatt einer natürlichen, geeinten, von harmonischen Unterschieden geprägten Welt. Nehmen wir zum Beispiel an, dass Sie jemanden neu kennenlernen – vielleicht Ihre zukünftige Schwiegermutter, den neuen Freund Ihrer Tochter oder jemanden beim Blind Date. Während Sie zur Tür gehen, um Ihren Gast zu empfangen, platziert Ihr Identitätssystem in Ihnen Fragen, wie die Person aussehen mag, woher sie kommt und ob Sie sie wohl mögen werden. All diese Fragen stapelt Ihr Identitätssystem oben auf die natürliche Beziehung zwischen Gastgeber und Gast. Wenn Sie so sehr damit beschäftigt sind, neue Gedanken in Ihre Storyline einzubauen, ist es kein Wunder, dass Sie nicht mehr entspannt und natürlich Ihre Gastgeberrolle ausfüllen können. Ihr Besucher fühlt sich auf die Probe gestellt, und so wird eine einfache Situation durch Spannungen belastet. Ihr Identitätssystem verzerrt sowohl Ihr Verhalten als auch Ihre Persönlichkeit, denn durch seinen Eingriff wurde Ihr Bewusstsein für die Welt um Sie herum eingeschränkt.

Gehen Sie Ihre Problem-Maps noch einmal daraufhin durch, ob Sie Aktivitäten Ihres Identitätssystems entdecken können, und lassen Sie in Gedanken die letzten Tage, Wochen oder Jahre an sich vorüberziehen. Bekommen Sie langsam eine Vorstellung davon, welche Rolle Depressor und Reparierer in Ihrem Leben spielen? Fällt Ihnen auf, dass Sie keine Ruhe finden, sobald Sie ein Ziel erreicht haben, weil der Depressor Ihren Erfolg «auseinandernimmt» und den Reparierer dazu bringt, neue Ziele zu setzen? Richten Sie Ihr Bewusstsein besonders auf Ihre Spannungen und Ängste und achten Sie darauf, wie das Identitätssystem Ihr Wohlgefühl und freies Funktionieren unterbindet, wie es Ihre Gedanken mit einer endlosen Reihe von Problemen beschäftigt hält. Ziehen Sie die Möglichkeit in Betracht, dass das Identitätssystem Ihre Probleme forciert und eine Problemlösung auf natürliche Weise behindert.

Wenn Ihr Bewusstsein die Möglichkeit eines überaktiven

Identitätssystems akzeptieren kann, steht die Tür Ihres Lebens für große Veränderungen offen. Bewusstsein – von dem Sie erste Kostproben erhalten haben und das Sie in den Bridging-Übungen in Kapitel 3 weiter ausbauen werden – lässt Ihr Identitätssystem zusammenbrechen und reißt Reparierer und Depressor die Masken vom Gesicht. Ihre natürliche Mind-Body-Verbindung beginnt damit, Ihr ganzes Wesen zu heilen. Ihr wahres Ich tritt hervor. Von da an werden Probleme auf natürliche Weise gelöst, und Ihr Charakter wird gereinigt.

Es gibt eine alte Geschichte von einem Mann, der unter einer Straßenlampe nach etwas sucht. Ein Nachbar kommt vorbei und fragt ihn: «Haben Sie etwas verloren?»

Der Mann antwortet: «Ich suche meinen Hausschlüssel.»

Der Nachbar sagt: «Ich helfe Ihnen. Wo haben Sie ihn denn verloren?»

«Da drüben», sagt der Mann und zeigt in eine dunkle Gasse.

«Warum in aller Welt suchen Sie dann hier?», ruft der Nachbar aus.

«Weil hier das Licht besser ist», antwortet der Mann.

Wenn Sie den Schlüssel finden wollen, der Ihr Leben verändern kann, dann sollten Sie wissen, *was* Sie suchen und *wo* es zu finden ist. Jetzt haben Sie in Erfahrung gebracht, wie Ihr Identitätssystem aussieht. Sie haben erkannt, dass nicht Situationen oder Lebensumstände Ihr beschädigtes Ich verursachen oder verstärken. Sie müssen nun nur das Licht des Bewusstseins nach innen leuchten lassen und Ihr Identitätssystem ruhigstellen. Das nächste Kapitel wird Ihnen weitere Werkzeuge in die Hand geben, um genau das zu tun.

3 Aktivieren Sie Ihre Sinne

Woher wissen Sie, wann Ihr Identitätssystem aktiv ist und wann es ruht? Die Antwort ist ganz einfach und doch schwer zu greifen. Immer dann, wenn Sie den Moment leben, ruht Ihr Identitätssystem. Sobald ein Gedanke Sie daraus entführt, ist Ihr Identitätssystem aktiv. In diesem Kapitel werden Sie Techniken erlernen, die Ihnen helfen, zum Leben im Moment mit all seinem Reichtum und seiner Textur zurückzukehren, anstatt in Ihrem Kopf festzustecken, in dem sich die vom Identitätssystem forcierten Gedanken jagen.

Vielleicht sind Sie der Meinung, dass Sie – wie es bei anderen Techniken, etwa Meditation oder Gebet, üblich ist – sich konzentrieren müssen, um Ihr Bewusstsein zu weiten. Das stimmt nicht. Sie sind immer im Augenblick – und können ihm nie entfliehen. Das ist schlicht nicht möglich! Sie müssen sich nicht anstrengen, um Ihr Bewusstsein zu erweitern. Um im Augenblick präsent zu sein, müssen Sie nichts weiter tun, als Ihre Sinne zu aktivieren. Den Moment leben bedeutet lediglich, sich bewusst zu sein, was man um sich herum sieht und hört, welche sensorischen Empfindungen und welche Gedanken man hat. Man muss dazu weder glücklich sein noch entspannt, noch gesund. Nötig ist letztlich nur Ihr Bewusstsein.

In Kapitel 1 haben wir das Konzept des Bridging eingeführt. Die Bewusstseinsübungen in diesem Kapitel stellen eine Verbindung – eine Brücke, deswegen auch der Begriff «Bridging» –

her zwischen Ihrem derzeitigen Zustand, der sich durch ein verengtes Bewusstsein und eingeschränktes Funktionieren auszeichnet, und einem Zustand des erweiterten Bewusstseins und natürlichen Funktionierens – zu Ihrem wahren Ich. Wenn Sie diese Brücke schlagen, gehen Sie nirgendwohin. Es bedeutet nicht, dass Sie Ihrer gegenwärtigen Realität entfliehen, um an einen ruhigeren und vernünftigeren Ort zu gelangen. Sie haben das alles schon hier, und zwar jetzt. Sie können nur im Augenblick handeln, Sie können nur im Augenblick sein, Sie können nur im Augenblick leben. Bridging ermöglicht es Ihnen, diese Wahrheit in Ihrem Leben zu erfahren und zum Ausdruck zu bringen.

Jede Technik, die Ihr Identitätssystem ruhigstellt, ist letztlich Bridging. Weil es die natürliche Mind-Body-Funktion wiederherstellt und Sie mit Ihrer Quelle verbindet, bedeutet Bridging gleichzeitig Heilen. Es reduziert Angst, gedanklichen Ballast, Anspannung und Organfehlfunktionen – alles Manifestationen des beschädigten Ichs, die Ihre körperliche Gesundheit beeinträchtigen. Indem Sie Ihr Bewusstsein erweitern, öffnen Sie der Heilung Tür und Tor.

Die folgenden Beispiele zeigen, wie Bridging die Menschen in den Augenblick zurückbringt:

Bevor er sich auf seinen Platz auf dem Schlaghügel stellt, nimmt Baseballstar Ichiro Suzuki seinen Schläger in die rechte Hand, streckt den rechten Arm aus, hebt die linke Hand, berührt seine rechte Schulter und hebt langsam den Stoff seines Trikots ein wenig an. Danach stellt er sich in Position. Nur ein abergläubisches Ritual? Keineswegs. Ichiro bereitet sich vor, indem er sein Identitätssystem ruhigstellt. Indem er sein Trikot berührt, macht er Bridging: Er ertastet die Textur und Elastizität des Stoffes, während er daran zupft, und durch das Gewicht des Schlägers am ausgestreckten Arm spürt er die Wirkung der Schwerkraft. Da er sich seiner Sinne und seines Umfelds aktiv bewusst ist, sind seine Resultate beeindruckend: Sein Schlagdurchschnitt gehört zu den besten der amerikanischen Profiliga.

Stephanas Leben war von ihrer Fibromyalgie bestimmt. Im Alter von 41 Jahren brauchte sie allabendlich große Dosen von Schmerz- und Schlafmitteln, um einschlafen zu können. Trotzdem konnte sie nachts nie mehr als zwei oder drei Stunden schlafen. Dann kam sie zu einem Therapeuten, der mit Bridging-Techniken arbeitete. Stephana fing an, abends auf Hintergrundgeräusche zu achten, und sie zündete eine Kerze an, damit sie sich des Duftes bewusst werden konnte. Nachdem sie die Kerze ausgeblasen hatte, ging sie ins Bett, wo sie die Beschaffenheit der Bettdecke und den leichten Druck, den die Matratze auf ihre Fersen, auf ihr Gesäß und auf ihren Rücken ausübte, bewusst wahrnahm. Nachdem sie angefangen hatte, auf ihre Sinne zu achten, konnte sie nach wenigen Wochen nachts durchschlafen. Dank einer konsequenten Bridging- und Mapping-Praxis konnte sie innerhalb weniger Wochen fast alle ihre Medikamente absetzen. Die Mitglieder ihrer Familie waren davon überzeugt, dass sie ein neues Wundermedikament bekommen hatte, weil sie auf einmal so gut aussah. Selbst ihr Arzt konnte die Verbesserung ihres Zustandes nach einem Monat Bridging-Praxis kaum fassen. Statt sich von dem Schmerz ihrer Krankheit aufgefressen zu fühlen, kann Stephana jetzt heil werden und ihre Tage und Nächte genießen.

Wenn Ihr Identitätssystem ruhiggestellt ist, spüren Sie ein Gefühl der Weite, der Leichtigkeit und der Ruhe. Ihre Mind-Body-Verbindung ist dann im Gleichgewicht, Ihre geistigen und körperlichen Aktivitäten sind harmonisiert. Weil auf das eigene Selbst zentrierte Gedanken auf Eis gelegt sind und das Bewusstsein erweitert ist, ermöglicht Bridging Ihnen auch eine engere Beziehung zu Gott.

Ich arbeite oft mit Geistlichen zusammen. Am Anfang eines

meiner Seminare mit Kirchenleuten fragte eine der Teilnehmerinnen, nachdem ich Identitätssystem und Bridging erklärt hatte: «Wenn jemand die ganze Zeit Bridging macht und sein Identitätssystem ruhigstellt, wäre derjenige dann wie Jesus?»

Meine Antwort auf diese faszinierende Frage lautet, dass derjenige nicht mehr wie Jesus, sondern mehr wie Tom oder Mary oder Sam werden würde. Das Bridging des Identitätssystems erlaubt es einem Menschen, all seine einzigartigen Eigenschaften einzusetzen, um sein eigenes, wahres Ich zu realisieren. Das mag durchaus der Verwirklichung des lebendigen Jesus in uns gleichkommen. Umgekehrt gilt: Wenn das Identitätssystem aktiv ist, wird er immer mehr zu einer Karikatur seines Selbstbildes, zu einer gefrorenen Manifestation seines eigenen Identitätssystems.

Gegen Ende eines ziemlich intensiven Seminars erklärte einer der Geistlichen, wenn er auf der Kanzel stehe, habe er eine Rolle inne, in der er Vertrautheit mit Gott und die Wichtigkeit predige, den Inhalt der Bibel im täglichen Leben umzusetzen. Als geistlicher Beistand seiner Gemeindemitglieder jedoch nehme er eine völlig andere Rolle ein und konzentriere sich auf alltägliche, weltliche Fragen. «Da Bridging bedeutet, immer in vertrauter Beziehung zu Gott zu stehen», sagte er, «werde ich in der Lage sein, jeden Tag rund um die Uhr dieselbe Rolle auszufüllen.»

Das Identitätssystem ruhigzustellen bedeutet, dass er frei funktionieren und in Harmonie mit Gott und anderen sein natürliches Ich manifestieren kann, anstatt jeweils ein Ich wählen zu müssen, das die Umstände ihm diktieren. Auch bei Ihnen wird das Bewusstsein für Ihr Identitätssystem das spirituelle, göttliche Fundament Ihres Wesens freisetzen.

Erheben Sie Anspruch auf Ihre natürliche Weite

Ich arbeite oft in Schmerzkliniken, wo Mapping- und Bridging-Übungen Patienten helfen können, mit chronischen Schmerzen umzugehen. Ich beginne das Seminar, indem ich drei Glasbecher auf den Tisch stelle. Der eine Becher fasst 60 Milliliter, der zweite 600, der dritte 1800 Milliliter Flüssigkeit. Zunächst fülle ich den kleinsten Becher bis zum Rand mit rotgefärbtem Wasser. Dieser Becher repräsentiert die Patienten in ihrem derzeitigen Zustand, das rote Wasser symbolisiert ihre Schmerzen. Wie der Becher sind auch sie bis zum Rand mit Schmerzen erfüllt, und es gibt keinen Platz für irgendetwas anderes. Der Schmerz ist ständig in ihren Gedanken und reibt ihren Körper auf. Dann nehme ich eine große rote Einhandrohrzange und klemme sie an den kleinen Becher. «Das», sage ich und zeige auf die Rohrzange, «ist Ihr Identitätssystem. Seine Mission ist es, Ihr Bewusstsein zu verengen und Sie glauben zu lassen, dass Sie beschädigt sind. In diesem Fall behauptet es, dass Sie nicht mehr sind als Ihr Schmerz. Es hält Ihr Bewusstsein stets an diesen Gedanken geklammert: ‹Ich habe Schmerzen, und darum bin ich beschädigt.›»

Als Nächstes entferne ich die Rohrzange von dem Becher und schütte den Inhalt in den nächstgrößeren. Ebenso wie das Ruhigstellen des Identitätssystems das Bewusstsein erweitert, repräsentiert der 600-Milliliter-Becher das größere Wissen des Patienten um seine Weite und seine Möglichkeiten. Die rote Flüssigkeit und damit der Schmerz füllt nur noch ein Zehntel des Behälters. Das Maß des Schmerzes ist nicht unbedingt kleiner geworden – wohl aber die Schmerzerfahrung durch den Patienten.

Indem Sie konsequent Bridging praktizieren, im Augenblick mit allen Sinnen präsent sind, erweitern Sie Ihr Bewusstsein immer mehr. Um das zu verdeutlichen, gieße ich als Nächstes die Flüssigkeit aus dem mittleren in den großen Becher. Indem wir das Identitätssystem ruhigstellen, können wir die Realität des Schmerzes auf den Kopf stellen – wir müssen weniger kämpfen und können sogar unserem Schmerz den Raum geben zu existieren. Unsere Fähigkeit zur natürlichen Heilung steht in direkter Beziehung zu dem leeren Raum in jedem der drei Becher.

In der zweiten Woche eines 14-tägigen Schmerzseminars kam einer der Teilnehmer zu mir und berichtete aufgeregt: «Mein Haus wird größer!» Er war aktiver geworden, konnte zum ersten Mal seit fünf Jahren wieder die Treppe zum Dachboden seines Hauses hinaufsteigen und besuchte alte Freunde. Er verstand sich auch wieder besser mit seiner Familie, was ihm das Gefühl gab, dass sich sein Lebensraum auch spirituell vergrößerte.

Die durch Bridging entstehende Weite ist wertvoll, denn sie lindert nicht nur Schmerzen, sondern hilft auch bei der Aggressionsbewältigung. Im klassischen Therapieansatz zur häuslichen Gewalt bringt man dem Verursacher bei, ein «Timeout» zu nehmen, wenn er erregt oder gereizt ist, also den Raum zu verlassen, um sich selbst aus der eskalierenden Situation zu entfernen und ruhig zu werden. Die Kombination mit Bridging kann die Effektivität einer solchen Auszeit stark vergrößern. Der Patient entzieht sich nicht nur der Situation, sondern lebt bewusst den Moment, indem er auf Hintergrundgeräusche hört – Verkehrslärm, Hundegebell, das Rascheln von Blättern – und indem er die Anspannung seines Körpers spürt – die zusammengebissenen Zähne, die geballte Faust, den flachen Atem. Aufgrund der größeren Weite, die durch das Bridging geschaffen wird, fällt es dem Betroffenen leichter, in der Situation angemessen zu handeln. Ein Mann berichtete, dass er früher wütend und sogar regelrecht gewalttätig geworden sei, wenn seine Frau anfing, ihn zu beschimpfen. Hackt sie heute auf ihm herum, kann er dank Bridging sogar darüber lächeln. Er braucht nicht mal mehr Auszeiten zu nehmen.

Durch die Erweiterung des Bewusstseins wird der Betroffene zu einem größeren Gefäß, und die gewalttätigen Gedanken können leichter kommen und gehen. Wenn das Identitätssystem ruht, entspannt sich der Körper, und der Zorn erhält gar nicht erst die Gelegenheit, sich aufzubauen und außer Kontrolle zu geraten. Versuchen Sie es selbst, wenn Sie das nächste Mal wütend sind. Die Sinne zu aktivieren bringt Ihren Körper dazu, sich zu entspannen, wodurch sich automatisch die Macht Ihrer zornigen Gedanken verringert. Es ist unmöglich, mit erweitertem Bewusstsein und entspanntem Körper gewalttätig zu werden. Aggressive Gedanken haben dann keine Chance.

Verabschieden Sie sich mit Bridging-Übungen von Ihrem körperlosen Ich

Sie haben heute sicher schon Ihre Unterwäsche, Socken, Schuhe, Blusen, Hosen, Gabeln, Blätter, Stifte, Türgriffe, Schlüssel, Stühle, Seife und Handtücher berührt. All diese Dinge sind nur die Spitze des Eisbergs, was den tagtäglichen Input für Ihre Sinne angeht. Wie viele von diesen unzähligen Sinneseindrücken haben Sie bewusst wahrgenommen? Wenn Sie wie die meisten Menschen sind, dann lautet die Antwort: sehr wenige. Warum das so ist? Weil Ihr Identitätssystem (und das Ihrer Mitmenschen) das Bewusstsein so stark verengen kann, dass man buchstäblich körperlos wird, sozusagen abgeschnitten von der Vitalität der eigenen Sinne. Wir Menschen leben viel zu viel in unseren Gedanken – auf Kosten unseres Körpers und der ihn umgebenden Realitäten. Sobald Sie die «Bauchüberzeugung» Ihres Körpers an das beschädigte Ich loslassen und Ihre Sinne neu aktivieren, werden sich gewöhnliche Beschwerden wie Rückenschmerzen, Magenprobleme und Bluthochdruck förmlich auflösen.

Versuchen Sie die folgende Übung. Sie wird Ihnen die Augen – und den Rest Ihrer Sinne – dafür öffnen, wie stark das Identitätssystem Ihr Bewusstsein auf die eigenen Gedanken beschränkt. Reiben Sie Ihre Finger langsam und sanft über den Stoff Ihrer Kleidung. Wählen Sie einen groben Stoff, um einen möglichst großen sensorischen Input zu bekommen. Achten Sie darauf, wie der Stoff sich anfühlt, während Ihre Finger darübergleiten, und registrieren Sie die Empfindungen in Ihren Fingerspitzen. Reiben Sie weiter und passen Sie auf, was mit diesen Empfindungen passiert, wenn Sie Gedanken haben: Sie spüren den Stoff nicht mehr. Ja, Sie sind sich nicht einmal mehr bewusst, was Ihre Finger da gerade tun! Arbeiten Sie bewusst daran, an Ihren Sinneseindrücken festzuhalten. Sobald Sie abschweifen, nehmen Sie die Gedanken zur Kenntnis («Oh, wie ich sehe, denke ich gerade daran, dass das Auto in die Werkstatt gebracht werden muss») und wenden Sie sich wieder den Sinneseindrücken in Ihren Fingerspitzen zu.

Diese Übung ist ein besonders deutliches Beispiel dafür, wie das Identitätssystem Sie körperlos macht. Setzen Sie sie ein, wenn Sie unruhig sind oder nicht einschlafen können – reiben Sie einfach Ihre Finger über einen Stoff, der gerade greifbar ist. Das Aktivieren der Sinne entspannt Sie und bringt Ihr Denken zur Ruhe. Ein eindrucksvolles Beispiel für die Wirksamkeit des gezielten Achtens auf sensorische Reize hat mir bei einem meiner Elternseminare eine Frau namens Frances erzählt. Frances hat einen Sohn, der an einem stark ausgeprägten Aufmerksamkeitsdefizit-/Hyperaktivitätssyndrom (ADHS) leidet. Sie hatte nur eine einzige Möglichkeit gefunden, ihn zur Ruhe zu bekommen, wenn er sich aufregte und hyperaktiv wurde, nämlich mit ihren Fingern auf seinem Körper entlangzukrabbeln. «Ich habe die ganze Zeit sein Identitätssystem ruhiggestellt und wusste es nicht einmal!», rief sie aus.

Das Fokussieren des Bewusstseins auf Berührungen ist eine wichtige Bridging-Technik. Gelegenheiten zur Anwendung von Bridging-Techniken eröffnen sich in jedem noch so beschäftigten Leben. Zum Beispiel wenn Sie sich morgens die Zähne putzen: Spüren Sie die Borsten der Zahnbürste auf Ihrem Zahnfleisch, hören Sie das leise Geräusch des Bürstens und schmecken Sie den scharfen Geschmack der Zahnpasta im Mund.

Wenn das Telefon klingelt, springen die meisten Menschen sofort auf und eilen zum Apparat, um den Hörer abzunehmen, wobei das Gehirn auf Hochtouren läuft – «Wer da wohl dran ist?», «Ich hoffe, es ist nicht XY» oder «Auf diesen Anruf habe ich schon gewartet» – und der Körper sich anspannt. Wenn das nächste Mal das Telefon klingelt, atmen Sie erst einmal tief durch, nehmen Sie wahr, welche Geräusche es außer dem Klingeln noch im Zimmer gibt, achten Sie auf Ihre Haltung und die Empfindungen Ihres Körpers und gehen dann langsam zum Telefon. Das ist eine wunderbare Bridging-Übung, die Spannung abbaut, das Denken beruhigt und Ihren Tag produktiver und schöner macht.

Lassen Sie nicht zu, dass die Gedanken an das bevorstehende Drama des Alltags Ihnen so wunderbare Sinneseindrücke vorenthalten wie das Tanzen des Wassers auf Ihrem Körper, Ihre Finger, die sanft das Shampoo ins Haar massieren, und das beruhigende Gurgeln des Wassers, wenn es im Abfluss verschwindet. Diese Gefühle und Geräusche bewusst zu genießen bringt Sie zurück in den Augenblick und macht nicht nur das Duschen selbst wieder zu einer Ganzkörpererfahrung, sondern auch alles andere, was der vor Ihnen liegende Tag Ihnen bringen wird.

Wenn Sie an der Supermarktkasse in einer Schlange warten müssen, ärgern Sie sich nicht über das langsame Vorankommen – das verstärkt nur Ihr beschädigtes Ich. Hören Sie lieber bewusst auf die Hintergrundgeräusche – die Musikberieselung, das Quengeln eines kleinen Kindes, das Süßigkeiten haben will, das Klappern beim Zusammenschieben der Einkaufswagen, das Piepen, wenn die Waren über den Scanner gezogen werden. Spüren Sie Ihren Körper – die ermüdeten Beine, das Knurren des Magens, das Gewicht des Mantels auf Ihren Schultern. Seien Sie sich bewusst, dass Ihr Identitätssystem gerade versucht, Sie aus der Präsenz im Augenblick zu entführen. Doch statt sich zu wünschen, schnellstmöglich aus dem Laden herauszukommen, sind Sie nun mit erweitertem Bewusstsein in den Moment eingetaucht. Vielleicht finden Sie ja am Ende, dass Schlangestehen an der Kasse ein unglaublich bereicherndes Erlebnis sein kann!

Eine weitere hilfreiche Bridging-Technik ist das Achten auf die eigene Haltung, auf die Bewegungen und auf den Effekt der Schwerkraft auf Ihren Körper. In meinen Seminaren frage ich gerne: «Wie viele von Ihnen sind sich der Schwerkraft bewusst?» Einmal hoben acht Teilnehmer die Hände, als ich in einem Seminar diese Frage stellte. Überrascht über die ungewöhnlich hohe Zahl, fragte ich sie, woran es liegen könne, dass sie sich einer Kraft bewusst waren, die die meisten Menschen ignorieren. Es stellte sich heraus, dass alle acht mit dem Motorrad zur Sitzung gefahren waren! Doch in der Regel ist es so, dass wir – wenn wir nicht gerade hinfallen oder etwas Schweres hochheben müssen – uns der Schwerkraft nicht bewusst sind, weil unser Identitätssystem uns abgestumpft hat.

Betrachten wir einmal, wie uns die Schwerkraft dabei helfen kann, unsere Sinne zu aktivieren. Lehnen Sie sich mit geschlossenen Augen leicht nach rechts. Lehnen Sie sich langsam immer weiter zur Seite, bis Sie sich von der Schwerkraft nach unten gezogen fühlen. Jetzt kommen Sie ins Zentrum zurück. Als Nächstes lehnen Sie sich nach links, dann nach vorne und nach hinten. Achten Sie auf Ihre Gefühle, wenn Sie sich dem

Endpunkt der Bewegung nähern und an den Punkt zurückkehren, an dem Sie sich zentriert und im Gleichgewicht fühlen. Wenn Sie das Gefühl haben, in der Mitte, im Gleichgewicht und im Einklang mit der Schwerkraft zu sein, können Sie entspannt und selbstbewusst werden. Ihr Körper kann sich in jede Richtung frei bewegen. Sie fühlen sich widerstandsfähig und sind bereit, sich den Wechselfällen des Lebens zu stellen. Solange Sie nicht im Einklang mit der Schwerkraft sind, verspüren Sie körperliche Spannung und geistiges Unbehagen, die Ihr Bewusstsein, Ihre Widerstandskräfte und Ihre Reaktionsbereitschaft einschränken.

Bridging ist ein sehr erfolgreiches Hilfsmittel bei der Behandlung von Menschen, die unter Essstörungen leiden. Wenn man Bridging erlernt hat, ist man sich seines Verlangens und seiner Hungergefühle deutlicher bewusst. Auch wenn Sie keine Essprobleme haben, versuchen Sie einmal diese Bewusstseinsübung: Riechen Sie das Aroma Ihres Essens, fühlen Sie sein Gewicht auf der Gabel in Ihrer Hand, achten Sie auf sein Aussehen und spüren Sie die Textur eines jeden Bissens. Halten Sie vor jeder Mahlzeit einen Moment inne, betrachten Sie das Essen, nehmen Sie die ersten ein oder zwei Bissen ganz langsam zu sich. Das langsame Essen ist dabei gar nicht das Entscheidende; es hilft Ihnen lediglich, Ihren Körper aufzuwecken, damit Ihr wahres Ich isst und nicht Ihr beschädigtes. Menschen, die es versucht haben, berichten, dass beispielsweise die Knusprigkeit und Wärme von Toast eine derart erfüllende Erfahrung darstellen, dass sie weder Butter noch Marmelade oder Honig dazu benötigen. Auf einmal weiß man den Geschmack von Gemüse besser zu würdigen. Man braucht weniger Salz zum Essen, weil man die Intensität aller Komponenten und Zutaten auskostet. Menschen, die konsequent im Moment leben, berichten oft, dass sie darüber hinaus weniger essen müssen und abnehmen können.

Robin, eine 35 Jahre alte Krankenschwester und Mutter

zweier Kinder, hatte, seit sie erwachsen war, rund 25 Kilo Übergewicht. Obwohl sie über Ernährung, Bewegung und Stoffwechsel ziemlich gut Bescheid wusste, war es ihr nie gelungen, einen wirksamen Ernährungsplan zu finden. In ihrer ersten Sitzung bei mir schrieb sie eine Problem-Map – so wie die von David und Carla im ersten Kapitel. Als sie ein Mapping über ihr Hauptproblem – das Übergewicht – machte, war dieses mit Gedanken von Depressor und Reparierer angefüllt. Ihr Depressor sagte ihr: «Ich bin fett und abstoßend», «Ich kann es einfach nicht», «Ich bin geboren, um fett zu sein», «Ich habe keine Selbstdisziplin» und «Hundert Diäten und keine funktioniert». Ihr Reparierer versuchte sie mit Gedanken aufzuheitern wie: «Ich mache alles andere gut, ich kann auch das schaffen!», «Wenn ich unter 1400 Kalorien am Tag bleibe und jeden Tag auf dem Hometrainer trainiere, werde ich es schaffen» und «Ich gebe nicht so leicht auf». Zu den körperlichen Empfindungen auf ihrer Gewichts-Map gehörten verspannte Schultern und Rückenschmerzen.

Wie die folgende Unterhaltung zeigt, hatte Robin Schwierigkeiten, zu erkennen, dass ihr eigentliches Problem weder ein Mangel an Disziplin noch eine genetische Veranlagung oder eine Stoffwechselstörung war, sondern allein das Resultat ihres Identitätssystems.

ROBIN: «Was Diäten angeht, bin ich Expertin. Es kann nicht nur mein Identitätssystem sein, das mich am Abnehmen hindert.»

STAN: «All Ihre Informationen sind wunderbar und hilfreich, doch der Grund dafür, dass Sie es nicht schaffen, abzunehmen, ist einzig und allein, dass Ihr Identitätssystem Ihre normal funktionierende Mind-Body-Verbindung gestört und das beschädigte Ich aktiviert hat. Wenn Sie gegessen haben, sollte das nicht die normalen Bedürfnisse Ihres Körpers nach Nahrung befriedigen, sondern den Hunger des geschädigten Ichs – und dessen Appetit ist viel größer als die natürlichen Bedürfnisse Ihres Körpers. Sowohl die übermäßige Nahrungsaufnahme als auch deren Ergebnis – die Gewichtszunahme – füttern das beschädigte Ich, das Ihnen sagt, dass Sie geboren sind, um fett zu sein, oder dass Sie es nicht schaffen. Dieses beschädigte Ich will sich gar nicht ändern, darum verlangt der Reparierer nach Anfangserfolgen beim Abnehmen jedes Mal nach mehr, während der Depressor seine Endlosschleife abspielt: ‹Du bist fett›, ‹Du wirst das nie durchstehen› und so weiter. Auf diese Weise gedeiht Ihr beschädigtes Ich – auf Kosten Ihres wahren, natürlich funktionierenden Ichs.»

ROBIN: «Wollen Sie damit sagen, dass ich nichts weiter tun muss, als mein Identitätssystem ruhigzustellen, um abzunehmen? Würde das mein beschädigtes Ich zum Schweigen bringen?»

STAN: «Ja. Wenn das Identitätssystem ruht, hat die angeborene Weisheit Ihres Körpers Raum, sich zu entfalten. Das ist die Art von Weisheit, die Sie zum Essen auffordert, wenn Ihr Körper Nahrung braucht – und nicht, wenn Sie mental etwas zu essen wollen oder wenn es verfügbar ist. Lassen Sie Ihr Identitätssystem ruhen, und Ihr Körper wird heilen.»

Eine Woche nach dieser Unterhaltung und nachdem sie die obenerwähnte Bewusstseinsübung gemacht hatte, kam Robin wieder zur Gruppensitzung, und wir sprachen über ihre veränderte Perspektive:

ROBIN: «Was für einen großen Unterschied eine Woche macht! Es ist erstaunlich: Wenn ich auf die Dinge, die ich während des Tages berühre, und auf die Hintergrund-geräusche im Krankenhaus oder zu Hause achte, dann empfinde ich ein neues Gefühl der Ruhe. Ich bin sonst niemals ruhig! Seit meinem College-Abschluss habe ich mein Leben als eine einzige To-do-Liste empfunden, der ich hinterherhetze. Nur weil ich jetzt auf Geräu-sche und Sinneswahrnehmungen achte, fühle ich mich total anders, so als könnte ich die Herausforderungen des Tages annehmen und sie dann auf mich zukommen lassen, ohne mich furchtbar darüber aufzuregen.»

STAN: «Gratuliere! Sie haben gelernt, dass das Ruhigstellen Ihres Identitätssystems durch Bridging die natürliche Weisheit Ihres Körpers zur Entfaltung bringt. Sie se-hen, dass man Probleme nicht mit dem Kopf allein lösen kann.»

Mit Mind-Body-Mapping entdeckte Robin, dass ihr Identitäts-system nicht nur ihr Gewicht beeinflusste, sondern auch ihre Stimmungen. Auf ihrer «Innere Ruhe»-Map (die ausführlich in Kapitel 8 vorgestellt wird) erkannte sie die Anforderungen, dass ihre Patienten sie schätzen, dass ihre Vorgesetzten weni-ger fordern und dass die Ärzte kollegialer mit den Schwestern umgehen sollten. Um es mit ihren Worten zu sagen: «Wenn ich nach Hause kam, war ich ein Wrack.» Diese Anforderungen waren unmittelbar mit ihren Gewichtsproblemen verbunden. Sie fühlte sich beschädigt und aß, um sich zu trösten. Doch dank Mapping, das ihr ihre Anforderungen verdeutlichte, und durch regelmäßiges Bridging, das ihr die Weisheit ihres Kör-pers nahebrachte, bekam Robin das Gefühl, dass ihr Leben eine komplette 180-Grad-Wendung vollzogen hatte.

«Mein Job hat sich kein bisschen verändert, doch in ge-wisser Weise hat er sich total verändert – ich bin entspannter bei der Arbeit, ich schaffe es, Dinge in Ruhe zu erledigen, und das Drängeln meiner Vorgesetzten stresst mich nicht mehr so. Wenn die Ärzte sich wie Paschas aufführen, lächle ich inzwischen einfach. Ich habe meine Anforderungen losgelassen. Wenn ich abends nach Hause komme, fühle ich mich nicht mehr wie gerädert, selbst wenn es extrem viel zu tun gab. Ich aktiviere meine Sinne, und mein Körper hilft mir dabei, meinen Geist zu entspannen. Ich dachte immer, es müsse andersherum sein. Komischerweise habe ich auch nicht mehr so viel Heißhunger. Ich genieße es, bewusst auf meinen Körper und meine Gedanken zu achten, und dadurch hat Essen nicht mehr die gleiche Anziehungskraft wie früher.»

Nach drei Wochen hatte Robin fast vier Kilo abgenommen. Sie sagte, Bridging helfe ihr dabei, sich auf ihr Leben zu konzentrieren, so wie sie es lebte, und nicht auf ein Leben, das sie glaubte leben zu müssen. «Sportliche Betätigung und Gewichtsreduktion scheinen sich wie von selbst zu ergeben. Ich erkenne jetzt die Anforderungen meines Identitätssystems – sie sagten mir nach einem harten Arbeitstag, dass ich einen Nachtisch verdient hätte, dass mit Käse überbackene Pommes genau das Richtige wären, um meinen Kummer zu vergessen, und dass ich richtig satt sein müsste, bevor ich ins Bett ging. Diese Anforderungen sind aber nur Gedanken, nicht wahr? Seit ich sie als solche etikettiere, sind sie irgendwie weniger mächtig geworden. Ich bin nicht mehr ihre Sklavin. Ich kann hungrig zu Bett gehen und zu mir sagen: ‹Ich bin hungrig›, wenn mein Magen knurrt. Es hört sich banal an, aber es ist eine Offenbarung: Ich habe die Kontrolle übernommen!»

Sechs Monate später rief Robin mich an, um mir mitzuteilen, dass sie das 25. Kilo verloren hatte. Dank Bridging und Mind-Body-Mapping, die sie weiterhin betrieb, war das Essen für sie nicht mehr wichtiger als andere Aspekte ihres Lebens.

Keith, ein erfolgreicher und ehrgeiziger Investmentbanker, berichtete von seinen Erfahrungen nach gerade einmal zwei

Tagen Bewusstseinsübungen. «Bei einem Meeting fing ich an, bewusst auf das Geräusch der Klimaanlage zu hören, und bemerkte, mein Rücken war so verspannt, dass es wehtat. Allein mir dieses unangenehme Gefühl bewusstzumachen, erlaubt es mir, meinen Rücken zu entspannen. Als ich später am Tag vor meinem Computer saß und seinem Summen lauschte, bemerkte ich plötzlich, dass ich mich so hart auf einen Ellenbogen aufstützte, dass es schmerzte. Es ist erstaunlich, wie viel Schaden ich meinem Körper unbewusst zugefügt habe! Jetzt macht es mir Spaß, meine Sinne zu aktivieren und zu entdecken, dass ich die meiste Zeit entspannt sein kann.»

Unterschätzen Sie nicht das gewaltige Gefühl, über die Weite eines natürlichen, frei funktionierenden Ichs zu verfügen. Denken Sie daran: Das Ziel des Identitätssystems ist Trennung. Benutzen Sie die bisher beschriebenen Bridging-Techniken, um diese unnatürliche Trennung rund um die Uhr zu beseitigen. Kehren Sie immer wieder zu dem zurück, was im Augenblick passiert.

Den ganzen Tag über Bridging-Übungen zu machen verfolgt kein bestimmtes Ziel. Sie strengen sich nicht an, um ruhig zu werden oder zu entspannen – das ist der Reparierer, der so redet, der immer versucht, etwas zu reparieren, das gar nicht kaputt ist. Dank Bridging sind Sie präsent im Hier und Jetzt, was immer das auch sein mag. Wenn Sie angespannt sind, kämpfen Sie nicht dagegen an, sondern werden Sie sich dessen einfach bewusst. Wenn Sie flach atmen, seien Sie sich dessen einfach bewusst. Sie müssen nichts reparieren.

Bridging zeigt Ihnen, wie die Anforderungen von Depressor und Reparierer Ihre täglichen Aktivitäten beeinflussen. Mit Bridging verbessert sich Ihre Stimmung, weil Ihr wahres Ich aus dem Würgegriff des Identitätssystems befreit wird und Raum zum Atmen bekommt. Diese Übungen heilen, weil sie Angst, Unruhe und Spannung reduzieren. Ihr Bewusstsein erweitert sich wie bei einem kleinen Kind und bringt Sie zurück zu Ihrem natürlichen Ich, wo die Möglichkeiten endlos sind!

Spezifische Bridging-Übungen

Probieren Sie an jedem Tag der Woche eine der folgenden Übungen aus. Das Geheimnis des Erfolgs besteht darin, dranzubleiben.

- *Hintergrundgeräusche.* Achten Sie bewusst und regelmäßig auf die Geräusche, die Sie umgeben. Diese leichte Übung ist erstaunlich wirkungsvoll: Sie nährt Körper, Geist und Seele und verbindet Sie mit der Welt um Sie herum.
- *Körperempfindungen.* Welches Gefühl haben Sie im Magen, im Rücken, im Hals? Welche Punkte Ihres Körpers drücken auf die Möbel, die Sie benutzen? Wie fühlt sich Ihr Hemd hinten am Hals an? Ist Ihr Hosenbund zu eng? Achten Sie auf Ihren Körper – er sendet Ihnen die ganze Zeit Signale. Ihr Bewusstsein allein ist im Grunde genug, das Verstehen der Signale ist ein Extra.
- *Aktivieren Sie Ihre Sinne.* Was berühren Ihre Finger gerade? Seien Sie sich dieser Empfindungen bewusst. Spüren Sie die Hitze oder die Sonne auf Ihrem Körper, die Brise auf Ihrem Gesicht, die Enge Ihrer Kleidung, die Umarmung eines geliebten Menschen, den Händedruck eines neuen Freundes? Sehen Sie den alten Baum in Ihrem Garten wirklich? Führen Sie diese Art von Selbstbefragung für alle Ihre Sinne durch.
- *Erkennen Sie das Ich-Programm.* Dieses Programm sendet rund um die Uhr Ihre täglichen Dramen und Storylines – Ihr Lieblingsärgernis, Ihre täglichen Realitätsfluchten, Ihre finanziellen Sorgen oder Ihre Familienprobleme. Denken Sie daran, dass diese Gedanken und Storylines Ihr Identi-

tätssystem verstärken und Ihr wahres Ich maskieren. Registrieren Sie sie, nehmen Sie sie zur Kenntnis und lassen Sie sie dann bewusst hinter sich, indem Sie Ihre Aufmerksamkeit der Aufgabe zuwenden, die gerade vor Ihnen liegt. Indem Sie das Ich-Programm ausschalten, wenden Sie sich dem Leben zu.

Eigene Bewusstseinsübungen

Wenn Sie das Prinzip des Bridgings erst einmal verinnerlicht haben, wird Ihnen Ihr Leben reichlich Gelegenheit bieten, eigene Übungen zu entwickeln. Angela war eine junge, alleinerziehende Mutter, deren Tochter Serena mit ihren sechs Jahren kaum noch zu kontrollieren war – sie schrie, sie war bockig, und sie bekam Wutanfälle. Angela war ratlos. Sie kam in mein Elternseminar und ließ Serena in der Kinderbetreuung am anderen Ende des Flurs. Doch mehrmals holten die Betreuerinnen sie aus dem Seminar, damit sie ihr schreiendes Kind beruhigte.

Angela machte regelmäßig Bridging-Übungen und erfand beinahe zufällig ihre eigene und extrem effektive Form des Bridging. Eines Abends hatte Serena einen schrecklichen Wutanfall, und Angela rannte den Flur entlang, um sie in eine Toilette zu bringen. Wir konnten hören, wie die Schreie darin an Lautstärke und Intensität zunahmen. Plötzlich brachen sie ab. Wir alle hielten den Atem an und warteten auf das Wiedereinsetzen des Gebrülls. Aber die Stille hielt an. Kurze Zeit später kam Angela leise wieder in den Seminarraum. Sie hatte Serena zurück zur Kinderbetreuung gebracht. Sowohl sie als auch ihre Tochter waren den Rest des Abends über ruhig. Am Ende unserer Sitzung fragte ein anderer Teilnehmer Angela, was denn passiert sei.

«Ich war in der Toilette mit Serena und habe mir die Ohren

zugehalten», sagte sie. «Es war so schlimm, dass ich dachte, ich würde gleich auch zu schreien beginnen, aber plötzlich fing ich an, mich auf den Druck meiner Hände auf den Ohren zu konzentrieren, und irgendwie wurde mir klar, dass ich *keine* schlechte Mutter war, nur weil meine Tochter schrie. Als ich das erkannt hatte, hatte ich das Gefühl, dass eine schwere Last von mir abfiel.

Dann fing ich an, mich auf Serenas Schreien zu konzentrieren, und ich sah es in einem neuen Licht. Ich konnte ihr Schreien als Bewusstseinsübung nutzen! Ich hörte einfach zu, betrachtete mein kleines Mädchen, und mir ging förmlich das Herz auf, als meine Unruhe verflog. Ich sah meine Gedanken kommen und gehen, und ich spürte sogar, wie sich mein Körper entspannte. Plötzlich hatte ich diesen Impuls, und ich nahm Serena auf den Arm. Ich drehte ihr Gesicht zum Spiegel und sagte: ‹Schau!› Sie hörte sofort auf zu schreien. Einfach so! Es passierte einfach. Ich hatte so etwas noch nie gemacht.»

In der Vergangenheit hatte sich Angela komplett an der Überzeugung orientiert, dass sie eine schlechte Mutter war, und sie hatte es zugelassen, dass Serenas Schreien diesen Glauben verstärkte. Sie hatte sich selbst und auch Serena als beschädigt betrachtet. Ihr improvisiertes Spontan-Bridging stellte ihr Identitätssystem ruhig, normalisierte ihre Mind-Body-Verbindung und gab ihr den Raum, frei auf eine schwierige Situation zu reagieren. Angelas Körper und Geist klammerten sich nicht mehr an den Glauben an ein beschädigtes Ich. Tatsächlich war diese Erfahrung ein dramatischer Wendepunkt in Angelas Leben. Sie wurde aufgeschlossener, achtete wieder mehr auf sich selbst, und ihre innere und äußere Schönheit wurde in den verbleibenden Gruppenstunden zunehmend sichtbar.

Lucien, ein scheinbar sanftmütiger Profitänzer, bekam nach mehreren gewalttätigen Auseinandersetzungen die gerichtliche Auflage, ein Seminar zur Aggressionsbewältigung zu absolvieren. Als ein Mensch, der es gewohnt war, auf seinen Körper zu achten, entwickelte er selbst einige Übungen für das Körperbewusstsein. Zwei davon, die er vor der Gruppe demonstrierte, fanden die anderen Teilnehmer besonders nützlich. Beide helfen dabei, das Identitätssystem zu stoppen und ruhigzustellen, indem man seinen Körper entspannt und das Bewusstsein aktiv ausdehnt.

Nehmen Sie im Stehen eine bequeme Haltung ein. Jetzt stellen Sie sich vor, dass Sie eine Wasserpflanze sind, die am Meeresboden wächst. Schließen Sie die Augen und spüren Sie, wie Ihr Körper auf die sanften Strömungen des Meeres reagiert. Stellen Sie sich die Anblicke, Geräusche und Empfindungen vor, die durch die Bewegungen des Wassers ausgelöst werden. Machen Sie diese Übung ein paar Minuten lang. Nehmen Sie bewusst wahr, wie Ihr Körper sich ganz langsam und sanft bewegt. Wenn Sie von Gedanken unterbrochen werden, lassen Sie sie los, ohne sie zu analysieren. Die Übung ist nur dazu da, präsent zu sein.

Für die zweite Übung stellen Sie sich mit auf Schulterhöhe seitlich ausgebreiteten Armen auf. Winkeln Sie die Ellbogen an, sodass Ober- und Unterarm einen 90-Grad-Winkel bilden. Die Handflächen zeigen nach unten. Schieben Sie nun die Handflächen langsam nach unten und atmen Sie dabei aus. Spüren Sie den Widerstand. Wenn die Arme ganz nach unten gestreckt sind, drehen Sie die Handflächen nach oben und atmen Sie ein, während Sie die Arme wieder in die Ausgangsposition heben. Spüren Sie, wie die Luft Ihren Körper mit Vitalität erfüllt. Machen Sie diese Übung langsam und bewusst einige Minuten lang.

Dee nahm übers Wochenende an einem Bridging-Seminar teil, in der Hoffnung, Linderung für ihren chronischen Tinnitus zu finden. Dee war eine erfolgreiche Sozialarbeiterin und glücklich verheiratet, doch sie hatte das Gefühl, dass ihr Leben durch den Tinnitus aus den Fugen geraten war. Ihr Arzt hatte ihr erklärt, dass eine Heilung ausgeschlossen war. Als sie zum ersten Mal die Bridging-Übung mit dem bewussten Hören auf Hintergrundgeräusche machen sollte, hob sie die Hand und erklärte, dass dies durch das Klingeln in ihren Ohren für sie unmöglich sei. Doch am nächsten Tag kam sie ins Seminar und berichtete, dass sie überglücklich sei, denn sie hatte entdeckt, dass ihr der Tinnitus eine eingebaute Geräuschquelle für Hintergrundrauschen schenkte, auf die sie jederzeit und überall zurückgreifen konnte, wenn sie in den Moment zurückkehren wollte! Sie hatte die Zitronen ihres Lebens in Limonade verwandelt.

Das Autofahren nimmt oft viele Stunden unseres Lebens in Anspruch, und manche Menschen werden davon angespannt, aggressiv und deprimiert. Drew war einer dieser Menschen. Als Pharmavertreter musste er den ganzen Tag von einer Arztpraxis zur nächsten fahren. Obwohl ihm seine Arbeit Spaß machte, fühlte er sich von den vielen Stunden, die er auf der Straße zubrachte, völlig ausgebrannt. Er meldete sich für ein über zwei Wochenenden laufendes Anti-Burnout-Seminar bei mir an – und am zweiten Wochenende teilte er mir mit, dass er angefangen habe, das Fahren zu mögen. Ein einfacher Trick, den er sich ausgedacht hatte, machte ihn darauf aufmerksam, wann sein Identitätssystem aktiv wurde: Morgens vor dem Losfahren stellte er seinen Rückspiegel so ein, dass er aufrecht sitzend gut durch die Heckscheibe seines Wagens sehen konnte. Wenn sein Identitätssystem das Ruder übernahm und er anfing, sich über den Verkehr aufzuregen, machte er unwillkürlich einen Buckel … und konnte im Rückspiegel nichts mehr sehen. Das aktivierte seine Sinne, woraufhin er sich jedes Mal wieder gerade hinsetzte und in dem Wissen weiterfuhr, dass er gerade Gefahr lief, in eines seiner täglichen Dramen der Verzweiflung abzudriften.

Bei keiner der Bewusstseinsübungen besteht das Ziel darin, das zu ändern, was man tut, sondern lediglich sich seiner selbst bewusst zu sein, während man es tut. Spüren Sie, wie die Schwerkraft an Ihren Füßen zieht, wenn Sie bergab gehen, fühlen Sie das sanfte Gleiten der Klinge, wenn Sie sich rasieren, genießen Sie die friedliche Stille des Moments, wenn Sie sich die Fingernägel lackieren. Bewusstsein ist der Schlüssel.

All diese Techniken bringen Sie zurück in den Augenblick. Das ist die erste Hälfte des Bridging. Im nächsten Kapitel lernen Sie, was es bedeutet, seine Gedanken zu etikettieren. Etikettieren gehört zum zweiten Teil des Bridging, dem «Anfreunden mit dem Identitätssystem». Durch das Etikettieren bekommen Sie ein überraschendes Maß an Objektivität, wodurch Sie Ihre Gedanken und Probleme ähnlich unemotional und konstruktiv betrachten können, wie Sie vielleicht einem guten Freund helfen würden.

4 Etikettieren Sie Ihre Gedanken und lassen Sie sie los

Wie jeder weiß, der schon einmal ein Baseballspiel gesehen hat, kann die Leistung eines Werfers sehr schnell von brillant in unterirdisch umschlagen. Ein paar schlechte Würfe oder Fehler eines Mitspielers und es kann passieren, dass in seinem Kopf die Gedanken durcheinanderwirbeln und sein Körper sich verspannt. Weil er im Spiel eine strategische Rolle einnimmt, steht der beschäftigte Kopf eines Werfers oft seinem natürlichen Funktionieren und damit auch den Bewegungsabläufen seines eigenen Körpers im Weg. Im Rahmen meiner Zusammenarbeit mit Profi-Baseballtrainern zeigte ich ihnen, wie sie den Spielern durch Ruhigstellen des Identitätssystems und Etikettieren der negativen Gedanken helfen konnten. Wenn ein Spiel aus dem Ruder zu laufen beginnt und der Werfer in Gedanken mit sich selbst hadert – «Wie konnte ich den bloß ins Aus werfen?», «Ich habe den Ball zu spät losgelassen» und so weiter –, dann hilft ihm das Etikettieren dieser Gedanken, wieder auf die wichtigen Dinge zurückzukommen: das Gefühl des Balles in seiner Hand, die Spikes im Boden, die geschmeidige Bewegung seines Körpers auf dem Wurfhügel. Dieses Bewusstsein erlaubt es dem natürlichen Wissen seines Körpers (das in jahrzehntelangem Training geformt wurde), die Mechanik seiner Würfe zu perfektionieren. Der Gedanke ist «bloß ein Gedanke» und hat keine negativen Auswirkungen mehr auf die Leistung.

Einen Gedanken zu etikettieren ist genauso, wie irgendetwas anderes zu etikettieren: Dieser Mensch ist ein älterer Mitbürger, dieser Hund ist ein Dalmatiner, dieses Gewürz ist Koriander, Ihr Auto ist eine Limousine. Etiketten vereinfachen das Leben, denn sie erlauben uns, etwas zu erkennen und es dann zur Seite zu legen, um unseren Kopf für andere Dinge frei zu machen. Gedanken zu etikettieren erlaubt Ihnen, Depressor und Reparierer zur Kenntnis zu nehmen und sie dann links liegenzulassen. Etikettieren Sie jedoch ausschließlich Gedanken, nicht körperliche Empfindungen, Anblicke oder Geräusche. Diese aktivieren nicht das Identitätssystem, wie es Gedanken tun. Nachdem Sie den Gedanken etikettiert haben, kehren Sie zum Augenblick zurück und zu dem, was Sie gerade tun. Wenn Sie Ihre Gedanken nicht etikettieren, werden Sie sich wahrscheinlich in Ihren täglichen Dramen verheddern und Ihren Gedanken Raum zum Rotieren geben. Je öfter Sie Ihr Identitätssystem unterbrechen, desto schwächer wird es.

Während ich zum Beispiel Material für meine Seminare vorbereite, denke ich manchmal: «Ich frage mich, ob die Teilnehmer verstehen werden, was ich präsentiere.» Diesen Gedanken zu etikettieren bedeutet schlicht und einfach genau das: «Ich habe den Gedanken ‹Ich frage mich, ob die Teilnehmer verstehen werden, was ich präsentiere›», oder: «Ich habe den Gedanken ‹Ich frage mich, ob mein Vortrag verständlich sein wird›.» Dann nutze ich diesen Gedanken als willkommenen Hinweis, überprüfe mein Material auf Verständlichkeit und bereite mich weiter vor. Hätte ich den besorgten Gedanken über die Verständlichkeit der Präsentation nicht etikettiert, hätte daraus eine unproduktive Storyline entstehen können, zum Beispiel: «Ich hätte früher mit den Vorbereitungen beginnen sollen. Ich bin müde. Das hier ist schwierig. Ich brauche diesen ganzen

Stress nicht. Vielleicht werde ich es einfach spontan machen. Ach nein, erinnere dich an die Präsentation in Philadelphia, da lief es nicht so glatt wie erhofft, weil du nicht ausreichend vorbereitet warst …» In der Zwischenzeit hätten sich meine Schultern nach oben gezogen, mein Atem ginge schnell und flach, und mein Denken wäre schwerfällig. Meine eigentliche Aufgabe – das Vorbereiten einer Präsentation – wäre von einem beschwingten Tanz meines natürlichen Funktionierens zu einem langsamen Walzer mit meinem beschädigten Ich geworden.

Nur die Fakten: Etikettieren vereinfacht das Leben

Das Schöne am Etikettieren Ihrer Gedanken ist, dass es Ihnen klarmacht, ein Gedanke ist nur ein Gedanke. Nicht mehr und nicht weniger. In der Fernsehserie *Polizeibericht* aus den 60er Jahren konnte man oft Opfer oder Zeugen von Verbrechen sehen, die sich immer mehr in nebensächlichen Details verloren, wenn sie ihre Geschichte der Polizei erzählten. Sergeant Friday musste sie regelmäßig daran erinnern: «Bitte nur die Fakten, Sir.» Etikettieren erlaubt Ihnen, wie Joe Friday den Kern der Sache im Blick zu behalten und alle nebensächlichen, unproduktiven Gedanken auszublenden, die Ihr Denken lähmen können. Vergessen Sie nicht: Wenn das Identitätssystem Ihre Gedanken nicht an sich reißen kann, dann wird es Sie auch nicht negativ beeinflussen. Bald wird es eine Zeit in Ihrem Leben geben, in der jeder Gedanke ein Lächeln verdient, wie der Herr im folgenden Beispiel bestätigt.

Aggressionsbewältigung

Bryce hatte von einem Gericht die Auflage bekommen, an einem meiner Seminare zur Aggressionsbewältigung teilzunehmen, nachdem er als Verkehrsrowdy auffällig geworden war. Er war nicht glücklich darüber, dass er immer wieder die Kontrolle über seine Emotionen verlor, deshalb gefiel ihm die Vorstellung, die eigenen Gedanken zu etikettieren. «Ich werde diesen Mistkerl von der Straße drängen» wurde zu «Ich habe den Gedanken ‹Ich werde diesen Mistkerl von der Straße drängen›». Nach ein paar Wochen im Seminar kam er eines Tages jubilierend herein. Er war auf der Autobahn unterwegs gewesen, als ein anderer Autofahrer ihn nicht nur anhupte, sondern ihm auch noch den Stinkefinger zeigte. Sofort meldete sich sein Jähzorn, doch Bryce kontrollierte seine Gedanken sofort, indem er sie etikettierte. Und dann, so erzählte er uns, konnte er tatsächlich über sich selbst schmunzeln. Er lächelte, und danach fing er laut an zu lachen, weil ihm klarwurde, dass er nicht mehr der Sklave seiner Gedanken war. Er brachte seiner Frau und seinen Kindern das Bridging bei, und der vorher so jähzornige Mann äußerte sogar die Einsicht: «Schauen Sie sich die Welt an. Es sind Gedanken, die all dieses Töten verursachen.»

Wie Bryce' Geschichte zeigt, kann das Etikettieren der eigenen Gedanken einen überraschenden inneren Frieden bringen. Deena erlebte die gleiche Auflösung ihrer Wut. Nach einer unschönen Scheidung hatte ein Gericht Deena dazu verurteilt, eine Therapie zur Aggressionsbewältigung zu absolvieren. Unglücklicherweise war eine traditionelle Therapie erfolglos. Sie blieb weiterhin aggressiv und unkooperativ. Dann lernte sie Bridging kennen, und innerhalb von Tagen verspürte sie einen neuen inneren Frieden. Wenn sie zu ihrem Körper und zu den Geräuschen im Hintergrund zurückkehrte und wenn sie ihre Gedanken etikettierte, dann schien sich ihre Wut einfach aufzulösen. Sie beschrieb ihren neuen Frieden als etwas, das ohne viel Aufwand kommt: «Es ist, als würde ein Schwarm Vögel einfach mit meinen Gedanken wegfliegen.»

Kate leitete ein erfolgreiches kleines Unternehmen, doch sie führte eine sehr unbefriedigende Beziehung mit ihrem Mann. Nach ein oder zwei Wochen Bridging berichtete sie den anderen Seminarteilnehmern, dass ihr Mann vorgeschlagen habe, gemeinsam in den Urlaub zu fahren. Ihr erster Gedanke war: «Was für ein Schwachkopf, wir vertragen uns keine zwei Stunden lang! Wie kann er da einen Urlaub von zwei Wochen vorschlagen?» In der Vergangenheit hätte sie diesen Gedanken sofort ausgesprochen und einen weiteren Streit ausgelöst. Doch diesmal ergriff sie die Tischplatte mit festem Griff, aktivierte ihre Sinne, spürte den Druck in ihren Fingerspitzen und etikettierte den Gedanken, bevor sie etwas sagte. «Nein, ich glaube nicht», war ihre milde Antwort, und das Thema war beendet. Das Etikettieren löste natürlich nicht auf einen Schlag das Problem ihrer unglücklichen Ehe, doch es sorgte für eine konfliktfreie Zone, einen Ort, an dem Kommunikation und das Hinarbeiten auf einen glücklicheren Zustand möglich waren. Wichtiger noch, Kate verspürte eine neue innere Ruhe, die nicht davon abhing, wie ihr Mann sich verhielt. Bald konnte sie die Dosierung ihrer blutdrucksenkenden Medikamente verringern und nachts wieder durchschlafen, ein Luxus, den sie lange nicht mehr gekannt hatte.

Sucht

John, 25 Jahre alt, hatte trotz seines stark religiösen Hintergrunds schon als Teenager angefangen, Alkohol und Drogen zu konsumieren. Trotz intensiver ambulanter und stationärer Therapien schaffte er es nicht, ohne Rauschmittel auszukommen. Nach fünf Jahren erfolgloser Behandlungen kam er im Rahmen einer stationären Therapie zum Bridging. Nach dem erfolgreichen Abschluss seiner Behandlung schrieb er mir:

Zuerst war ich skeptisch. Die Terminologie rund um das Identitäts- system ist sehr säkular. Aber ich habe mich geirrt. Alles basiert auf uns und unserer Verbindung mit Gott. Das Etikettieren der Gedanken und das Zurückkommen zu den Hintergrundgeräuschen sind so ein- fach. Ich bin froh, dass ich meinen Stolz hinuntergeschluckt und diese neue Art, mein Leben zu genießen, gefunden habe. Das Bridging des Identitätssystems hat den Heiligen Geist und die innere Ruhe wieder in mein Leben zurückgebracht. Ihre einfachen Werkzeuge machen ein Leben ohne Alkohol möglich. Gedanken sind nur Gedanken. Ich danke Ihnen für dieses wundervolle Geschenk!

Jennifer ist die Leiterin der Entzugsklinik, in der John behan- delt wurde. Seine Suchtgeschichte war nicht ungewöhnlich. Sie erzählte mir, dass fast alle ihre Patienten keinen Ausweg mehr wissen, weil sie so viele Schuld- und Schamgefühle wegen ihrer Sucht mit sich herumschleppen. Sie kommen sich wertlos, beschmutzt und krank vor. Jennifer stand vor einem Dilemma: Einerseits wollte sie ihren Patienten zu verstehen geben, dass sie keineswegs beschädigt oder zerbrochen waren, andererseits sollten sie auch nicht vergessen, welche Fehler sie im Rausch- zustand gemacht hatten oder wie schrecklich sie sich fühlten, wenn sie gegen ihre eigenen Werte verstießen. Sie glaubt, dass diese Erinnerung wichtig ist, um Rückfälle zu verhindern. Nach ihrer Erfahrung ist genau das die zentrale Herausforderung: Die Patienten sollen sich erinnern, dass ihr Handeln Schmerz ver- ursacht hat, und gleichzeitig die Vorstellung verinnerlichen, dass sie *nicht* beschädigt sind.

Das Wissen um das Identitätssystem macht Jennifers Job und das Leben ihrer Patienten viel leichter. Wenn sie diesen nun erzählt, dass ihr beschädigtes Ich lediglich ein Produkt ihres Identitätssystems sei, fangen sie an, ihre eigene Macht wahrzunehmen. Sie erkennen, dass die Gedanken, die sie belasten und die das Gefühl der Beschädigung entstehen lassen, nur Gedanken sind. Bridging bringt sie von einem Ort voller Anspannung, Frustration und Selbsthass an einen Ort, wo sie den Frieden, die Liebe und die Akzeptanz erfahren, die sie jederzeit aus ihrer Quelle schöpfen können. Sie lernen, dass die Kraft in ihnen selbst liegt und nicht an irgendeinem geheimnisvollen Ort versteckt ist oder nur durch ein ganz bestimmtes Selbsthilfeprogramm erlangt werden kann.

Tatsächlich veränderten das Etikettieren von Gedanken und das Bridging sogar auch Jennifers eigenes Leben. «Ich dachte früher, dass ich in die Berge gehen und auf einem Felsbrocken sitzen müsste, um die ganze Schönheit und das Wunder von Gottes Schöpfung zu spüren. Aber wenn mein Identitätssystem durch das Etikettieren von Gedanken ruhiggestellt ist, dann kann ich dieses Gefühl jederzeit und an jedem Ort empfinden. Ich muss mich nicht daran erinnern, dass ich nicht beschädigt oder zerbrochen bin, sondern genau so, wie Gott mich geschaffen hat.»

Indem Frank seine Gedanken etikettierte und seine Sinne durch Bridging aktivierte, eröffnete sich ihm endlich die Möglichkeit, den langen Aufstieg aus der Abhängigkeit zu beginnen. Nach einer Intervention seiner Familie und seiner Freunde konnte er der Tatsache nicht mehr aus dem Weg gehen, dass es mit seiner Maklerfirma und seinem Familienleben steil bergab ging. Frank war nun bereit, seine Alkoholabhängigkeit zu therapieren. Er kam in eines meiner Bridging-Seminare und berichtete, dass er trank, um Anspannung und Unruhe abzubauen. Er sagte, wenn er nicht trinke, verspüre er eine «totale Körper-Überreizung». Er hatte sogar einen Namen für diesen Zustand: «Murmeln». Sobald das Murmeln losging, versuchte er es mit Alkohol zu stillen. Wenn er nicht trank, war sein Kopf voller selbstzerstörerischer Gedanken, sein Körper verspannt und reizbar.

Während unserer zweiten Sitzung schien sich Frank extrem unwohl zu fühlen und sagte: «Das Murmeln ist da.» Ich bat ihn, auf das Geräusch des Ventilators in der Klimaanlage des Zimmers zu lauschen. Nach etwa einer Minute berichtete er, dass das Murmeln weg sei, wenn er sich auf das Geräusch konzentrierte. Er war verblüfft, dass es tatsächlich aufhörte. Ich erklärte ihm, dass das Murmeln lediglich der körperliche Motor des Identitätssystems und seine selbsterniedrigenden Gedanken die mentale Komponente des Identitätssystems waren. Um den Motor zum Verstummen zu bringen, musste er nichts weiter tun, als seine Gedanken zu etikettieren – zum Beispiel: «Ich habe den Gedanken ‹Mir ist unwohl, ich brauche einen Drink›» – und seine Sinne (Sehen, Hören, Fühlen) zu aktivieren. Jetzt hatte er neue Werkzeuge, um sich mit der Wurzel seines Trinkens auseinanderzusetzen. Indem er eifrig täglich Bridging betrieb, wandelte sich Franks gesamtes Leben. Er war beim Zusammensein mit Familie und Freunden entspannt, ohne dass er Alkohol brauchte. Bei seiner Arbeit fühlte er sich weniger getrieben und war dennoch produktiver.

Leistungssteigerung

Wenn Sie bei der Arbeit denken: «Ich mache das nicht richtig», dann sollten Sie diesen Gedanken einfach etikettieren, bevor Sie sich in den Folgen dieser negativen Einschätzung verheddern: «Ich habe den Gedanken, dass ich das nicht richtig mache.» Das gibt Ihnen nicht nur Raum, sondern verleiht Ihnen auch Objektivität – Sie bremsen Ihr Identitätssystem aus, bevor es sich des Gedankens bemächtigen und eine negative Kettenreaktion auslösen kann – Selbstvorwürfe, Anspannung, Unruhe. Sie entspannen sich und können Ihre Arbeit auf natürliche Weise korrigieren, so wie Sie es tun, wenn Sie jemand anderem helfen, einen Fehler zu finden und zu korrigieren.

Das Etikettieren von Gedanken steigert die Leistung. Linda war mit Ende 30 eine begeisterte Amateur-Tennisspielerin. Doch ihr Geist war immer so beschäftigt, dass sie nie dazu in der Lage war, ihr bestes Spiel zu zeigen. Ihre mentale Verfassung und ihre Agenda am jeweiligen Tag hatten großen Einfluss auf die Qualität ihres Spiels. Das ging sogar so weit, dass Linda die Konsequenzen schon voraussah: «Oh, das wird ein schlechter Tag werden. Ich habe Kopfschmerzen, meine Schwiegereltern kommen zu Besuch, und ich habe einen Termin beim Zahnarzt.» Solche Gedanken führten unweigerlich zum nächsten Schritt: «Ich werde eine lausige Partie spielen.»

Die schlechten Tage und die Gedanken, die ihr in die Quere kommen wollten, verschwanden nicht. Lindas Spiel – und ihre gesamte Lebenszufriedenheit – verbesserten sich letztlich dadurch, dass sie anfing, ihre Gedanken zu etikettieren. Sie etikettierte den Gedanken «Ich wünschte, ich würde mich heute besser fühlen» und wandte ihre Aufmerksamkeit dann der Brise auf ihrem Gesicht, dem Gesang der Vögel, der vom Belag des Tennisplatzes aufsteigenden Hitze und den Verkehrsgeräuschen im Hintergrund zu. Sie ließ ihr Bewusstsein über ihre Gedanken hinausgehen und spürte den Griff des Schlägers in der Hand und das Auf-und-ab-Springen ihres Körpers, während sie einen Aufschlag erwartete. Sie machte aus ihrem Ritual, den Ball zweimal aufspringen zu lassen, bevor sie selbst aufschlug, eine Bridging-Übung. Sie konzentrierte sich auf die Filzoberfläche des Balls, achtete bewusst auf die Bewegungen ihres Arms, während sie ihn auftippen ließ, und spürte den Druck in ihrer Hand, als er zu ihr zurückkam. Ihr Körper und ihr Geist waren entspannt und bereit für den Aufschlag. Sie hatte all ihre Sinne aktiviert und die Einmischung ihrer eigenen Gedanken hinter sich gelassen. Ebenso zuverlässig half ihr die Technik, den Aufprall des Balls auf dem Schläger zu beobachten, anstatt sofort den Kopf hochzureißen, um zu sehen, wohin der Ball gehen würde. Linda fiel auf, dass sie den Kopf gesenkt hielt und sich ein wenig länger auf den Aufprall konzentrierte, als sie es in der Vergangenheit getan hatte, wodurch sich ihr Schlag erheblich verbesserte. Wenn sie im Verlauf einer Partie in Rückstand geriet, konnte sie die Gedanken über ihre Sorgen etikettieren, in den Moment zurückkehren und dann weiterspielen. Selbst an Tagen mit Kopfschmerzen, Sorgen oder einer langen Liste von Dingen, die noch zu erledigen waren, spielte Linda fortan gut. Zum ersten Mal schaffte sie es in die erste Mannschaft ihres Clubs. Auch abseits des Tennisplatzes betrieb sie regelmäßig Bridging, was ihr erlaubte, den Herausforderungen des Alltags mit mehr Ruhe und weniger Stress zu begegnen.

Gerüstet für Herausforderungen

Bridging kann Sie auf jeden Konflikt vorbereiten, egal wie Sie sich fühlen. Walker ist Karate-Trainer und nahm an einem meiner Bridging-Seminare teil. Bald darauf hatte er einen Wettkampf. Unglücklicherweise fühlte er sich an diesem Morgen ausgesprochen müde, weil er in der Nacht schlecht geschlafen hatte. In der Vergangenheit hätte in einer solchen Situation Walkers Reparierer das Ruder übernommen: «Du wirst es bekämpfen, du wirst stark sein, du darfst nicht müde sein.» Jetzt, da er sich seines Identitätssystems bewusst war, verpasste Walker dem Gedanken «Ich bin müde» einfach ein Etikett. Er aktivierte seine Sinne. Als der erste Kampf begann, fühlte er sich relativ ruhig und seines Körpers, der Hintergrundgeräusche und der Bewegungen des Gegners bewusst. Trotz seiner

Müdigkeit war Walkers Timing in dem Kampf fehlerlos, und er agierte schnell, entschlossen und stark. Fast schien es, als könne er die Gedanken seines Gegners lesen und seine Bewegungen vorausahnen. Für Walker war es eine Offenbarung, dass er dank Etikettieren und Bridging nicht mehr das Gefühl hatte, lediglich dann eine gute Leistung bringen zu können, wenn er sich gut fühlte. Er musste einfach nur sein Bewusstsein über seine eigenen einengenden Gedanken hinaus erweitern.

Latanya war zwar keine Sportlerin, doch auch sie hatte jeden Tag ihres Lebens mit einem formidablen Gegner zu kämpfen. Sie litt an mehrmals täglich auftretenden Panikattacken, die sie buchstäblich ans Haus fesselten, was ihr wiederum ständig das Gefühl gab, eine schlechte Mutter und letztlich ein schlechter Mensch zu sein. Innerhalb von wenigen Tagen nach Beginn ihrer Bridging-Übungen fing ihr vorher beengtes Leben an, sich zu öffnen. Sie etikettierte den ganzen Tag lang ihre Gedanken, sogar harmlose Gedanken wie «Ich muss zur Toilette gehen». Sie war bald sehr geübt darin, konnte ihre Sinne aktivieren und, was ihr selbst fast wie ein Wunder erschien, sogar das Haus verlassen, als die Panikattacken nachließen. Ihre Ängste verloren sich in der Weite ihrer Möglichkeiten – genau wie das rote Wasser, das in Kapitel 3 die Schmerzen symbolisierte, zu einer unbedeutenden Größe wurde, sobald es sich in dem größten Becher befand. Innerhalb eines Monats hatten Latanyas Attacken aufgehört. Wenn ihr der Gedanke hochkam, dass sie eine lausige Mutter sei, dann lächelte sie. Seitdem sie in ihrer Elternrolle ihr Identitätssystem zunehmend ruhigstellte, verbesserten sich die Kinder in der Schule und bei ihren Freizeitaktivitäten. Sie selbst ist wieder in einem College eingeschrieben. Latanya berichtet, dass sie den ganzen Tag Gedanken etikettiert und gar nicht mehr darüber nachdenken muss. Das Etikettieren ist zu ihrer zweiten Natur geworden.

Wie Sie gesehen haben, lassen sich die Gedanken des Identitätssystems durch Bridging und Etikettieren ruhigstellen. Indem Sie sie als «bloße Gedanken» kennzeichnen und loslassen, verschaffen Sie sich selbst die Freiheit, natürlich zu denken und zu handeln.

5 Freunden Sie sich mit Ihrem Identitätssystem an – durch Mind-Body-Mapping

Geht Ihnen zu viel durch den Kopf? Ähnlich wie das ungebremste Ansammeln von Besitz zu einem Messie-Haushalt führt, kann auch unnötiger Gedankenballast von Arbeitsproblemen, Beziehungssorgen, Rechnungen, Selbstverbesserungsideen und so weiter den Kopf überfrachten. Die Liste ist endlos. Dieser mentale Ballast kann Ihnen den Schlaf rauben, Krankheiten verursachen, Sie daran hindern, Zeit mit Ihrer Familie zu genießen, und Ihnen sogar Feiertage und Ferien verderben. Der Verursacher ist niemand anders als Ihr Identitätssystem, das ein mentales Spinnennetz aus «musst du haben», «solltest du tun», «wieso ist?», «warum hat sie nicht?» und «Das ist nicht fair» webt.

Wenn Sie hier aufräumen wollen, müssen Sie sich mit Ihrem Identitätssystem «anfreunden», und zwar mit Hilfe der Techniken, die Sie in diesem Kapitel erlernen werden. Das Anfreunden mit dem Identitätssystem geht im Großen und Ganzen wie das Anfreunden mit anderen Menschen vor sich: Sie müssen es kennenlernen, ihm Aufmerksamkeit schenken, es respektieren, mit seinen Verhaltensweisen vertraut werden und es dann angemessen behandeln. Angemessen behandeln heißt: Wenn Sie eines der Zeichen Ihres Identitätssystems erkennen (Depressor, Reparierer, Storylines, Anspannung, Angst, Sorgen oder Schuldgefühle), dann sollten Sie es weder ignorieren noch zurückweisen oder damit spielen. Stattdessen umfangen Sie das Identitätssystem einfach mit Ihrem Bewusstsein. Alles Weitere ist ein Bonus. Sie müssen es nicht kontrollieren, verstehen oder erklären. Anfreunden ist alles, was nötig ist.

Eine spezifische Technik, die Sie nutzen können, um sich mit Ihrem Identitätssystem anzufreunden, ist das Mind-Body-Mapping. Mind-Body-Mapping heißt, Sie nehmen eine Frage wie etwa «Was geht mir im Kopf herum?», «Wer bin ich?» oder auch das Thema eines Traums, den Sie in letzter Zeit hatten, und notieren auf einem Blatt Papier Anblicke, Geräusche, körperliche Empfindungen und Gedanken, die mit diesem Thema in Verbindung stehen. Mind-Body-Maps zeigen, wie das Identitätssystem arbeitet, indem sie ein Wortbild seiner Aktivität zeichnen.

Das Anfertigen einer solchen Map dauert etwa fünf Minuten. Es geht leicht und wird nicht nur Ihrer Bridging-Praxis eine kräftige Starthilfe geben, sondern auch dafür sorgen, dass Sie eine rapide Veränderung erleben. Es revolutioniert die von Sigmund Freud für die Psychoanalyse entwickelte Methode des freien Assoziierens, in der ein Patient spontan und ohne sich selbst zu zensieren Ideen, Gedanken und Eindrücke äußert, um den verborgenen Grund seiner Neurosen zu enthüllen. Doch statt jahrelange Therapien auf der Couch eines Psychoanalytikers zu erfordern, hilft das Mind-Body-Mapping Ihnen in Sekunden, und die Resultate sind innerhalb von Stunden erkennbar. Der Grund für diese gewaltige Vereinfachung ist die Entdeckung des Identitätssystems. Zwar beeinflusst Ihre Vergangenheit die Zusammensetzung Ihres Identitätssystems, doch anders als die Psychoanalyse erfordert das Bridging lediglich Anerkennung und Bewusstsein, um Ihr Identitätssystem ruhigzustellen und so Spannung und Ängste abzubauen. Sobald Sie Technik und Zweck des Mind-Body-Mapping verinnerlicht haben, können

Sie es völlig allein durchführen. Übrigens meine ich mit der Benutzung des Begriffs *Mind-Body-Mapping* etwas ganz anderes als das sogenannte *Mind Mapping*, das Tony Buzan in den 60er Jahren für eine graphische Technik zum Brainstormen und Organisieren von Informationen geprägt hat und mit dem man mentale Blockaden überwinden und die Phantasie stimulieren kann.

Mind-Body-Mapping macht Ihre freien Assoziationen und die Signale, die Ihr Körper aussendet, auf dem Papier sichtbar, damit Sie erkennen, wie präsent Ihr Identitätssystem ist und wie es sich immer wieder selbst verstärkt. Sie werden rasch den Tanz von Depressor und Reparierer erkennen, den das beschädigte Ich veranstaltet. Sie werden im Detail wahrnehmen, wie die Anforderungen Ihres Identitätssystems das beschädigte Ich stützen. Und am bemerkenswertesten: Sie können beim Mapping Ihr Identitätssystem in Aktion erleben – schwarz auf weiß auf dem Papier festgehalten. Danach wird Ihr Leben nicht mehr das gleiche sein. Es ist wie bei jedem Problem: Sobald man sich seiner bewusst ist, will man natürlich etwas dagegen unternehmen. Ist der Benzinverbrauch Ihres Autos unnatürlich hoch, könnten Sie es zum Beispiel zur Werkstatt bringen und neu einstellen lassen, oder Sie könnten weniger und langsamer fahren, um Sprit zu sparen. Solche Maßnahmen können alle ein wenig helfen, doch sie beheben nicht das eigentliche Problem – ein Loch im Tank. Sobald Sie Ihr Bewusstsein erweitern und den Benzinfleck in Ihrer Auffahrt entdecken, tun Sie automatisch das Richtige: Sie bringen das Auto in die Werkstatt, damit es repariert wird. Ebenso hilft Ihnen Mind-Body-Mapping dabei, die wahren Ursachen zu erkennen, die heimlich Ihre Lebenskraft ausgehöhlt haben.

Jedes Mapping zeigt ein Bild von Ihrem Identitätssystem in Aktion, das mehr aussagt als tausend Worte. In Ihrem Kopf kann sich das Identitätssystem unbegrenzt lange verstecken, nicht aber auf dem Papier. Von Ihrer ersten Map an begeben Sie sich auf eine Reise der Erneuerung, die Sie hinaus aus dem Einflussbereich Ihres Identitätssystems hin zu Ihrem wahren Ich führt.

Offene und geschlossene Schleifen

Ihr Identitätssystem nutzt offene Schleifen, also Gedanken, die Aufmerksamkeit oder Aktionen von Ihnen fordern. Offene Schleifen kommen in allen möglichen Steuerungssystemen vor. Bei einer Zentralheizung zum Beispiel entsteht eine offene Schleife, wenn die Raumtemperatur unter den auf dem Thermostat festgelegten Wert fällt. Ein Sensor stellt die niedrige Temperatur fest und gibt dem System das Signal, die Schleife zu schließen, indem es die Temperatur erhöht. Steigt die Temperatur über den festgelegten Wert, entsteht wiederum eine offene Schleife. Das System bemerkt diese und hört auf zu heizen, bis die Wunschtemperatur wiederhergestellt ist. Systeme reagieren auf jede offene Schleife mit einer Aktivität.

Wenn in den Systemen des Körpers offene Schleifen auftreten, wird eine Mind-Body-Funktion aktiviert, um sie zu schließen. Ein Juckreiz ist zum Beispiel eine offene Schleife, die zu einem Kratzen führt. Kratzen bekämpft das Jucken und schließt die offene Schleife. Eine «natürliche offene Schleife» schließt sich durch die ausgelöste Handlung, ohne Spuren zu hinterlassen. Eine «dysfunktionale offene Schleife» liegt vor, wenn die ausgelöste Aktivität die Schleife nicht schließen kann. Wird das Jucken vom Stich einer Stechmücke oder durch eine allergische Reaktion verursacht, kehrt das Jucken trotz Kratzen zurück – ein Zeichen für eine Fehlfunktion. Beide Arten von Schleifen sind in der Graphik zum Funktionieren von Identitätssystem und natürlichem System in Kapitel 1 dargestellt.

Offene Schleifen im Gehirn sind eine natürliche Folge und Ausdruck unseres hektischen Lebenswandels – je mehr wir uns auf den Teller laden, desto mehr offene Schleifen schaffen wir, die wir durch aktives Handeln wieder schließen müssen. Dass bisweilen offene Schleifen in unserem Kopf herumschwirren, hat auch noch einen anderen Grund: Oft denken wir ausgerechnet dann an Aufgaben und Probleme, wenn wir gar nicht in der Lage sind, die nötigen Maßnahmen zu ergreifen, um die Schleifen zu schließen. Wir denken zum Beispiel am Arbeitsplatz an das Aufräumen des heimischen Speichers, oder während wir gerade das Haus saugen, weil wir Gäste erwarten. Haben wir in dem Moment, wenn der Gedanke aufkommt, keine Möglichkeit, den Speicher aufzuräumen, dann bleibt «Ich muss den Speicher aufräumen» als offene Schleife im Kopf. Später, wenn wir den Speicher dann aufräumen, schließt sich die Schleife.

Es ist völlig normal, dass offene Schleifen zu allen möglichen Zeiten kommen und gehen. Das frei funktionierende Gehirn ist offen, bereit und entspannt, und es löst unablässig Probleme, indem es Ihnen offene Schleifen vorlegt. Zum Beispiel schaffen Sie morgens eine offene Schleife, indem Sie sich fragen, was Sie heute anziehen sollen. Ihr Gehirn löst das Problem, indem es sich für bestimmte Kleidungsstücke entscheidet und den Prozess des Ankleidens steuert. Das ist natürliches Funktionieren. Doch selbst durch eine so einfache Frage wie die nach dem passenden Outfit für den kommenden Tag können Sie in die Fänge des Identitätssystems geraten, wenn Sie auf dem Weg zur Arbeit darüber nachgrübeln, dass Sie nicht den richtigen Anzug für das große Meeting tragen oder zu formell angezogen sind für das bevorstehende Bewerbungsgespräch. Das Identitätssystem liebt offene Schleifen, und sobald es sich in einer festgebissen hat, steht Ihnen einiges bevor.

Die «To do»-Map

Betrachten wir einmal, wie wir ein paar dieser offenen Schleifen schließen können. Dazu erstellen wir eine «To-do»-Map. Nehmen Sie ein leeres Blatt Papier, zeichnen Sie einen kleinen Kreis in die Mitte und schreiben Sie «to do», «zu erledigen» oder etwas Ähnliches hinein. Nehmen Sie sich Zeit und notieren Sie, was Ihnen zu diesem Thema einfällt. Verteilen Sie Ihre Gedanken willkürlich auf dem Papier, anstatt sie linear aufzulisten.

Schauen Sie sich Elliots «To do»-Map an, die auf S. 99 abgebildet ist. In seinem Kopf drängen sich eine Menge offener Schleifen – «Handyrechnung bezahlen», «Termine im Fitnessstudio vereinbaren» und «Fenster putzen». Doch nicht alle offenen Schleifen sind gleich. Manche, wie «Heute Abend Meeting für morgen vorbereiten» und «Mutter anrufen» tragen wesentlich mehr Ballast und Emotionen in sich. Daher sind sie auch besonders anfällig für Einmischungen des Identitätssystems.

Markieren Sie auf Ihrer «To do»-Map alle Punkte, bei denen Sie ein bisschen angespannt und unruhig werden, mit + und alle Punkte, bei denen Sie sehr angespannt und unruhig werden, mit ++.

Auf Elliots Map ist es der Punkt «Heute Abend Meeting für morgen vorbereiten», der ihn sehr beunruhigt. Selbst als er in einem meiner Business-Seminare saß, spürte er die Anspannung im Nacken und in den Schultern. Dies sind mentale und physische Signale dafür, dass Elliots Identitätssystem diese offene Schleife in Beschlag genommen hatte. Das Ergebnis war, dass er sich selbst als beschädigt empfand.

Als ich ihn dagegen fragte, wie er sich bei der offenen Schleife «Handyrechnung bezahlen» fühlte, antwortete er: «Das ist keine große Sache. Ich werde mich einfach in den nächsten Tagen darum kümmern.» Nur eine freundliche Erinnerung, nicht mehr. Wie gesagt: Nicht alle Schleifen sind gleich!

Morgiges Treffen heute Abend vorbereiten. ++

Handyrechnung bezahlen.

Fenster putzen.

Zeit für Sport freihalten.

To do

Anfangen, Designinformationen zu sammeln.

Mutter anrufen. +

Morgen früher zur Arbeit gehen.

Anrufen und Termin zur Zahnreinigung vereinbaren.

Wenn es auf Ihrer eigenen «To do»-Map Punkte gibt, bei denen Sie ähnliche Spannungen verspüren wie Elliot, dann haben Sie gerade einen großen Schritt beim Aufspüren der Hilfstruppen des Identitätssystem gemacht. Dann sind nämlich Depressor und Reparierer eifrig dabei, Ihr beschädigtes Ich zu verstärken oder zu reparieren.

Elliot erkannte, dass seine bisherigen Vorbereitungen für das

Meeting zwar mit natürlichen Mind-Body-Aktivitäten begonnen hatten, die zu einer solchen Aufgabe gehören, so wie das Sammeln, Ordnen und Überprüfen seiner Daten, doch dass sehr bald das Identitätssystem mit Angst, Sorgen und Selbstvorwürfen hinzugekommen war. Egal wie gut er mit seinen Vorbereitungen vorankam, er war trotzdem angespannt, denn sein Identitätssystem tat das, was es am besten kann: den unhinterfragten Glauben an ein beschädigtes Ich verstärken. Sobald es die Kontrolle übernommen hatte, wurden alle Aktivitäten zur Vorbereitung des Meetings zu einer Serie von Versuchen, das beschädigte Ich zu reparieren. Zu diesem Zeitpunkt konnte Elliot, egal wie intensiv er sich vorbereitete, die Beschädigung niemals heilen, die durch die Angst des Identitätssystems gespeist wurde.

Stellen Sie das Identitätssystem ruhig

Elliot stellte fest, dass er sich bei ruhendem Identitätssystem ganz normal auf das Meeting vorbereiten konnte, um die natürlich offene Schleife «heute Abend Meeting für morgen vorbereiten» zu schließen. Er hatte die Fähigkeiten, die Erfahrung und die Daten, die er für eine wirkungsvolle Präsentation brauchte. Das wusste er auch – allerdings war ihm vorher nicht bewusst, dass aus seinen Zweifeln, seiner Anspannung und seiner Angst nicht sein wahres Ich zu ihm sprach, sondern sein Identitätssystem, das sein natürliches und wahres Funktionieren untergraben wollte. Elliot hatte bald einen Punkt erreicht, an dem er bei den ersten Anzeichen von Engegefühl in der Brust und aufkommendem negativem Selbstdialog sein Identitätssystem ruhigstellen konnte, indem er bewusst auf Hintergrundgeräusche achtete und lächelnd mit seiner Arbeit weitermachte.

Im Identitätssystem sind alle offenen Schleifen dysfunktional. Jede vom Identitätssystem gestellte Anforderung ist eine offene Schleife, die nach Aktivität verlangt, doch dummerweise wird die Schleife durch das Handeln nicht geschlossen. Ein Alkoholiker hat vor allem eine Anforderung: zu trinken. Doch ein Martini befriedigt die Anforderung nicht. Auch zwei Martinis vergrößern höchstens die Intensität der Anforderung. Egal wie viele Drinks er zu sich nimmt, er kann die Schleife nicht schließen, weil der ganze Zweck der Anforderungen darin besteht, den falschen Glauben an ein unvollständiges Ich zu stärken, und das verstärkt wiederum die Anforderung.

Aus diesem Grund kann ein Befriedigen der Anforderungen von Depressor oder Reparierer niemals das beschädigte Ich heilen. Wird die Anforderung eines Reparierers («Heute Abend das Meeting für morgen vorbereiten») erfüllt, kommt der Depressor mit Spielverdermiene daher und untergräbt jedes Gefühl, etwas erreicht zu haben, mit Gedanken wie «Jetzt fällt mir nichts mehr ein, was ich zur Vorbereitung tun könnte», «Ich habe das ungute Gefühl, dass ich etwas Wichtiges vergessen habe» oder «Ich habe meinem Mann ein Geburtstagsgeschenk gekauft, aber jetzt habe ich das Gefühl, dass es ihm nicht gefallen wird».

Mapping ist, wie Sie gesehen haben, der richtige Weg, das Identitätssystem ruhigzustellen und diese lästigen offenen Schleifen zu schließen. Mit Hilfe von Mapping können Sie einen objektiven Blick auf die Anforderungen Ihres Identitätssystems werfen. Sobald Sie sie erkannt haben, können Sie sie ruhigstellen – und Ihr Leben weiterleben.

Die Map zum Thema «Was mir im Kopf herumgeht»

Nehmen Sie sich fünf Minuten Zeit (nicht mehr), um eine Map zum Thema «Was mir im Kopf herumgeht» zu erstellen. Diese Map bietet Ihnen einen Schnappschuss der momentanen Aktivitäten Ihres Gehirns. Sie muss nicht jeden einzelnen Gedanken und jede Empfindung beinhalten. Das wäre einerseits unmöglich, außerdem würde es Tage dauern, alles zu notieren, was in irgendeinem beliebigen Zeitraum von fünf Minuten durch Ihren Kopf geht. Egal: Fünf Minuten reichen aus, um eine überraschende Vielfalt von Gedanken und Emotionen niederzuschreiben, und das ist genug, um Ihnen zu zeigen, wie Ihr Gehirn Sie regelmäßig an Dinge erinnert, die noch zu erledigen sind, wie es zahllose unerwünschte Stimuli ausschließt und dass es ein wahrlich erstaunliches Fassungsvermögen hat.

Nehmen Sie dafür ein leeres Blatt Papier und einen Stift zur Hand. Das leere Blatt steht für das riesige Potenzial Ihres Gehirns. Nachdem Sie «Was mir im Kopf herumgeht» in die Mitte geschrieben haben, machen Sie einen Kreis um diesen Satz und notieren Sie dann ganz spontan, was immer Ihnen dazu einfällt. Sie werden sehen, welche Vielfalt von Gedanken, Empfindungen, Anblicken und Geräuschen in jedem Augenblick auf Sie einstürmen. Geben Sie diese Sinnesreize auf dem Papier durch einfache Aussagen wie «höre Verkehrsgeräusche», «sehe Wörter auf dem Papier erscheinen» oder «spüre Druck auf meinen Gesäßknochen» wieder.

Fünf Minuten nachdem Sie angefangen haben, ist die flüchtige Szenerie Ihres Denkens zu einem festen Tableau aus Worten, Phrasen und Sätzen geworden. Zu jedem Zeitpunkt hat Ihr Gehirn einen festen Bestand an Inhalten – der im nächsten Moment durch eine neue Gruppe von Inhalten ersetzt wird. Gedanken werden in einem Moment geboren, Hunderte in einem Wimpernschlag. Doch um sie zu behalten und zu erkennen, muss der Inhalt Ihres Denkens in Echtzeit ausgedrückt werden. Dafür steht die Map. Selbst diese begrenzte Aufzeichnung eines Bruchteils Ihrer Gedanken ist sehr hilfreich, um die Funktionsweise Ihres Denkens kennenzulernen und zu erkennen, was seinem uneingeschränkten Funktionieren im Wege steht.

Weiter unten ist Deedees Map zum Thema «Was mir im

Kopf herumgeht» abgedruckt. Lesen Sie die einfachen und direkten Aussagen, die natürlich Platz in Dedees Kopf beanspruchen. Doch schon beim ersten Blick auf diese Aussagen können Sie anfangen, zwischen dem Ballast des Identitätssystems und dem Arbeiten eines natürlichen, offenen und aktiven Geistes zu unterscheiden.

Nach dem Erstellen ihrer ersten Map sagte Deedee, sie habe das Gefühl, ihr Kopf sei voller «Müll». Ich fragte genauer nach, was sie damit meinte, und es entspann sich folgender Dialog:

DEEDEE: «Viele von den Gedanken, die ich aufs Papier geschrieben habe, kommen immer wieder und ärgern mich. Ich habe den Eindruck, dass sie extrem viel Energie verbrauchen. Andere sind eher Kleinigkeiten.»

STAN: «Erzählen Sie mir mehr.»

DEEDEE: «Zur ersten Gruppe gehören sicher die Gedanken über meine Arbeit: ‹keine Lust, morgen zur Arbeit zu gehen› und ‹wird nichts bringen, wenn ich um eine Gehaltserhöhung bitte›. Allein schon, dass ich diese Gedanken jetzt ausspreche, macht mich angespannt und schnürt mir die Kehle zusammen.»

STAN: «Diese Gedanken hat sich das Identitätssystem geschnappt. Sie hängen jetzt in Ihrem Reparierer-Depressor-Kreislauf fest, wo Sie Ihr Gefühl des Beschädigtseins verstärken. Schauen Sie sich einen anderen Gedanken auf Ihrer Map an. Was löst der Gedanke ‹Der Stuhl ist hart› in Ihnen aus?»

DEEDEE: «Das ist eigentlich neutral. Ich fühle nicht viel mehr als meinen Hintern auf dem harten Stuhl.»

STAN: «Der Gedanke ‹Der Stuhl ist hart› ist zunächst einmal nicht anders als der Gedanke ‹keine Lust, morgen zur Arbeit zu gehen›. Ein Gedanke entsteht immer dann, wenn bestimmte Zellen in unserem Gehirn einen winzigen Tropfen Neurotransmitter absondern. Damit ist ein Gedanke nichts weiter als ein biochemischer Prozess. Der einzige Unterschied besteht darin, dass ein Gedanke vom Identitätssystem eingefangen wurde und der andere nicht.»

DEEDEE: «Also werde ich irgendwann in der Lage sein, das Identitätssystem zu erwischen, bevor es mich erwischt! Dann wird ein Gedanke wie ‹Keine Lust, morgen auf die Arbeit zu gehen› nicht mehr so emotional aufgeladen sein – und ich werde nicht mehr so angespannt sein.»

STAN: «Sie können immer noch ängstliche Gedanken haben. Die haben wir alle, und das wird auch so bleiben, doch wenn das Identitätssystem ruht, können wir einen solchen Gedanken einfach etikettieren – ‹Ich habe einen ängstlichen Gedanken› – und dort weitermachen, wo wir aufgehört haben. Vergessen Sie eines nicht: Wir versuchen nicht, unsere Gedanken zu stoppen. Das ist unmöglich. Wir wollen einfach nur so natürlich sein, wie wir können.»

DEEDEE: «Ich verstehe – ich muss mein Identitätssystem ruhigstellen, dann erst werde ich in der Lage sein, mein Leben in die Hand zu nehmen.»

Betrachten Sie nun die Map zum Thema «Was mir im Kopf herumgeht», die Sie selbst geschrieben haben. Bei welchen Gedanken ist am ehesten eine Einmischung des Identitätssystems zu vermuten? Der Schlüssel liegt darin, beim Betrachten Ihrer Map Anspannung oder Unruhe zu erkennen, die an bestimmte Gedanken geknüpft sind, und ganz allgemein darauf zu achten, ob Sie unangenehme Gefühle bemerken. Wenn Sie dieses Buch weiter durcharbeiten und mehr Maps erstellt haben, werden Sie irgendwann inhaltliche Muster sowie wiederkehrende Themen

Deedees Map zum Thema
«Was mir im Kopf herumgeht»

Höre, wie die anderen schreiben.

Freue mich aufs Wochenende.

Werde einen Babysitter besorgen und ins Kino gehen.

Würde gerne mit Georgia eine Wanderung machen.

Schönes Bild an der Wand.

Was mir im Kopf herumgeht

Maps sind leicht.

Keine Lust, morgen zur Arbeit zu gehen.

Stuhl ist hart.

Kommt mir vor, als wäre ich schon lange hier.

Wird nichts bringen, wenn ich um eine Gehaltserhöhung bitte.

und Orte erkennen, bei denen sich das Identitätssystem immer wieder in Ihr Leben einmischt. Je mehr Sie sich durch Mapping mit Ihren eigenen Tendenzen vertraut machen, desto leichter merken Sie, wann das Identitätssystem im Spiel ist. Obwohl Maps sehr einfach aussehen, haben sie eine beeindruckende Macht, Ihr Leben zu verändern.

Deedees Map zu verstehen ist ein guter Anfang, aber das hat auf Ihr eigenes Leben natürlich nur sehr geringe Auswirkungen – dazu brauchen Sie Ihre eigenen Maps.

Es ist hilfreich, eine Map zum Thema «Was mir im Kopf herumgeht» zu erstellen, wenn Sie Ärger haben oder wenn es Ihnen nicht gutgeht. Es gibt Ihnen das Gefühl für die Weite Ihres Geistes zurück und verdeutlicht, wie das Identitätssystem – und nicht äußerliche Ereignisse – Ihr Leben einschränkt.

Kyle, der Geschäftsführer eines Unternehmens, rief mich eines Tages an, um mir zu erzählen, wie Bridging sein Leben verändert habe. Früher von Depressionen und Hoffnungslosigkeit gequält, erfreute er sich inzwischen eines erfüllten Berufs- und Privatlebens. Er hatte sich angewöhnt, jeden Tag eine Menge kleiner Maps zum Thema «Was mir im Kopf herumgeht» zu erstellen. Selbst während eines Wanderurlaubs mit seiner Familie hörte er nicht damit auf. Bei einer Rast nach einem besonders schönen Morgen in der Wildnis betrachtete er die Map, die er gerade geschrieben hatte, und lächelte über den Punkt «Jeder Tag müsste so sein». Kyle erkannte sofort, dass es sich bei diesem scheinbar harmlosen Gedanken um eine Anforderung des Reparierers handelte, die eine Ablehnung seines abwechslungsreichen Lebens beinhaltete. Sie versuchte Kyle zu suggerieren, dass es ein bestimmtes Bild gab, dem sein Leben entsprechen sollte: vergnügt, ruhig, friedlich, und damit genau so wie ein Vormittag auf einer Wandertour. Diese Anforderung würde es ihm unmöglich machen, bei seiner Rückkehr in den Alltag das Leben zu genießen, und er wäre jedes Mal angespannt, unruhig und schlecht gelaunt, wenn das Leben nicht diesem Bild entsprach. Durch das Mapping war Kyle in der Lage, über sich selbst zu lächeln und sein Leben zu verändern, sodass er jeden Ort, an dem er sich befand, aufrichtig genießen konnte.

Kyles Geschichte ist ein weiteres Beispiel dafür, wie das Identitätssystem Sie aus dem Augenblick zu entführen vermag: Es schafft eine Trennung zwischen Ihnen und der Zeit. Wie oft haben Sie schon gesagt: «Ich verschwende Zeit», «Die Zeit eilt nur so an mir vorüber» oder «Ich habe nicht genug Zeit»? Zeit scheint etwas Flüchtiges zu sein, schwer festzuhalten und kaum nachzuverfolgen. Stehen wir Menschen etwa hilflos am Bahnsteig, während der Zug der Zeit erbarmungslos an uns vorüberrauscht? Oder sind wir Mitreisende in diesem Zug, und unsere Seelen sind untrennbar mit der Zeit verbunden? Die folgende Mapping- und Erlebnisübung wird Ihnen dabei helfen, diese Frage zu beantworten.

Die Zeit-Map

Zeichnen Sie ein Oval in die Mitte eines leeren Blatts Papier und schreiben Sie «Zeit» hinein. Jetzt nehmen Sie sich ein paar Minuten und notieren Sie, was immer Ihnen im Zusammenhang mit Zeit in den Sinn kommt. Werden Sie sich darüber bewusst, welche körperlichen Empfindungen Sie bei jedem einzelnen der Punkte haben, die Sie notieren. Achten Sie auf die verräterischen Signale für Aktivitäten des Identitätssystems wie Depressor- und Reparierer-Aktivität, Unruhe, Selbstvorwürfe und Anspannung. Wenn Ihre Map voller Reuegedanken ist wie «Ich habe mein Leben vergeudet», «Ich habe nicht genug Zeit, um Dinge zu erledigen», «Ich habe keine Zeit mehr», dann ist Ihr Bewusstsein eingeengt und Ihr natürliches Funktionieren beeinträchtigt. Ihr Identitätssystem ist aktiviert und lässt Sie eine deutliche Trennung von der Zeit spüren. Umgekehrt ist bei ruhendem Identitätssystem die Zeit untrennbar mit Ihnen verbunden. Dieser Kontrast ist ganz ähnlich wie der Unterschied zwischen Situationen, in denen Sie gelangweilt oder engagiert bei der Sache sind. Wenn Sie sich langweilen, ist Ihnen die Zeit sehr deutlich bewusst und kriecht nur langsam voran. Ihr Identitätssystem lässt Sie darauf warten, dass jeder Moment zu Ende geht, Sie sind von Ihrer Umgebung getrennt und mit sich selbst beschäftigt. Wenn Sie im Gegensatz dazu mit etwas beschäftigt sind, das Sie sehr stark interessiert, scheint die Zeit gar nicht zu existieren. Sie vergeht im Nu oder scheint vielmehr gar nicht vergangen zu sein, da Sie und Ihre Aktivität eins mit ihr sind.

Die nun folgende Erlebnisübung wird Ihre eigene Beziehung zur Zeit für Sie erfahrbar machen. Legen Sie, nachdem Sie diesen Absatz gelesen haben, das Buch weg, schließen Sie die Augen und lauschen Sie ein bis zwei Minuten lang auf das Hintergrundrauschen in Ihrer Umgebung. Dabei blicken Sie in Ihr Denken hinein, um festzustellen, ob Sie beobachten können, wie die Zeit verstreicht. Geht die Zeit an Ihnen vorbei? Verpassen Sie etwas? In meinen Kursen und Seminaren waren die meisten Teilnehmer überrascht, dass sie bei dieser Übung das Vergehen der Zeit nicht wahrnehmen konnten. Diejenigen Teilnehmer, die das Vergehen der Zeit spürten, waren die gleichen, die auch von reuevollen Gedanken darüber geplagt waren, dass das Leben ihnen durch die Finger glitt. Ihr Identitätssystem war aktiv, und sie konnten die Verbindung mit ihrem Leben, mit der Zeit und mit der Quelle aller Existenz nicht mehr erfahren. Wenn das auch für Sie gilt, dann versuchen Sie die Übung noch einmal. Aktivieren Sie Ihre Sinne und etikettieren Sie Ihre Gedanken. Sitzen Sie jetzt im Zug der Zeit, oder stehen Sie immer noch auf dem Bahnsteig?

Sie werden bemerken, dass Sie bei aktivem Identitätssystem wie Kyle die Anforderung haben, dass Ihr Leben besser sein sollte. Sie weisen den Augenblick von sich, und Ihr Leben füllt sich mit Reue, Enttäuschungen, Bitterkeit und Ablehnung. Ihre Suche nach grüneren Wiesen nährt nur Ihr beschädigtes Ich. Wenn Sie dagegen im Moment leben (Anblicke, Geräusche, physische Empfindungen und Gedanken), kommen Sie zu der Einsicht, dass Ihre höhere Macht Ihnen ein kostbares Juwel geschenkt hat – das Geschenk des Augenblicks.

Eine Falle für den Depressor

Es ist an der Zeit, eine Depressor-Map anzufertigen, die Sie mit der einen Hälfte des Identitätssystem-Teams näher bekannt machen wird. Viele Menschen neigen dazu, den negativen Selbstdialog des Depressors von sich wegzuschieben, doch Sie werden sehen, dass es sehr erfrischend sein kann, ihn schwarz auf weiß auf dem Papier zu sehen. Diese Map wird Sie in die Lage versetzen, Ihre ganz persönlichen Depressor-Aktivitäten zu erkennen. Für den einen mögen das Gedanken sein wie «Mein Haar sieht schrecklich aus», «Meine Haut ist schlecht», «Ich bin nicht kontaktfreudig genug», für einen anderen «Ich bin zu klein», «Ich habe nicht genug Disziplin» und für den Dritten lautet die Storyline: «Ich bin nicht schnell genug, ich denke einfach zu langsam.» Wenn Ihr erweitertes Bewusstsein einen solchen Gedanken in sich aufnimmt, dann haben Sie Ihren Depressor entlarvt, und Sie können darüber schmunzeln, wenn die negativen Gedanken kommen und gehen.

Die Depressor-Map

Nehmen Sie sich nun ein neues Blatt Papier und schreiben Sie «Depressor» in einen Kreis in der Mitte. Jetzt notieren Sie alle

Gedanken oder physischen Empfindungen, die Ihnen spontan kommen. Oft wird das, was Sie notieren, Ihnen ein schlechtes Gefühl vermitteln, vielleicht würden Sie auch lieber an etwas Positiveres denken, oder die Gedanken sind Ihnen nur allzu vertraut – egal: Bleiben Sie auf jeden Fall bei der Stange. Alle Gedanken und Empfindungen auf Ihrer Map sind lediglich natürliche Gedanken und Empfindungen. Negative Gedanken sind nicht von Natur aus schlecht, und man kann sie auch nicht einfach verbannen. Doch sie können leckere kleine Häppchen für Ihr Identitätssystem sein. Alles auf Ihrer Depressor-Map kann ihm als Nahrung dienen. Denken Sie daran, wenn Sie an dieser Map arbeiten: Die Gedanken aus dem Kopf heraus und auf das Papier zu bekommen ist der Schlüssel zu ihrer Neutralisierung. Nehmen Sie sich dafür bis zu fünf Minuten Zeit. Diese Map ist ein wenig schwerer anzufertigen als die vorherigen, weil der Depressor Ihnen das Gefühl vermitteln will, dass Sie beschädigt sind, und es einem manchmal schwerfällt, sich die Gedanken an diese Beschädigung selbst einzugestehen. Bleiben Sie dran und schreiben Sie weiter auf, was Ihnen in den Kopf kommt.

Als Carla Ihre Depressor-Map fertiggestellt hatte, beschwerte sie sich, dass sie die Gefühle verabscheute, die die Map in ihr hervorrief. «Jeder, der so etwas denkt, muss sich als machtlos und beschädigt empfinden. Die Gedanken ‹kann mich auf keinen verlassen›, ‹Elend›, ‹Deprimiert› und ‹Klein› verursachen mir Bauchschmerzen. Sie machen mich wütend», erzählte sie mir. Ihre Reaktion ist völlig normal, doch diese schwierigen Gedanken weisen den Weg zurück zu Carlas natürlichem, frei funktionierendem Ich. Carla hatte bald verstanden, dass alle Gedanken auf ihrer Map nichts weiter als Gedanken waren. Wenn sie später erneut auftraten, erkannte sie sie wieder und lächelte erleichtert, weil sie wusste, dass sie sich nun nicht mehr davon in den Teufelskreis ihres Identitätssystems hineinziehen ließ. Wenn sie anfing, einem von diesen Gedanken nachzuhängen, etikettierte sie ihn und machte anschließend einfach mit dem weiter, was sie gerade tat.

Studieren Sie nun Davids auf S. 112 abgebildete Map. Sehen Sie, wie er körperliche Symptome auflistet – «Angespannt», «Druck im Kopf» und «Steifer Hals». Sein Identitätssystem gebietet über normale, alltägliche körperliche Beschwerden und Schmerzen. So werden der Schmerz, die Beschwerden, negativen Gedanken oder unangenehmen Ereignisse – statt freie Gedanken oder körperliche Empfindungen zu sein – zu einer Bestätigung des beschädigten Ichs.

David ist sich des Gedankens «Ich bin beschädigt» möglicherweise gar nicht bewusst, vielleicht würde er sogar abstreiten, dass er sich selbst als beschädigt betrachtet, doch sein Körper ist davon vollkommen überzeugt. David hat sich mit seinem beschädigten Ich identifiziert. Jedes Mal, wenn er einen der Gedanken aus seiner Depressor-Map hat, wie etwa «Ich bin unorganisiert», beutet sein Identitätssystem den Gedanken aus, schafft Unruhe und Anspannung und verstärkt dadurch seinen Irrglauben. Freie Gedanken kommen und gehen spontan, Anforderungen dagegen sind an ein System gebunden und können nicht frei kommen und gehen. Sie sind in die jeweilige persönliche Storyline eingepasst. Das Identitätssystem klammert sich an Schmerz, Unbehagen und Unglück und wird dadurch sehr stark.

Als David mit dem Mapping und Bridging begann, stand er völlig unter der Fuchtel seines Identitätssystems. Entweder er identifizierte sich mit den natürlich auftretenden negativen Gedanken, oder er schob sie weg. Doch indem er sein Bewusstsein schärfte und durch konsequente Anstrengungen lernte er, die Aktivitäten seines Depressors zu verstehen und sich mit ihnen anzufreunden. Mittlerweile dienen ihm diese unangenehmen körperlichen Empfindungen, die er auf seiner Map auflistete, als Erinnerung daran, seine Haltung zu ändern, eine kurze Pause

Davids Depressor-Map

Kann nichts kontrollieren.

Angespannt.

Mache nichts richtig.

Habe Angst.

Steifer Hals.

Druck im Kopf.

DEPRESSOR

Unzulänglich.

Versager.

Schlecht.

Unvorbereitet.

Unorganisiert.

Carlas Depressor-Map

Hilflos.

Dumm.

Schwach.

Kann nichts tun.

Klein.

Allein.

Deprimiert.

DEPRESSOR

Wütend.

Elend.

Bauchschmerzen.

Ungeliebt und unattraktiv.

Kann mich auf keinen verlassen.

einzulegen und einen Schluck Wasser zu trinken. Sie sind nicht länger ein Beleg dafür, dass er unzulänglich ist.

Nachdem David den Einfluss des Depressors in einer Map festgehalten hatte, nahm dessen Einfluss auf ihn deutlich ab. Wenn er jetzt einen Gedanken wie «Ich mache es nicht richtig» oder «Ich werde es nie richtig machen» hat, erkennt er ihn und betrachtet ihn als hilfreiche Ergänzung zu seiner Arbeit und damit als etwas, das ihn anspornt, eine andere Methode zu versuchen oder die Hilfe eines Kollegen zu erbitten. Das ist natürliches Funktionieren. David hat einen Raum gefunden, in dem er mit Bridging über den Irrglauben an eine «Beschädigung» hinausblicken kann. Dieser erweiterte Raum ist nichts anderes als sein wahres Ich.

Wenn Sie sich wie David beim Nachdenken über Ihre Depressor-Map als beschädigt empfunden haben, versuchen Sie die folgende Übung. Sie soll Ihnen demonstrieren, wie falsch dieses Gefühl ist, und zeigen, dass Sie trotz Ihrer absolut realen Sorgen und Bedenken absolut vollständig sind. Nehmen Sie sich zuerst einen Moment Zeit, am besten gleich jetzt, schließen Sie die Augen und lauschen Sie auf die Hintergrundgeräusche. Spüren Sie die Ruhe, während Sie sich auf das Geräusch konzentrieren. Als Nächstes gehen Sie in sich auf die Suche, um herauszufinden, wo Sie beschädigt sind. Konnten Sie eine Beschädigung entdecken? Wenn Sie jetzt mit Ja antworten, schauen Sie noch einmal genauer hin: Ihr Gefühl der Beschädigung entsteht, weil Ihr Identitätssystem sich Gedanken über schmerzliche Ereignisse und/oder unangenehme körperliche Empfindungen aneignet, um Ihnen eine Beschädigung vorzugaukeln. Wie Julie in Kapitel 1 herausfand, kann selbst die Tatsache, als Kind missbraucht worden zu sein – so schrecklich diese Erfahrung unzweifelhaft ist –, einen Menschen nicht beschädigen, wenn er diese Gedanken des Identitätssystems loslassen kann.

Ihr Geist hat eine enorm große Fähigkeit zur Heilung. Sobald Sie Ihr Identitätssystem ruhigstellen, wird er heilen. Versuchen Sie nicht, die Gedanken, die Sie plagen, zu vergessen, sondern seien Sie sich ihrer einfach bewusst und lassen Sie sie sich ihren eigenen Ort suchen als das, was sie sind: ein kleiner Teil Ihres ganzen, wahren Ichs.

Anders als David, dessen Gefühl der Beschädigung je nach Arbeitsbelastung kam und ging, hatte Marina, die Frau eines aggressiven Alkoholikers, das Gefühl, dauerhaft beschädigt zu sein. Nach dem Erstellen ihrer Depressor-Map war sie nicht im Geringsten überrascht über all die negativen Dinge, die darauf zu lesen waren. Als sie die zuvor beschriebene Erfahrungsübung machte, berichtete sie, sie habe tatsächlich die Beschädigung entdeckt, die sich in ihren Gedanken «Ich bin nicht gut genug», «Ich bringe ihn zum Trinken», «Ich bin keine gute Frau» niederschlug. Ich erklärte ihr, dass das nur Gedanken seien. Als sie die Übung wiederholte, lächelte sie und sagte: «Ich konnte die Beschädigung nicht finden.» Mit der Erkenntnis, dass es sich bei ihrer Beschädigung um ein falsches Konstrukt ihres Identitätssystems handelte, und mit der Möglichkeit, durch Bridging in den Augenblick zurückzukehren, konnte sie endlich besser schlafen, ihren eigenen Standpunkt vertreten und ohne Schuldgefühle Regeln für ihre Familie aufstellen. Von nun an ging sie ihr häusliches Leben weitaus aktiver an. Ihre körperlichen Symptome wie Verstopfung, Kopfschmerzen und Rückenschmerzen verschwanden allmählich. Sie stellte ihrem Mann ein Ultimatum, und er begann eine Therapie.

Samantha, eine 32-jährige Mutter zweier Kinder, hatte schwere Hirnverletzungen erlitten, als ein betrunkener Autofahrer frontal in ihren Wagen krachte. Sie lag monatelang im Krankenhaus und blieb selbst nach drei Jahren intensiver Behandlung reizbar, deprimiert und unfähig, sich im Alltag zurechtzufinden. Sie kam nicht darüber hinweg, sich selbst als irreparabel beschädigt anzusehen. Eine Freundin schlug ihr vor, sie solle ein Bridging-Seminar besuchen, und dort machte sie auch die Übung, um nach ihrem beschädigten Ich zu suchen. Als Samantha die Augen wieder öffnete, berichtete sie, sie habe eine Reihe von Gedanken gesehen, die ihre Einschränkungen dokumentierten. Sie trug stets ein Foto aus der Zeit vor dem Unfall bei sich, das nach ihrer Überzeugung belegte, wie beschädigt sie im Vergleich zu ihrem alten Ich war. Ich räumte ein, dass sie in der Tat Wunden und Behinderungen davongetragen hatte, die zweifellos ihr Leben verändert hatten und dennoch lediglich physische Manifestierungen des Zusammenpralls waren und damit nicht fähig, den Wert der Frau namens Samantha zu ändern. Nachdem ich ihr erklärt hatte, wie das Identitätssystem Gedanken benutzt, um eine falsche Vorstellung von Beschädigung zu verstärken, forderte ich sie auf, die Übung noch einmal zu machen und erneut die Weite ihres Geistes zu durchsuchen, um mir Beweise für ihre Beschädigung zu bringen. Sie konnte keine finden. Ihre Zuversicht wuchs, als sie merkte, dass ihre Behinderungen, obwohl real, nicht den Wert verringerten, den sie vor ihrer Gehirnverletzung gehabt hatte.

Eve, eine attraktive, 25 Jahre alte Stewardess, fing beim Erstellen ihrer Depressor-Map unvermittelt an zu schluchzen, als sie ihre ganzen negativen Selbstdialoge schwarz auf weiß sah. Sie sagte: «Ich habe überhaupt nicht gewusst, dass ich mich selbst so negativ sehe, mich derart verdamme. Es ist mir nie aufgefallen, ich habe nie darauf geachtet.» Als sie begann, auf die Aktivitäten ihres Depressors zu horchen und ihre Sinne zu aktivieren, verschwanden ihre Depressionen, und einige ihrer Freundinnen fragten, ob sie sich das Gesicht habe liften lassen, weil ihr Erscheinungsbild sich so sehr zum Positiven gewandelt hatte. Im Verlauf weiterer Sitzungen erkannte sie, dass sie jahrelang die Angewohnheit gehabt hatte, sich mit verheirateten Männern und «Verlierern» einzulassen, und sie fing an, Gefallen daran zu finden, allein zu sein.

Reparieren Sie Ihren Reparierer

Die Reparierer-Map bringt eine andere Strategie des Identitätssystems an den Tag — nämlich diejenige, das beschädigte Ich
zu reparieren.

Die Reparierer-Map

Um diese Map zu erstellen, schreiben Sie «Reparierer» in einen
Kreis in die Mitte eines neuen Blattes. Lassen Sie nun alle Gedanken darüber, wie Sie Ihr Leben verbessern könnten, in sich
aufsteigen. Fassen Sie sie kurz in Worte und verteilen Sie sie
willkürlich auf dem Papier. Beachten Sie die unterschiedlichen
Energiestufen, die Sie beim Erstellen der Reparierer-Map und
Depressor-Map haben. Sollten Sie diese Map noch nicht erstellt haben, dann tun Sie es bitte jetzt. Die paar Minuten, die
es dauert, können Ihr Leben verändern.

Wenn Ihre Depressor-Map leichter zu erstellen war, dann
hat Ihr Identitätssystem Sie stärker in einer depressiven Identität
und im Glauben an den Mythos der Beschädigung gefangen ge-
halten. Ihre Storylines haben Sie überzeugt, der Grund für Ihre
Probleme sei darin zu suchen, dass Sie verletzt, missbraucht, ver-
nachlässigt, ungeliebt, missverstanden und vieles mehr sind. Das
stimmt jedoch nicht. Es ist unmöglich, dass irgendetwas anderes
als Ihr eigenes Identitätssystem Sie von der Quelle alles Guten
trennt.

Wenn Ihre Reparierer-Map Ihnen leichter von der Hand
ging, dann willkommen im Club! Für viele Menschen ist das Erstellen dieser Map eine deutlich angenehmere Erfahrung als das
Erstellen der Depressor-Map. Wenn der Reparierer am Werk ist,
dann fließen die Endorphine, denn aus evolutionärer Sicht hat
er uns zum Überleben befähigt. Stellen Sie sich den Höhlen-

menschen Og vor, der mit aktivem Depressor in seiner kalten Höhle sitzt und über sein Unglück nachgrübelt: Das Feuer ist erloschen, das Brennholz ist aufgebraucht, und Jagdbeute ist kaum zu finden. Das Leben ist schwer, findet er. Ja, und mit einer solchen Einstellung wird es wahrscheinlich auch kurz sein. Ag, der in der Höhle nebenan wohnt, hat einen starken Reparierer, der ihn anspornt, die kalte Behausung zu verlassen, seinen Speer zu schärfen, seine Kinder zum Holzsammeln loszuschicken und sich entschlossen auf die Fährte eines wilden Ebers zu setzen.

Bekommen Sie von Ihrer Reparierer-Map den Eindruck, dass Sie ein Getriebener sind, dass genug nie genug ist? Wie fühlen Sie sich, wenn Sie es nicht schaffen, die Forderungen Ihres Reparierers zu erfüllen? Vergleichen Sie nun Ihre Reparierer-Map mit Ihrer Depressor-Map. Versucht Ihr Reparierer, einige der Punkte auf der Depressor-Map zu kurieren? Jeder einzelne Punkt auf Ihrer Reparierer-Map könnte Ausdruck des natürlichen Funktionierens sein und dazu beitragen, dass Sie ein erfülltes Leben führen. Doch sobald Ihr Identitätssystem sich dieser Gedanken bemächtigt, werden sie das beschädigte Ich unterstützen.

Alle Punkte auf Carlas Map könnten natürliche Gedanken der Selbstfürsorge und persönlichen Weiterentwicklung sein. Im Seminar stellte sich jedoch bald heraus, dass die Punkte zu Reparierer-Anforderungen ihres Identitätssystems geworden waren. Woran wir das festmachen konnten? Sehen wir uns ruhig mal einen der Punkte an: «Unabhängig sein». Carla war der Überzeugung, dass ein Mensch niemals unabhängig genug sein kann. Sobald der Gedanke aufkam, von anderen abhängig zu sein, machte sie sich, wie sie berichtete, regelmäßig Selbstvorwürfe und verspürte ein flaues Gefühl in der Magengegend – eine Erfahrung des beschädigten Ichs. Nach dem Erstellen ihrer Reparierer-Map erkannte Carla diese Anforderung als das, was sie war. Wenn ihr nun Gedanken kommen, die diese Anforderung herausfordern, wie etwa «Ich bin schwach, «Ich bin be-dürftig», weiß Carla, dass es nichts weiter als Gedanken sind. Ihr Streben nach Unabhängigkeit ist nicht mehr von ihrem Identitätssystem gesteuert. Es ist keine Anforderung mehr. Carla hat erkannt, dass ihre Depressor-Gedanken von Schwäche und Bedürftigkeit der Anforderung des Reparierers nach Unabhängigkeit Nahrung gaben. Der Reparierer hat immer eine hübsche Verpackung für ein unschönes Geschenk.

Betrachten Sie nun einige Punkte auf Davids Map, die auf den ersten Blick positiv wirken: «nach Perfektion streben», «Anita eine Freude machen». David berichtete, dass seine Gedanken – wie sehr er sich auch bemühte, diese Ziele zu erreichen – immer denen auf seiner Depressor-Map entsprachen: «Mache nichts richtig», «Unzulänglich» und so weiter. Er erfuhr sich selbst nie als erfolgreich oder als guten Ehemann. Genug war nie genug.

Carlas und Davids Reparierer-Maps fordern beide sportliche Betätigung. Daran ist nichts Falsches. «Mehr Sport treiben» ist zunächst einmal ein wundervoller, hilfreicher, freier Gedanke. David fragte: «Wann ist der Gedanke, etwas für seinen Körper zu tun, nicht vom Identitätssystem beeinflusst? Ich sitze oft viele Stunden lang am Computer. Was ist, wenn der Punkt ‹mehr Sport treiben› auf meiner Reparierer-Map schlicht und einfach mein Bedürfnis spiegelt, einen Ausgleich für das ganze Sitzen zu finden? Vielleicht ist es ja nicht mehr als das.»

Gute Frage! Sind alle guten Vorsätze sinnlos? Werden wir lediglich vom Identitätssystem manipuliert, wenn wir versuchen, unsere Ziele zu erreichen, oder wenn wir auf unseren Körper hören und fühlen, dass wir sportliche Betätigung brauchen? Davids Frage traf den Nagel auf den Kopf. Der Zweck von Bridging und Mapping ist es, sicherzustellen, dass eine Zigarre nur eine Zigarre ist, das heißt, dass in diesem Fall das einfache und unkomplizierte Bedürfnis nach sportlicher Betätigung einfach und unkompliziert bleibt.

Einen besseren Job suchen.

Zweimal die Woche einen Babysitter engagieren.

Unabhängig sein.

Von niemandem abhängig sein.

REPARIERER

Geld haben.

Stark sein.

Gute Freunde haben.

Jede Woche zur Kosmetikerin gehen.

Das Richtige essen, das Richtige anziehen, mehr Sport treiben.

Dies ist garantiert, wenn Ihr Bewusstsein, Scharfsinn und Urteilsvermögen natürlich funktionieren. Dann merken Sie sofort, wann das Identitätssystem Einfluss auf Ihre Aktivitäten nimmt.

Die meisten Lebenshilfebücher sagen Ihnen, welche Tätigkeiten gut für Sie sind. Bridging dagegen basiert auf dem Glauben an eigenes natürliches Funktionieren. Bridging ist auch

Davids Reparierer-Map

Vitamine nehmen.

Anita eine Freude machen.

Nichts Fettes essen.

Massieren lassen und Hometrainer besorgen.

MBA-Kurs abschließen.

REPARIERER

Vorher wissen, worauf ich mich einlasse.

Vorausplanen.

Vorbereitet sein.

Nach Perfektion streben.

Positiv denken.

realistisch genug, um zu wissen, dass wir manchmal nicht so gut funktionieren, wie wir könnten – nicht, weil wir fehlerhaft sind, sondern weil das Identitätssystem uns korrumpiert. Mapping gibt uns die Informationen, die wir brauchen, um sicher zu sein, dass die «sportliche Betätigung» nichts weiter ist als genau das – einfach nur sportliche Betätigung.

Viele Menschen geben den Vorsatz, etwas für ihre körperliche Fitness zu tun, innerhalb weniger Wochen wieder auf. Das wird dann zu einem Triumph für das beschädigte Ich. Der Depressor erfreut sich an Ihren Konflikten, und das beschädigte Ich blüht und gedeiht. Wenn andererseits Ihr Reparierer energischer ist, treibt er Sie zum Training, um das beschädigte Ich zu heilen. Dann ist «Ich brauche sportliche Betätigung» keine Einladung, etwas für die körperliche Fitness zu tun, sondern eine dysfunktionale offene Schleife, die Sie nicht schließen können. Der Reparierer wird unaufhaltsam drängeln, dass Sie einen durchtrainierten Körper haben müssen. Der Depressor antwortet: «Nicht durchtrainiert genug», und schon sind Sie im Teufelskreis Ihres Identitätssystems gefangen. Selbst wenn Sie rund um die Uhr trainieren würden, wären Sie nicht zufrieden mit sich. Das beschädigte Ich würde nicht geheilt. Wir können versuchen, die Anforderungen zu erfüllen, doch der Ballast im Kopf und die Anspannung im Körper bleiben bestehen. Der Reparierer mag Ihr Denken dominieren, aber der Depressor dominiert Ihren Körper. Das Identitätssystem lässt Sie nach seiner Pfeife tanzen.

Hüten Sie sich vor dem Super-Reparierer

Wenn ich mit einer Gruppe arbeite, kommt es oft vor, dass sich Mitarbeiter der Institutionen, in denen das Seminar stattfindet, zu uns setzen und die Maps mit uns machen. Einmal kam eine Personalchefin namens Lynne hinterher zu mir und sagte: «Das ist wirklich eine gute Technik für die Patienten.»

Ich fragte: «Und was ist mit Ihnen?»

Lynne lachte spöttisch: «O nein, ich brauche so etwas nicht. Wenn ich Stress im Job habe, gehe ich hinterher eine Stunde laufen, und mein ganzer Stress ist abgebaut.»

Ich fragte, wie sie den Stress dieses speziellen Tages handhabe. Sie erzählte, dass sie ein bisschen unruhig sei, weil eine der Angestellten es versäumt habe, einen wichtigen Quartalsbericht einzureichen, und dass sie die Betreffende darauf ansprechen und disziplinarische Maßnahmen einleiten wolle. Ich fragte sie, wie ihr Körper sich fühle, während wir dort standen und über das Problem sprachen.

Sie antwortete: «Meine Brust ist eng, und meine Schultern wollen sich hochziehen.»

Als ich sie dann fragte, was sie dachte, antwortete sie: «Mein Job ist nicht leicht. Warum kann Michelle sich nicht an die Vorschriften halten? Wie wird sie reagieren, wenn sie erfährt, dass ich einen Vermerk in ihrer Personalakte machen muss? Wird sie wütend auf mich sein?» Sie präsentierte ein sehr klares Bild davon, was in dieser Situation in ihrem Kopf und ihrem Körper vorging.

Ich erklärte Lynne, dass der physische Stress und die besorgten Gedanken Zeichen für die Aktivität ihres Identitätssystems seien und dass es hilfreich sein könnte, wenn sie sich auf die Hintergrundgeräusche besinnen und ein paar von ihren Gedanken etikettieren würde. Sie wiederholte, dass sie kein Bridging brauche und die Spannungen mit ihrem abendlichen Sportprogramm prima im Griff habe. Wenn sie sich im Job entspanne, sagte Lynne, könne sie nicht so viel erledigen und hätte es nie bis in ihre verantwortungsvolle Position geschafft – und, so schloss sie in einem entschlossenen Tonfall, sie habe nicht vor, ihren Erfolg aufs Spiel zu setzen.

Menschen, die sich dem Bridging widersetzen, finde ich immer interessant. Oft sind sie wie Lynne sehr erfolgreich und haben das Gefühl, dass sie wie Weichlinge dastehen und die für ihren Erfolg verantwortlichen Charakterstärken gefährden würden, sobald sie ihr Identitätssystem ruhigstellen. Sie klammern sich also mit aller Kraft an ihr Identitätssystem. Ich nenne diese Leute die «Super-Reparierer» – *super*, weil ihr Identitätssystem ihr Verhalten auf solche Weise antreibt, dass sie in der Lage sind, einigermaßen anpassungsfähig und erfolgreich zu sein, obwohl es einen hohen Preis von ihnen verlangt. Doch jedes Mal, wenn ich einen von diesen Super-Reparierern frage, wie er sich fühlt, während er einen Erfolg nach dem anderen verbucht, antwortet er mehr oder weniger wörtlich, dass er sich selbst keine Luft zum Atmen lässt, denn seine Gedanken wenden sich immer sofort dem nächsten Projekt zu und dem nächsten und dem nächsten.

Wenn diese Leute Maps erstellen, dann ist es oft so, dass ihre Depressor-Map sehr knapp ausfällt, während ihre Reparierer-Map voller Energie und Aufregung ist. Ihr Alltag ist eine einzige Agenda. Sie müssen den Hund Gassi führen, sich um die Kinder kümmern, Zeit mit dem Partner verbringen, ihre Vitamine einnehmen, Sport treiben, meditieren, arbeiten oder Yoga machen. Wenn diese Super-Reparierer eine Reparierer-Map erstellen, erleben manche von ihnen einen echten, von Tränen begleiteten Aha-Effekt, wenn sie die gnadenlose Getriebenheit und Anspannung ihres Lebens erkennen. Sie begreifen, was sie sich selbst antun. Wenn sie feststellen, dass ihr Identitätssystem dafür verantwortlich ist, tritt eine sehr deutliche Veränderung ein. Sie fühlen sich regelrecht befreit, wenn sie lernen, wie sie ihr Identitätssystem ruhigstellen und endlich einmal eine Kostprobe vom Leben außerhalb des Hamsterrads bekommen können.

Das eigene Identitätssystem überzeugt die Super-Reparierer davon, dass es im Leben ausschließlich darum geht, ein Ziel nach dem anderen zu erreichen. Sie nehmen nicht zur Kenntnis, dass hinter jedem Reparierer ein Depressor steht. Solange der Reparierer den Depressor verleugnet, fühlen sie sich erfolgreich. Sie glauben, dass es das Ziel des Lebens sei, immer weiterzureparieren, und ihre Erfolge beweisen in ihren Augen, dass sie auf dem richtigen Weg sind. Wenn ein Ziel nicht erreicht wird, dann müssen sie eben härter arbeiten. Sie haben große Schwierigkeiten zu erkennen, dass ihr Leben manifestiert und verwirklicht, wer sie wirklich sind.

Thomas ist Mitte 40 und ein erfolgreicher Anwalt, der in einer renommierten Kanzlei eine hohe Position innehat. Ihn umgibt eine Aura der Intensität. Einer seiner Kollegen hatte Thomas zu einer Reihe von Bridging-, Etikettierungs- und Mapping-Seminaren geschickt, weil er Eheprobleme hatte. Obwohl die private Krise ihn zutiefst bedrückte, wahrte Thomas die Fassade von Macht, Bedeutung und Beherrschung in jeder Situation. Sein Identitätssystem ließ den Depressor nicht viel Sonnenlicht sehen. Doch sein Depressor fand ein Ventil in Thomas' inneren Organen, wie ich bald herausfinden sollte.

Nach einigen Sitzungen kam Thomas eines Tages strahlend herein. Ich nahm an, er wolle verkünden, dass er und seine Frau ihre Differenzen überwunden hatten, stattdessen sagte er: «Es hat aufgehört.» Er erzählte den anderen Seminarteilnehmern, dass er seit fast acht Jahren unter Durchfall litt, der ihn tagtäglich sechs- bis achtmal heimsuchte. Er hatte alles versucht, aber nichts hatte geholfen. Sein Reparierer konnte sein gestörtes Verdauungssystem nicht heilen.

Thomas fehlte jegliches Bewusstsein für seinen Körper. Er fing an, die Bewusstseinsübungen in diesem Kapitel über den ganzen Tag verteilt zu machen, und es öffnete sich ihm eine neue Welt der Empfindungen. Sein Körper reagierte auf das Gefühl der Weite, das sein erweitertes Bewusstsein mit sich brachte, und heilte sich damit selbst von den Durchfallattacken. Jetzt, da Thomas nicht mehr im Klammergriff seines Identitätssystems gefangen war, war er auch sensibler und offener für die Bedürfnisse seiner Frau. Er konnte mit ihr zusammen die Probleme in ihrer Beziehung ansprechen und über Lösungen nachdenken, anstatt zu versuchen, sie per Dekret zu lösen.

Dein demaskierter Gegner ist dein Freund

Wie Sie sehen, führt Sie das Identitätssystem tatsächlich in eine Sackgasse zum beschädigten Ich. Mit Mapping können Sie beobachten, wie es versucht, Sie mit Reparaturarbeiten oder Hinweisen auf eine Beschädigung beschäftigt zu halten. Sobald Sie die Manöver des Identitätssystems klar als Manöver verstehen und erkennen, kann Ihr Bewusstsein sich ausdehnen und das Identitätssystem überwinden. Sämtliche Versuche, es zurückzuweisen, zu analysieren oder zu tarnen, machen es nur stärker. Bald werden Sie merken, dass das Identitätssystem überhaupt kein Hindernis ist. Es ist vielmehr ein Wegweiser und ein Routenplan zu Ihrem wahren Ich.

Vor einigen Jahren war ich in einem relativ leeren Flugzeug unterwegs. Die Stewardess nahm Getränkebestellungen entgegen, und ich war der Einzige, der Kaffee wünschte. Bevor dieser kam, ging ich zur Toilette, wobei ich zufällig beobachtete, dass die Stewardess einen Pappbecher mit heißem Wasser in der Hand hielt und eine Tüte Instantkaffee hineinschüttete. Ich fragte, ob das mein Kaffee sei, und sie sagte: «O ja, Sir, er wird gleich fertig sein.»

Sofort meldete sich ein Gedanke in meinem Kopf: «Ich habe 350 Dollar für diesen Flug bezahlt, so viel hat sie nicht zu tun, warum also bekomme ich keinen aufgebrühten Kaffee? Ich werde richtigen Kaffee verlangen. Wenn sie mir keinen aufgebrühten Kaffee gibt, werde ich mich bei ihrem Vorgesetzten beschweren.»

Plötzlich wurde mir klar, dass ich eine Anforderung hatte: *Stan verdient es, einen besonderen Service zu bekommen.* Wenn Stan keinen besonderen Service bekam, wurde er wütend; er war beschädigt. Ich war erleichtert, dass mir diese Anforderung bewusstgeworden war und dass ich nicht einen ähnlichen Aufstand machen musste wie bei anderen Gelegenheiten, wenn ich das Gefühl gehabt hatte, dass der Service zu wünschen übrigließ. Als sie mir den Kaffee brachte, bedankte ich mich von Herzen, nicht so sehr für den Kaffee selbst als vielmehr für die Gelegenheit, eine Anforderung zu erkennen, deren ich mir vorher noch nicht bewusst gewesen war.

Da mein Identitätssystem nun ruhiggestellt war, hätte ich die Stewardess höflich bitten können, mir einen Kaffee aufzubrühen, aber ich war in diesem Moment so dankbar, dass mir der Instantkaffee so gut schmeckte wie kaum ein Kaffee zuvor! Dass ich meine Anforderung entdeckte, das Recht auf eine Sonderbehandlung zu haben, veränderte mein Leben und ganz besonders meine Beziehungen. Vorher war es oft so, dass ich mich beschädigt fühlte, wenn ich keine Sonderbehandlung bekam, und mein Reparierer verlangte Besserung. Diese Anforderung verhinderte, dass ich mein Leben so genießen konnte, wie es war.

Sobald Sie sich Ihres Identitätssystems bewusstwerden und es in seinen unterschiedlichen Erscheinungsformen annehmen, schmilzt seine Kraft dahin, und die natürliche Verbindung zu Ihrer Quelle tritt zutage. Ihr wahres Ich ersetzt dann das beschädigte Ich, und das natürliche Funktionieren setzt wieder ein. Ein Bewusstsein für das Identitätssystem zu bekommen ist etwa so, wie im Wald um ein Lagerfeuer herumzusitzen, wenn jemand sagt, dass sich zehn Meter weiter im Busch etwas bewegt hat. Was war das? Ihre Muskeln spannen sich an, und Sie fragen sich: «Ist es eine Schlange, ein Bär, ein Puma?», «Ist es giftig, ist es hungrig, ist es aggressiv?», «Sollen wir die Flucht ergreifen?», «Brauchen wir eine Waffe?».

Diese im Kopf herumschwirrenden Fragen und Ängste kennen Sie – es sind die gleichen, die Sie beschäftigen, wenn Sie in der oberen Schleife des Identitätssystems gefangen sind, wie es in Kapitel 1 beschrieben ist. Wenn Sie aber neues Holz aufs Feuer werfen, damit es heller wird, können Sie den vorher im Schatten liegenden Bereich einsehen, wo das Wesen sich befindet. Mit dem Licht fangen Sie an, in der unteren natür-lichen Schleife zu existieren, das heißt, Sie können deutlich sehen, ob es sich bei dem Tier um eine Schlange, einen Bär oder einfach um einen Ast handelt, der sich im Wind bewegt. Bei ruhendem Identitätssystem dehnt sich das Bewusstsein auf natürliche Weise aus, und Sie können angemessen auf die Situation reagieren.

Die Stadien der täglichen Bridging-Praxis

Jeder Mensch muss den Weg zu seiner ganz individuellen Mapping- und Bridging-Praxis finden. Je mehr Sie tun, desto besser werden Sie mit den spezifischen kleinen und alltäglichen Dingen zurechtkommen, die Ihr Leben ausmachen. Das Bewusstsein für momentane Erfahrungen kann nämlich Ihr Leben und das Leben aller Menschen um Sie herum verändern. Solange Sie mit Ihren Übungen fortfahren, wird sich Ihre Perspektive immer weiterentwickeln. Einige Maps werden Ihnen wahrscheinlich hilfreicher vorkommen als andere. Das wird sich bestimmt ändern, wenn Sie weiter daran arbeiten, Ihre Bridging-Praxis in Ihr Leben zu integrieren. Das Material in diesem Buch ist nur dann nützlich, wenn es für Sie nützlich ist.

Es folgt ein kurzer Überblick über die Stadien Ihrer täglichen Bridging-Praxis:

1. Im ersten Stadium können Sie die Anzeichen dafür erkennen, dass Ihr Identitätssystem in Aktion tritt (körperliche Spannung, übertriebene Sorge, Angst, innere Abwesenheit, eingeschränktes Funktionieren, Reparierer-Anforderungen, Depressor-Gedanken, Storylines). Sie mildern diese Manifestationen des Identitätssystems, indem sie Ihre Sinne aktivieren und Ihre unmittelbare Umgebung mit Augen, Ohren

und Tastsinn wahrnehmen. Dadurch gelangen Sie von der Schleife des Identitätssystems in die Natürliche Schleife, wie sie in der gleichnamigen Graphik in Kapitel 1 dargestellt ist.

2. Das zweite Stadium ist erreicht, wenn Sie in der Lage sind, einen freien Gedanken daran zu hindern, sich in eine Anforderung zu verwandeln, bevor Sie die Signale Ihres aktiven Identitätssystems wahrgenommen haben. Das geschieht, indem Sie den Gedanken etikettieren – «Ich verdiene eine Sonderbehandlung» zum Beispiel. Bewusstes Wahrnehmen sorgt dafür, dass ein Gedanke ein Gedanke ist und nicht mehr – einfach nur ein Teil Ihres natürlichen Funktionierens. Das sorgt dafür, dass Sie in der Natürlichen Schleife bleiben und Ihr Geist entspannt und bereit ist, in jeder Situation zurechtzukommen.

3. Im dritten Stadium müssen Sie keine Anstrengung mehr unternehmen, um sich Ihrer Gedanken bewusst zu sein oder sie zu etikettieren, denn das Bridging erfolgt inzwischen ganz automatisch und spontan. Wenn beispielsweise mein Kind traurig und unglücklich ist, wird mir sofort der Gedanke «Ich bin kein guter Vater/keine gute Mutter» in den Kopf kommen. Im Nu leuchtet eine Glühbirne auf, ich nehme den Gedanken zur Kenntnis und mache mit meinen elterlichen Pflichten weiter. Es ist jedoch normal, selbst wenn man dieses Stadium erreicht hat, zwischen den einzelnen Stadien hin und her zu wechseln. Denken Sie daran, Ihre Entwicklung und Ihre Erneuerung sind einzigartig.

Bridging gehört zu Ihrem natürlichen Erbe. Um es für sich zu reklamieren, müssen Sie lediglich aufwachen und sich mit Ihrem Identitätssystem anfreunden.

6   Ihre Suche nach sich selbst

In diesem Kapitel werden Sie nun tiefer in die Welt des expandierenden Bewusstseins eintauchen, das aus Ihrer Verbindung mit der Quelle fließt. Sie werden diesen lichten Ort mit der Welt des Identitätssystems vergleichen. Die drei Maps, die Sie gleich erstellen werden – «Wie ich gerne wäre», «Wer ich bin» und «Wie ich so wurde, wie ich bin» –, beleuchten den Gegensatz zwischen der polarisierten Welt Ihres beschädigten Ichs und der einigen Welt Ihres wahren Ichs. In der realen Welt gibt es kein beschädigtes Ich, das geheilt werden müsste. Selbst jene Aspekte Ihres Wesens, auf die Sie gern verzichten würden, sind Teil des wundervollen Ganzen, das Sie ausmacht. Ihr wahres Ich ist riesig und umfasst alle Aspekte Ihrer Persönlichkeit, Ihre natürliche, freie Funktion wirkt integrierend und nicht polarisierend. Mit Mapping können Sie die Polarisierung Ihrer dualistischen Welt überwinden und mit der Vielfalt Ihrer Natur in Frieden leben.

Die Map zum Thema «Wie ich gerne wäre»

Um die neue Methode, sich mit Ihrem Identitätssystem anzufreunden und darüber hinauszugehen, gleich praktisch kennenzulernen, fertigen wir als Erstes eine Map zu dem Thema «Wie ich gerne wäre» an. Zeichnen Sie dazu einen Kreis von etwa 15 Zentimetern Durchmesser. In diesem Kreis verteilen Sie Adjektive und Substantive, die beschreiben, in welchem Zustand Sie Ihren Körper und Ihren Kopf jetzt gern sehen würden. Schreiben Sie einzelne Wörter oder Phrasen aus maximal zwei Wörtern. Geben Sie sich zwei oder drei Minuten Zeit, um frei assoziierend dieses Idealbild zu erstellen. Wenn Sie fertig sind, schauen Sie sich jedes Wort an und notieren das jeweilige Gegenteil außerhalb des Kreises. Jetzt ziehen Sie Linien, die jedes Wort mit seinem Gegenteil verbinden. Davids Map (S. 132) mag Ihnen hierzu als Beispiel dienen.

Wenn Sie nun Ihre eigene Map betrachten, werden Sie bemerken, wie vorbehaltlos Sie allen Aussagen innerhalb des Kreises zustimmen können. Diese will Ihr Identitätssystem Ihnen als Ihr wahres Ich vorgaukeln. Jetzt nehmen Sie sich die Zeit und gehen nacheinander alle Eigenschaften durch, die auf der Außenseite des Kreises stehen. Bemerken Sie, wie unangenehm diese Begriffe sind, wenn Sie versuchen, sich mit ihnen zu identifizieren? Das ist die polarisierte Welt des Identitätssystems. Entscheidend ist hier nicht der Inhalt des Kreises, sondern die Art und Weise, wie das Identitätssystem Gegensätze ausschließt. Diese verbannten Gegensätze sind mit Angst und körperlicher Spannung verbunden. Wenn Sie Ihrem Identitätssystem Glauben schenken und sich weigern, das jeweilige Gegenteil zu akzeptieren, verbannen Sie automatisch Ihr frei funktionierendes wahres Ich.

Hal war Gründer und Chef einer Softwarefirma. Sein Unternehmen war erfolgreich und expandierte, und er musste oft vor Investoren oder Bürgergruppen sprechen. Er hasste es, Reden zu halten, besonders vor großem Publikum, und er hätte am liebsten nur in der Firmenzentrale gearbeitet, doch die Zukunft seines Unternehmens hing auch von seinem öffentlichen Image ab. Wenn eine Rede bevorstand, war er vorher jedes Mal tagelang aufgeregt und konnte kaum schlafen. Er beschrieb seine Gefühle vor jedem Vortrag als einen «großen Dieselmotor,

Davids Map zum Thema
«Wie ich gerne wäre»

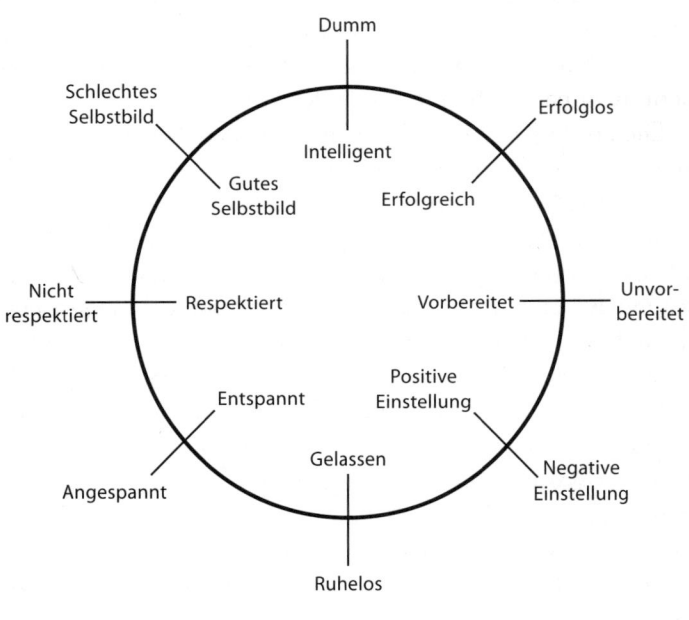

der in mir hochgejagt wird». Sobald er auf der Bühne stand, musste er gegen die Angst ankämpfen, mitten in der Rede «einzutrocknen».

Hal schrieb in den Kreis seiner Map mit dem Thema «Wie ich gerne wäre»: «entspannt, offen, locker, guter Kommunikator». Als ich ihn bat, die Gegenteile dieser Begriffe für sich zu akzeptieren, erlebte er die gleichen Spannungssymptome, die er vor öffentlichen Auftritten durchlitt, und er fragte: «Diese Gedanken sind meine Feinde, warum sollte ich sie akzeptieren?»

Ich bemerkte sanft: «Sie haben das falsche Problem identifiziert. Das Problem sind nicht die Gedanken darüber, angespannt, verschlossen, verkrampft oder ein schlechter Kommunikator zu sein. Das sind nur Gedanken und körperliche Empfindungen. Das wahre Problem besteht darin, dass Ihr Identitätssystem mit Volldampf loslegt, sobald diese Gedanken entstehen und Sie nicht mehr natürlich funktionieren können.»

Die Lösung liegt darin, dass Sie erkennen: Wenn die Eigenschaften innerhalb des Kreises – wie etwa «ein guter Redner sein» – zu Anforderungen werden, dann entwickeln sich die Punkte außerhalb zu Auslösern Ihres Identitätssystems. Wenn man sich dessen dagegen bewusst ist und die eigenen Gedanken etikettiert, gießt man kaltes Wasser auf die Zündschnur und stellt das Identitätssystem ruhig.

Hal kapierte es sofort. Wenn er jetzt öffentlich sprechen muss, kämpft er nicht mehr gegen den Adrenalinschub und die angespannten Gefühle, sondern spürt die Empfindungen seines Körpers, etikettiert seine Gedanken und erdet sich, indem er bewusst auf Hintergrundgeräusche achtet. Indem er seine Anforderung (ein guter Redner sein) erkennt, werden alle Gedanken, die das Gegenteil besagen, als bloße Gedanken etikettiert und lösen weder Sorgen noch Spannungen aus, die seine Rede stören könnten.

Auf seiner Map wollte David intelligent, erfolgreich, vorbereitet, positiv, gelassen, entspannt, respektiert und … einfach gut sein. Alle diese Adjektive standen in seinem Kreis. Doch als ich ihn fragte, was geschehen sei, als er jeweils die gegenteiligen Eigenschaften aufgeschrieben hatte, sagte er: «Die weise ich von mir. Ich schiebe sie weg. Ich will nicht angespannt, ruhelos und dumm sein – gar nichts davon.» David erkannte schnell: Je stärker er die positiven Eigenschaften innerhalb des Kreises anstrebte, desto mehr Energie verlieh er ihrem Gegenteil, den «negativen» Eigenschaften. Dieses Greifen nach den guten und das Zurückweisen der schlechten Eigenschaften gab seinem Identitätssystem Nahrung und stärkte die mentalen und körperlichen Komponenten des beschädigten Ichs. Positive Gedanken fließen von selbst, wenn das Identitätssystem ruht. Der Versuch, positive Gedanken bewusst zu schaffen, um sich besser zu fühlen oder mit einer schwierigen Situation zurechtzukommen, stimuliert das Identitätssystem und stärkt das beschädigte Ich. Statt negative Gedanken mit positiven zu bekämpfen, ist es besser, sie zu etikettieren und einfach weiterzumachen.

Kein Mensch kann frei funktionieren, wenn sein halbes Wesen die andere Hälfte wegschiebt. Ihr wahres, frei funktionierendes Ich umfasst all Ihre Eigenschaften und Gedanken – die guten, die schlechten, die hässlichen und die erhabenen. Wenn Sie sich der Einschränkungen Ihres Identitätssystems bewusstwerden, Ihre Gedanken in Mappings festhalten und als «bloße Gedanken» etikettieren, erweitert sich Ihr Bewusstsein auf natürliche Weise, und Sie können diese Gegensätze akzeptieren. Wenn Sie das Licht des Bewusstseins auf die Aktivitäten Ihres Identitätssystems lenken, lockert sich sein Griff, und Sie gelangen aus der dualistischen Welt in die einheitliche Welt der harmonischen Unterschiede.

«Wer sind Sie?» Die Antwort hängt davon ab, wann Sie gefragt werden

Lassen Sie nicht zu, dass Ihr Identitätssystem Sie an den Glauben fesselt, Sie könnten als ein «Jemand», als ein festes Ich gedacht werden. Um selbst zu erkennen, wie Ihr Identitätssystem Ihnen vorgaukelt, dass Sie ein spezifischer, begrenzter «Jemand» sind, erstellen Sie im Lauf der nächsten Woche einige Maps zum Thema «Wer ich bin».

Map zum Thema «Wer ich bin»

Zeichnen Sie auf ein Blatt Papier einen großen Kreis und sammeln Sie darin Substantive oder Adjektive, die Ihre derzeitige Gemütsverfassung beschreiben. Drei Minuten sind reichlich Zeit dafür. Vielleicht würden Sie sich früh am Morgen, wenn der Tag jung und noch nichts schiefgelaufen ist, als «klug, gesund, attraktiv» beschreiben. Später am selben Tag, nachdem Sie gerade einen Zusammenstoß mit Ihrem Chef hatten, sehen Sie sich vielleicht eher als «plump, schwach, unattraktiv». Einmal ist es vielleicht «energiegeladen, erfüllt Verpflichtungen, locker» und ein andermal «unter Druck, hechelt hinterher, gestresst». Das jeweilige Gegenteil außerhalb des Kreises zu schreiben hilft Ihnen dabei, die Umklammerung des Identitätssystems zu durchbrechen.

Wenn Sie erst einmal ein paar dieser Maps angefertigt haben, können Sie objektiv nachvollziehen, wie Sie dem Identitätssystem seine Darstellung abkaufen und sich selbst immer nur als so gut sehen wie Ihr letzter Gedanke. Stehen vor allem positive Dinge im Kreis, dann erfährt Ihr ganzes Body-Mind-System diese positiven Dinge. Ist der Kreis voller negativer Dinge, hat auch Ihr ganzes Body-Mind-System negative Zustände. Das Identitätssystem behandelt Sie als Jo-Jo. Wenn das Innere des Kreises voller positiver Eigenschaften ist und es starke Emotionen und körperliche Empfindungen gibt, die das jeweilige Gegenteil zurückweisen, dann sind die Dinge innerhalb des Kreises Ihre Anforderungen und damit Ihre Reparierer, die versuchen, die außerhalb liegenden Depressoren zu verbergen. Das Ganze gilt auch andersherum: Wenn sich im Kreis hauptsächlich negative Dinge tummeln und es Ihnen schwerfällt, das Positive auf der Außenseite zu akzeptieren, dann nährt sich Ihr beschädigtes Ich von negativen Gedanken.

Ihre Map zum Thema «Wer ich bin» zeigt nicht wirklich,

wer Sie sind. Sie enthält nur Konzepte und Storylines. Es ist eigentlich eine Map zum Thema «Wer ich *glaube*, dass ich bin». Wie alle Maps, die Sie erstellt haben, ist auch diese eine sanfte Methode, um herauszufinden, was Ihr Identitätssystem ist und was es mit Ihnen macht. Maps helfen Ihnen dabei, Ihr persönliches Identitätssystem kennenzulernen und seinen Präsentationen mit Misstrauen zu begegnen.

Die folgende Unterhaltung, die in einem meiner Seminare stattfand, vermittelt eine Vorstellung von den verschiedenen Stufen, in denen sich die Erkenntnis bildet, dass wir nicht auf die Drehbücher unseres Identitätssystem beschränkt sind.

CARLA: «Ich habe etwas entdeckt, das sehr wichtig sein könnte. Ich habe fünf oder sechs Maps zum Thema ‹Wer ich bin› geschrieben, und jede sieht anders aus. Vor ein paar Tagen schrieb ich ‹Fühle mich schwach, müde, ausgebrannt, frustriert, reizbar›. Dann, eine oder zwei Stunden später, schrieb ich ‹energiegeladen, optimistisch, für jeden Spaß zu haben›. Ich finde es faszinierend, wie oft und wie schnell mein Selbstbild sich verändert. In der Vergangenheit glaubte ich, dass diese Veränderungen wirklich ich seien. Wenn ich schlecht drauf bin, hilft mir diese Art von Mapping wirklich. Ich nehme meine Ideen über mich selbst inzwischen viel weniger ernst. Wenn früher etwas passierte, dachte ich ‹dumm gelaufen›, grübelte darüber nach und fühlte mich total elend. Inzwischen denke ich: ‹Es ist nur ein Gedanke.› Das ist ein großer Unterschied. Ehrlich, es ist wunderbar! Ich verstehe, warum Sie sagen: ‹Lass das Licht deines Bewusstseins darauf fallen.›»

DAVID: «Ich bin nicht so gut zurechtgekommen wie Carla. Ich habe die Maps zu verschiedenen Zeiten gemacht, genau wie sie, aber bei mir war das Thema immer nur ‹Mir geht es schlecht› oder ‹Mir geht es schlecht, aber ich werde es reparieren›. Ich erkenne, dass mein Depressor und mein Reparierer sich bei mir einfach abwechseln. Sie scheinen mich komplett im Griff zu haben.»

STAN: «Was Sie zu Ihren Maps gesagt haben, David, weist auf eine Frage hin, die uns allen helfen könnte. Wer ist dieser ‹Mich›, an dem Depressor und Reparierer arbeiten? Würden Sie behaupten, dass das Ihr wahres Ich ist?»

DAVID: «Auf keinen Fall! Das ist unmöglich.»

STAN: «Das Identitätssystem ist ein Meister der Verkleidung. Die Existenz des Identitätssystems hängt davon ab, dass es etwas hat, womit es sich identifizieren kann. Weil das wahre Ich sich nicht in Begriffe fassen lässt, hat das Identitätssystem nichts, woran es sich festklammern kann. Es wird sich in allem verstecken, in jedem Konzept, das es als ‹das Ich› präsentieren kann. Sein Zweck besteht darin, zu verhindern, dass Sie Ihr wahres Ich erleben. Ihr Identitätssystem hat Sie davon überzeugt, dass Sie das beschädigte Ich sind, Tag und Nacht.»

DAVID: «Das stimmt. Es zieht eine Nummer mit mir ab! Es macht niemals Pause. Es ist rund um die Uhr an mir dran. Wenn es nicht so traurig wäre, könnte man darüber lachen, wie es mich herumkommandiert. Wenn ich versuche, es zu verstehen, drehe ich mich immer nur im Kreis.»

STAN: «Sie werden das Identitätssystem nie verstehen, David. Das ‹Verstehen› wird nur zu einer weiteren Storyline, und zwar in Verbindung mit einer Anforderung, die sich als Verständnishilfe tarnt – eine weitere Reparatur.»

DAVID: «Ich verstehe halbwegs, was Sie meinen, aber wie soll ich damit arbeiten? Wie komme ich ihm auf die Schliche, bevor es mit seinen Spielchen beginnt?»

STAN: «Der erste Schritt besteht darin, sich mit dem Identitätssystem anzufreunden, indem man sein Bewusstsein erweitert, um alle seine Aktivitäten einzuschließen. Der Raum, den Sie in Ihrem Geist schaffen, indem Sie sich dieser Aktivitäten bewusst sind, ist Ihr wahres Ich. Nur Erfahren – und nicht Kategorisieren – erlaubt Ihrem Bewusstsein, sich auszudehnen.»

CARLA: «Ja, ich höre, was Sie sagen. Ich fühle mich tatsächlich freier und offener, wenn ich durchschaut habe, wie mein Identitätssystem arbeitet. Mein Bewusstsein hält meistens nicht sehr lange vor, aber zumindest weiß ich, dass es da ist.»

DAVID: «Ich erkenne es, und ich fühle es ein wenig, aber ich glaube nicht, dass ich es verstehe.»

STAN: «Wahrscheinlich ist ‹aber ich glaube nicht, dass ich es verstehe› wieder die Stimme Ihres Depressors, der immer noch damit beschäftigt ist, Ihr Bewusstsein am Ausdehnen zu hindern. Es fällt uns leicht, zu glauben, dass wir wirklich nicht mehr sind als die Konzepte auf unserer Map mit dem Thema ‹Wer ich bin›. Natürlich können wir die Storylines einfach glauben, die sich auf unserer Map mit dem Thema ‹Wie ich so wurde, wie ich bin› finden. Das liegt an einem verengten Bewusstsein, ist das Werk des Identitätssystems und kann nur zu eingeschränktem Funktionieren führen.»

DAVID: «Das kenne ich. Ich mache mir oft Vorwürfe, dass ich etwas nicht verstehe, und dann werde ich angespannt.»

Wie das Gespräch mit Carla und David zeigt, ist das Durchschauen des eigenen Identitätssystems und das Erlernen von Mapping und Bridging keine exakte Wissenschaft. Die Suche nach dem natürlichen, freien Funktionieren ist kein linearer Prozess – Einsichten kommen unregelmäßig und sprunghaft.

An einem Tag glaubt man, riesige Fortschritte zu machen, am nächsten Tag sieht es hoffnungslos aus. Der Schlüssel besteht darin, dranzubleiben und sich selbst gegenüber so wertungsfrei wie möglich zu sein.

Die Map «Wie ich so wurde, wie ich bin»

Fast jeder hat schon einmal über die Frage nachgedacht «Wie wurde ich so, wie ich bin?». Welche Faktoren haben Sie geformt? Ein Lieblingslehrer, Ihre Religion, die Eltern, Familie, Freunde, Lebenserfahrungen? Denken Sie an alle Faktoren, positive wie negative, die in Ihrem Leben bisher wichtig waren. Verteilen Sie schnell und lose jeweils den Namen und die Art dieser Einflüsse auf einem leeren Blatt Papier.

Diese Map ist sehr lohnend, weil sie offenlegt, wie Ihr Identitätssystem einen falschen Sinn für Identität schafft, indem es die Punkte auf Ihrer Map mit Storylines umgibt. Erinnern Sie sich noch an Ron aus Kapitel 1 und seine Storyline, doppelt so gut sein zu müssen wie alle anderen? Auf seiner Map standen folgende Faktoren: «Vater trank zu viel» und «Wir wohnten in einer verrufenen Gegend der Stadt». Die lange Version seiner Storyline lautete: «Hätte er uns geliebt, dann hätte er nicht so viel getrunken. Ich hatte nie die Dinge, die die anderen Kinder hatten, weil mein Vater zu betrunken war, um einen festen Job zu behalten. Es ist bemerkenswert, wie ich diesem Leben entkam, indem ich doppelt so hart arbeitete wie alle anderen.»

Ihr Identitätssystem lässt Sie glauben, dass Sie von Ihren eigenen Storylines eingeschränkt sind, und damit werden sie zu Ihrer Realität – zu Ihrem Bild von sich selbst. Sie sind entweder eingeschränkt, weil Sie sich in Ihrem Elend suhlen oder weil Sie sich in Ihrem Ruhm sonnen. Die Richtung Ihres Lebens wird von diesen Geschichten vorgegeben, von denen viele in Ihre

Charaktermerkmale und körperlichen Neigungen eingebettet werden. Sie stellen den Realitätsgehalt dieser Geschichten nicht in Frage, doch vergessen Sie nicht: Selbst wenn Sie Vergangenheit akkurat wiedergeben, können Sie keine Antwort geben auf die Frage «Wie ich so wurde, wie ich bin».

Es gibt keine genauen oder ungenauen, keine besseren oder schlechteren Storylines des Identitätssystems. Eine historisch akkurate Storyline kann Ihrem Identitätssystem ebenso gute Dienste leisten wie eine erfundene. Eine positive Storyline kann das beschädigte Ich genauso gut bestätigen wie eine negativ aufgeladene.

Wie wir in Rons Fall gesehen haben, spendete ihm eine positive Storyline (über das Überwinden widriger Umstände, indem er doppelt so hart arbeitete wie alle anderen) etwas Trost, gleichzeitig aber verlieh sie ihm das ständige Gefühl, niemals gut genug zu sein. Jede Storyline, die dazu benutzt wird, eine begrenzte und begrenzende Identität zu schaffen, hindert Ihr frei funktionierendes Ich daran, zum Vorschein zu kommen.

Wenn Sie Ruhe in Ihr Leben bringen wollen, sparen Sie sich die Mühe zu versuchen, die Storylines Ihres Identitätssystems zu verstehen oder zu rekonstruieren, denn sie können nur zum Teil erklären, warum Sie so sind, wie Sie sind. Es sind lediglich unvollständige Versionen Ihres riesigen und wundervollen wahren Ichs, die Sie zudem daran hindern, Ihr frei funktionierendes wahres Ich zum Ausdruck zu bringen. Storylines sind das Werkzeug, mit dem Ihr Reparierer oder Depressor Sie daran hindert, sich zu verändern und neue Herausforderungen so anzunehmen, wie sie von einem Augenblick auf den nächsten auftauchen. Schon der Versuch, sich selbst zu verstehen und alles zu erklären, könnte eine weitere Anforderung sein. Das Identitätssystem lässt Sie daran zweifeln, dass Sie von Geburt an gut sind, und verlangt nach etwas Zusätzlichem: «Ich muss das alles verstehen.» Diese Anforderung wird einfach zu einer weiteren

Storyline. Allein das Licht des Bewusstseins kann Ihr immerzu präsentes freies Funktionieren befreien. Gehen Sie sachte mit sich um. Seien Sie im Einklang mit Ihrem ganzen Ich.

Sehen Sie sich nun Ihre Map an. Obwohl die Punkte, die Sie aufgeschrieben haben, einige Einflüsse Ihres Lebens festhalten, könnten Sie auch in drei Stunden oder sogar in drei Jahren unmöglich Ihren gesamten Hintergrund einfangen. Ihr wahres Ich ist so riesig und grenzenlos, dass es intellektuell nicht erfasst werden kann.

Die Wahrheit ist, dass die Fragen «Wie ich so wurde, wie ich bin» und «Wer ich bin» unbegreiflich sind. Indem Sie an Fiktionen über Ihre Identität und ihre Ursprünge festhalten, maskieren Sie Ihr wahres Ich und schränken Ihr natürliches Funktionieren ein. Wenn Sie diese Aktivitäten des Identitätssystems dagegen mit Ihrem Bewusstsein erleuchten, lösen Sie das Netz auf, mit dem Sie gefangen werden sollen. Das Identitätssystem ruht, Sie funktionieren natürlich und frei und werden so zu einem Menschen, der vollkommen menschlich ist, in Frieden und in Einheit mit sich und der Welt.

7   Befreien Sie sich von Ihrem Identitätssystem und erneuern Sie Ihr Leben und Ihre Liebe

In diesem Kapitel werden Sie die Kraft Ihres natürlichen Funktionierens entfesseln – frei von jeglicher Einmischung des Identitätssystems. Die Bridging- und Mapping-Techniken, die Sie erlernt haben, werden Ihnen helfen, Lebensentscheidungen zu treffen und bessere Beziehungen einzugehen.

Natürliches Funktionieren wird auch «freies Funktionieren», «integratives Funktionieren», «wahres Funktionieren» und «reines Funktionieren» genannt. *Natürlich* heißt in dem Fall, dass diese Art des Funktionierens in allen von uns angelegt ist, wie das Bellen eines Hundes, das Miauen einer Katze oder das Weinen eines Babys. *Frei* heißt unbehindert durch Einmischungen des Identitätssystems. *Integrativ* weist darauf hin, wie diese Art des Funktionierens unseren Körper, Kopf und Geist harmonisiert. *Wahr* bedeutet, dass Ihr Handeln aus Ihrer Essenz fließt und nicht aus irgendwelchen vom Identitätssystem getriebenen Vorstellungen davon, wer Sie sind. *Rein* setzt voraus, dass unser Identitätssystem ruht und dass unsere Quelle die Funktionen unseres Körpers, unser Verhalten und unseren Charakter auf natürliche Weise reinigt. In religiöser Terminologie sagt man, dass wir Gottes Willen tun. In Kapitel 10 gehe ich noch ausführlich auf die Verbindung zwischen Mapping, Bridging und den traditionellen Weltreligionen ein.

Das ganze Leben dreht sich ums Funktionieren: Das Herz schlägt, die Lungen reichern das Blut mit Sauerstoff an, die verschiedenen Drüsen sondern Hormone und Enzyme ab, die Nieren scheiden Abfallstoffe aus, das Gehirn nimmt wahr, und der Verstand denkt, plant und leitet unser Handeln. All diese Funktionen sind natürlich, frei, integrativ und rein. Die meisten Organsysteme arbeiten automatisch, Sie müssen ihre Aktivitäten also nicht bewusst steuern. Das Gehirn dagegen funktioniert anders. Ihr Gehirn, die Quelle Ihrer Intentionen, hat zwar ebenfalls automatische Funktionen wie Fokussierung, Erinnerung, Vorstellung, Verarbeitung, Träumen und das Aufnehmen von Eindrücken aus dem Umfeld und Ihrem Körper, doch diese automatischen Funktionen kennen weder Zeit noch Priorität. So erinnert uns unser Denken beispielsweise oft daran, Dinge zu erledigen, wenn wir gerade nicht in der Lage sind, ihnen nachzukommen. Wenn Sie aufschreiben, was Ihnen während der nächsten ein oder zwei Minuten so alles durch den Kopf geht, wird das wahrscheinlich ein ziemliches Kuddelmuddel von Gedanken unterschiedlicher Wichtigkeit sein. Um den höchsten Grad der Entwicklung zu erreichen, der Ihnen als Mensch offensteht, müssen die automatischen Aktivitäten Ihres Body-Mind-Systems durch absichtliches Handeln ergänzt werden. Ohne absichtsvolles Handeln wären Sie wie ein Roboter und damit ohne die Fähigkeit, zu wählen oder vom Leben zu lernen.

Dieses absichtsvolle Handeln ist der freie Wille. Ohne ihn könnten Sie in dieser komplexen, ständigen Veränderungen unterworfenen, informationsgetriebenen Welt nicht überleben. Ihr absichtsvolles Handeln und automatisches Funktionieren interagieren auf natürliche Weise, um Entscheidungen und Handlungen hervorzubringen. Das ist natürliches, integratives Funktionieren. Der einzige Risikofaktor hierfür ist Ihr Identitätssystem. Dieses hat zwar Schwierigkeiten, sich zu den automatischen Funktionen Ihres Körpers Zugang zu verschaffen, weil dort auftretende offene Schleifen automatisch geschlossen werden, doch es findet an der Stelle seine Chance, wo absichtsvolles Handeln beginnt. An diesem Punkt bleibt die Schleife offen und wartet auf Ihr Handeln. Erinnern Sie sich, dass das Identitätssystem sich offener Schleifen bemächtigt und dafür sorgt, dass sie dysfunktional werden? Wenn Sie die dysfunktionalen offenen Schleifen nicht schließen können, füllt sich das Body-Mind-System mit Spannung, und Sie verspüren ein immer stärker werdendes Gefühl von Unvollständigkeit und Versagen.

Entscheidungsfindung, das heißt absichtsvolles Handeln, ist von zentraler Wichtigkeit im Leben. Im Folgenden lesen Sie ein Beispiel dafür, wie Sie Ihr Identitätssystem ruhigstellen können, um Ihre Entscheidungen unbeeinflusst von dessen Anforderungen zu treffen.

Alle Probleme haben natürliche Lösungen

Das Identitätssystem kann den Blick auf die natürliche Reaktion auf ein Problem verschleiern, wie die folgende Geschichte zeigt:

Marion, eine 65 Jahre alte Hausangestellte im Ruhestand, hatte eine Map über die Beziehung zu ihren Kindern geschrieben. Sie bemerkte, dass es darin von Depressor- und Reparierer-Gedanken nur so wimmelte, und rief spontan aus: «Sehen Sie! Mein Identitätssystem macht mich zur Märtyrerin. Ich dachte, dass ich wegen meiner Großherzigkeit gut zu meinen Kindern bin. Aber ich bin nur gut, weil ich eine Märtyrerin bin.» Als sie in der darauffolgenden Woche wiederkam, erzählte sie uns, wie diese Erkenntnis ihr die Antwort auf eine Frage gegeben hatte, die seit Jahren an ihr nagte. Einige Jahre zuvor hatten ihr Sohn und ihre Schwiegertochter sich von ihr Geld geliehen. Inzwischen lebte sie von einer kleinen Rente und brauchte das

Geld. Sie hatte schon oft angefangen, den beiden einen Brief zu schreiben und um die Rückgabe des Geldes zu bitten, aber weil sie stolz auf das Opfer war, dass sie damals gebracht hatte, schickte sie diese Briefe nie ab. Sohn und Schwiegertochter boten nie von sich aus an, das Geld zurückzuzahlen. Doch nach dem Erstellen ihrer Map ging Marion ein Licht auf: «Es ist völlig in Ordnung, dass ich sie jetzt, wo ich selbst das Geld brauche, um die Rückzahlung des Darlehens bitte.» Natürlich war das die angemessene Antwort, doch erst mit dem Wissen um ihr Identitätssystem war Marion in der Lage, zu handeln. Interessanterweise wuchs im Lauf der Zeit nicht nur ihr Selbstbewusstsein – sie kam auch ihren Kindern wieder näher, weil sie sich nicht mehr als beschädigtes Ich präsentierte, sondern als vollständige, komplette Persönlichkeit.

In einer Krise, wenn jede Entscheidung von enormer Bedeutung ist, ist es wundervoll, zu wissen, dass Sie die Kraft haben, angemessen zu reagieren. Ein ruhendes Identitätssystem gibt Ihnen diese Kraft, wie Janes Geschichte zeigt:

Jane nahm regelmäßig an meinen Bridging-Seminaren teil. Sie hatte sich angewöhnt, Bridging zu praktizieren, was ihr half, das Trauma und den Schmerz darüber zu verarbeiten, dass sie ihren todkranken Mann Martin pflegen musste. Eines Abends hatte Martin starke Schmerzen, und sein Atem ging stoßweise und flach. Sie eilte mit ihm ins Krankenhaus und stürmte in die Notaufnahme. Der Warteraum war überfüllt, ein Fernseher plärrte, Kinder kletterten über Tische und Stühle. Man sagte Jane, dass die Notaufnahme unterbesetzt sei und dass sie warten müssten, da ihr Mann nicht in Lebensgefahr war.

Martin litt Höllenqualen, völlig verzweifelt über seine Schmerzen und den Lärm um ihn herum. Jane war aufgewühlt, geplagt von Angst, Unruhe und dem Gefühl, beschädigt zu sein, weil sie das Leid ihres Mannes nicht lindern konnte. Sie erzählte, dass ihre Haut kribbelte und dass jedes Geräusch – das

Schreien eines Babys, das Öffnen und Schließen der automatischen Türen, das Ticken der Uhr – ihre Unruhe verdichtete, bis sie schließlich das Gefühl hatte, explodieren zu müssen. In diesem Moment wurde ihr plötzlich ihr Identitätssystem bewusst, und sie erkannte, dass ihr Depressor sie mit Gedanken von Schwäche und Machtlosigkeit fütterte. Sie erinnerte sich an ihr Bridging und spürte gleichzeitig das kalte Metall des Stuhles an ihrem Arm. Mit dieser scheinbar kleinen Verschiebung der Perspektive ließ ihre innere Spannung spürbar nach. Sie konzentrierte ihr Bewusstsein auf das Gewicht ihres Körpers auf dem Stuhl, das Gefühl ihrer Füße auf dem Fußboden und das Geräusch von Martins Atmen. Sie stellte erstaunt fest, dass ihre rotierenden Gedanken sich verlangsamten, dass ihr Körper sich entspannte und dass die Geräusche, die sie vorher genervt hatten, plötzlich beruhigend wirkten. Jetzt, da sie sich entspannter fühlte, konnte sie ihrem Mann beistehen und eine Schwester finden, die ihr half, Martin an einen ruhigeren Ort zu bringen, bis er untersucht werden konnte.

Wenn Dinge schiefgehen

Alles, was Sie tun – ob Sie sich am Morgen anziehen, für Ihre Familie das Essen kochen oder den Rasenmäher reparieren –, ist eine Aktivität. Diese kann aus einer einzelnen Handlung bestehen, oder es kann sich um ein Projekt handeln, das eine Folge von Einzelschritten erfordert. Jede Handlung oder jeder Schritt der Handlungsfolge schafft eine offene Schleife, die durch das natürliche Funktionieren Ihres Geistes schnell geschlossen werden kann. So sieht natürliches Problemlösen aus.

Doch das Leben ist manchmal nicht so einfach. Es gibt zwei Möglichkeiten, wie Dinge schieflaufen können, und diese sollten wir nicht durcheinanderbringen. Die erste ist, wenn natürliche Schwierigkeiten auftreten, etwa ein unerwarteter Verkehrsstau auf dem Weg zur Arbeit, ein plötzlicher Sturm oder ein Kind, das am Tag des geplanten Picknicks krank wird. Es ist unmöglich, ohne offene Schleifen und unvorhergesehene Umstände durchs Leben zu kommen. Natürliches Funktionieren heißt demnach nicht, dass das Leben schmerzfrei und leicht ist, sondern dass Sie sich frei einer jeden Situation anpassen und natürliche Probleme lösen. Sie schließen die offenen Schleifen, wo sie Ihnen begegnen.

Das berühmte «Gelassenheitsgebet» bringt natürliches Funktionieren wunderbar auf den Punkt: «Gott, gib mir die Kraft, die Dinge zu ändern, die ich ändern kann, die Gelassenheit, Dinge hinzunehmen, die ich nicht ändern kann, und die Weisheit, das eine vom anderen zu unterscheiden.» Die Weisheit, den Unterschied zu erkennen, kommt aus Ihrer Quelle, wenn Ihr Identitätssystem ruht. Die Quelle verleiht uns allen die natürliche Fähigkeit, mit Klarheit, Präzision und realistischem Mitgefühl zu funktionieren. Geben Sie ihr genügend Raum zum Gedeihen, dann kommt die Quelle in Ihren Handlungen, Äußerungen und Gedanken zum Ausdruck.

Dinge können jedoch auch dann schiefgehen, wenn Ihr Identitätssystem dem natürlichen Funktionieren in die Quere kommt, wenn es die natürlich funktionierenden offenen Schleifen (die keine Spur hinterlassen, sobald man sie schließt) zu dysfunktionalen offenen Schleifen macht, die nicht zu schließen sind, weil Ihr Reparierer oder Depressor das beschädigte Ich nicht heilen kann. Zum Beispiel haben Sie vielleicht die Anforderung, dass alles im Leben genau durchkonstruiert und exakt nach Plan ausgeführt werden muss – auch als Perfektionismus bekannt. Unter der Einwirkung von Zweifeln, Spannung, Unruhe und Verwirrung geben Sie Antworten wie: «Es gibt zu viele Unbekannte. Wir haben nicht genug Zeit zu planen. Lasst uns noch einmal darüber nachdenken.» Ihr Reparierer lässt Sie wütend werden auf Mitmenschen, die eine definitive Antwort erwarten, und Ihr Depressor erfüllt Sie mit Selbstzweifeln und körperlicher Spannung. Ihr natürliches Funktionieren hat Ihnen die Fähigkeit gegeben, potenzielle Probleme vorauszusehen, doch wo die Zeichen eines aktiven Identitätssystems auftreten, ist das ein Hinweis darauf, dass das beschädigte Ich Sie antreibt. Wenn Perfektion zu einer Anforderung wird, tritt freies Funktionieren in den Hintergrund. Egal, wie viele Details Sie reparieren, es bleiben immer welche übrig. Wenn Sie die Anforderung des Reparierers dagegen erkennen, können Sie effizienter planen und entscheiden. Die Fähigkeit, Probleme vorherzusehen, ist ein Geschenk, das Sie einsetzen können, anstatt sich durch ständige Anforderungen von ihr einsetzen zu lassen. In dem Maß, wie Ihnen Ihr Identitätssystem bewusstwird, wird Ihre Identifikation mit ihm abnehmen, und Sie öffnen sich für eine Welt voller neuer Lösungen.

Komplizierte Projekte oder Probleme mit ungewissem Ausgang bieten dem Identitätssystem einen fruchtbaren Nährboden. Der Schlüssel für natürliches Funktionieren liegt jetzt in Ihrer Hand: Seien Sie sich einfach der Anforderungen und Storylines des Identitätssystems bewusst. Manchmal reicht es schon, die Einmischung des Identitätssystems zu erkennen, um den Blick auf die Lösung eines Problems frei zu machen.

In einem meiner Seminare sprach zum Beispiel Samantha über ein Problem, das sie mit ihrem Neffen Charlie hatte. Samantha dachte, sie als Psychologin müsse in der Lage sein, ihm dabei zu helfen, mit seiner Alkohol- und Drogensucht fertigzuwerden. Sie war die Einzige in der Familie, die noch etwas mit ihm zu tun haben wollte, aber sie wusste nicht, wie sie ihn unterstützen sollte, ohne seine Sucht zu fördern. Als sie eine Problem-Map über ihre Beziehung zu Charlie schrieb, wurde ihr klar, dass ihr überaktives Identitätssystem ihr verspannte Schultern und Magenkrämpfe bescherte. Sie erkannte die Reparierer-Anforderung, dass sie Charlies Problem lösen müsse, dabei hatte sie noch gar keine Ahnung, wie sie das bewerkstelligen sollte. Nachdem sie darüber geschlafen hatte, beschloss sie, Charlie zum Essen einzuladen. Als die beiden sich ein paar Tage später in einem Restaurant trafen, war Samantha dank ihrer Bridging-Übungen offen und gelöst. Ohne eine Reparierer-Agenda im Hinterkopf fühlte sie sich Charlie näher als seit langem, und beide genossen das gemeinsame Essen. Eine Woche später rief Charlie sie an, gestand ihr sein Problem und bat sie um die Einweisung in eine Entzugsklinik.

Lassen Sie das Identitätssystem ruhen, wenn Sie eine Entscheidung fällen

Beim folgenden Beispiel stand Susan vor einer Entscheidung. Sie hatte durch den Stellenabbau in ihrem Unternehmensbereich ihren Job verloren und suchte eine neue Stelle, doch sie hatte Schwierigkeiten, eine vergleichbare Arbeit zu finden. Mapping half ihr schließlich. Auf Susans Map zum Thema «Finde einen Job» sieht man, wie das Identitätssystem ihre Suche unterwandert hat: «Ich esse zu viel», «Ich schlafe schlecht», «Meine Brust ist eng, und mein Bauch tut weh». Ihr Depressor ist aktiv: «Ich werde nie einen guten Job finden.» Ihr Reparierer will es leicht haben und fordert, dass der Job zu ihr kommen solle. Ihre Anforderungen, wie etwa «Ich sollte nicht gezwungen sein, mich bei Firmen zu bewerben, die weiter als 30 Minuten Fahrtzeit von zu Hause entfernt sind», schränken ihre Möglichkeiten ein. Selbst die Weigerung, nach Bewerbungsgesprächen telefonisch nachzufassen, ist das Resultat einer Anforderung ihres Identitätssystems, dass sie nicht zu verzweifelt wirken dürfe. Mit etwas Unterstützung konnte Susan anhand ihrer Map klar erkennen, wie ihr Identitätssystem sie daran gehindert hatte, sich in angemessener Weise um einen neuen Job zu bemühen. Indem sie sich mit ihrem Identitätssystem anfreundete und integrativ mit ihrem ungeteilten Bewusstsein zusammenwirkte, konnte Susan eine Woche später eine neue Arbeitsstelle finden.

Denken Sie daran: Ihr Identitätssystem ist ein Meister der Verkleidungen. Eine Entscheidung mag gut aussehen, sich gut anfühlen und logisch wirken, und dennoch kann es sein, dass nichts als das Identitätssystem dahintersteckt. Auch wenn wir ruhig, kühl und entspannt wirken, kann es sein, dass das Identitätssystem das Steuer in der Hand hat. Entscheidungen, die allzu leicht oder zu schwer aussehen, sind oft das Ergebnis von Storylines und Anforderungen des Identitätssystems. Eine Vorgeschichte mit zahlreichen Entscheidungen, die Sie hinterher bereuten oder mit deren Resultaten Sie nicht zufrieden waren, kann ein Hinweis sein. Der Schlüssel besteht darin, offen genug zu sein und die Möglichkeit ins Auge zu fassen, dass Ihr Identitätssystem tätig war.

Es ist nicht allzu schwer, zu erlernen, wie Sie Ihr Identitätssystem ruhigstellen können, wenn Sie mit einfachen, alltäglichen Entscheidungen beginnen. Fangen Sie an festzustellen, wann Ihr Reparierer und Depressor aktiv werden. Schon allein, dass das Licht Ihres Bewusstseins den Entscheidungsfindungsprozess beleuchtet, setzt Ihr natürliches Funktionieren frei und gibt Ihnen neue Wahlmöglichkeiten. Manchmal ist es auch hilfreich, wenn Sie eine Entscheidungs-Map anfertigen.

Die Entscheidungs-Map

Entscheidungs-Maps können Sie in jedem Bereich Ihres Lebens nutzen. Hier ist als Beispiel der Prozess beschrieben, wie Sie eine Entscheidungs-Map erarbeiten, bei der es um eine Beziehung geht. Schreiben Sie die Entscheidung (also etwa «Soll ich diese

Susans Map zum Thema «Finde einen Job»

Arbeitssuche ist wirklich Mist.

Brauche einen Job in einem
aufsteigenden Softwareunternehmen.

Die Stelle bei der
Versicherung, von der
Penny mir erzählt hat,
interessiert mich nicht.

Ich bin deprimiert.

Es sollte leichter sein, einen Job zu bekommen.

Meine Brust ist eng, und mein
Bauch tut weh. Warum haben die
meine Stelle abgebaut?

Finde einen Job

Ich esse zu viel.

Ich sollte nicht gezwungen sein,
mich bei Firmen zu bewerben,
die weiter als 30 Minuten Fahrtzeit
von zu Hause entfernt sind.

Ich werde nie einen guten Job finden.

Ich hatte schon Angebote,
aber ich kann sicher etwas Besseres finden.

Es gibt den perfekten Job,
warum finde ich
ihn bloß nicht?

Ich schlafe schlecht.

Ich kann keine richtige Entscheidung treffen.

Ich habe mich bei Apple beworben, aber noch nichts gehört.
Wenn ich dort anrufe, werden sie denken, dass ich verzweifelt bin.

Beziehung fortführen?») in die Mitte eines leeren Blatts Papier und verteilen Sie alle damit assoziierten Gedanken und körperlichen Empfindungen rings um den Kreis über das Blatt. Nehmen Sie sich nicht mehr als drei oder vier Minuten Zeit dafür. Wenn Sie die Map hinterher lesen, achten Sie darauf, wo sich Storylines und Anforderungen von Reparierer und Depressor zeigen, und berücksichtigen Sie auch die anderen Zeichen des Identitätssystems wie repetitive Themen, Angst, typische körperliche Reaktionen und so weiter. Ihre Empfangsbereitschaft für diese Signale ist Ihr frei funktionierendes Bewusstsein, das es Ihnen ermöglicht, Ihre Entscheidungen auf den Realitäten des Lebens zu gründen anstatt auf Phantasien des Identitätssystems. Ihre Map könnte Punkte wie diese hier enthalten:

«Ich muss eine Beziehung haben.»

«Sie muss treu sein.»

«Er muss ehrlich sein.»

«Ich suche mir immer den falschen Partner aus.»

«Bin ich gut genug?»

«Niemand hat mich je wirklich geliebt.»

«Diese Beziehung wird mir geben, was ich mir immer gewünscht habe.»

«Ohne diese Beziehung werde ich niemals glücklich werden.»

Nehmen wir an, dass diese Themen bisher wiederholt und ohne befriedigende Auflösung in Ihrem Leben aufgetreten sind. Wenn Sie sich Ihre Map noch einmal ansehen, verspüren Sie Unruhe und körperliche Anspannung. Das Verb «müssen», ob ausgesprochen oder implizit, kann ein guter Hinweis darauf sein, dass ein Gedanke eine Reparierer-Anforderung ist. Wenn Sie diese Möglichkeit nicht in Betracht ziehen, dann werden Ihre Entscheidung und die daraus folgende Beziehung (wenn es denn eine gibt) auf dem falschen Glauben basieren, dass Sie nicht gut genug seien und dass Ihre neue Beziehung diesen Schaden reparieren werde, weil sie Ihre Anforderungen erfüllt. Doch egal, wie treu oder ehrlich Ihr Partner ist, er wird Ihr beschädigtes Ich nicht heilen. Auch wenn Sie keine Beziehung haben, wird Ihr beschädigtes Ich dies bestätigen. Um die Sache noch schlimmer zu machen, geht jede Aktivität des Identitätssystems mit reduziertem Bewusstsein, Angst und eingeschränktem Funktionieren einher. Damit steht es drei zu null gegen die Beziehung, bevor sie überhaupt begonnen hat! Ihre Fähigkeit, den Partner wahrzunehmen, zu schätzen und zu verstehen, wird durch Ihre Angst, Spannung und Unruhe belastet und eingeschränkt.

Wenn Sie in der Lage sind, den Reparierer und den Depressor auf Ihrer Map zu erkennen, dann sehen Sie auch sofort, wie die beiden Ihre Beziehung beeinflussen. Dieses Bewusstsein kann – wie immer – die Bindung an das beschädigte Ich durchbrechen. Schließlich war Ihre Beschädigung ebenso reine Einbildung wie die Vorstellung, dass eine neue Beziehung diese Beschädigung reparieren und Sie in die Lage versetzen könne, glücklich bis ans Ende Ihrer Tage zu leben. Die Realität ist, dass Sie nicht beschädigt sind. Die Realität ist, dass Ihre Beziehung Ihnen entweder Zufriedenheit und Erfüllung bringen wird oder nicht. Ihr Bewusstsein ist jetzt so reaktionsfähig, dass Sie offen und realistisch reagieren werden, weil Ihre Gefühle nicht mehr vom Reparierer («Diese Beziehung wird mir geben, was ich mir immer gewünscht habe») oder Depressor («Ohne diese Beziehung werde ich niemals glücklich werden») motiviert sind. Dann können Ihre freien Gedanken Sie dazu ermutigen, sich selbst und dem Partner mehr Aufmerksamkeit und Verständnis entgegenzubringen.

Erneuern Sie Ihre Beziehungen

Wie Marions Beispiel gezeigt hat, sind wir alle in unseren Beziehungen in Verhaltensmustern gefangen. Dadurch schmälern wir unsere Entscheidungsfreiheit, ersticken jegliches freie Funktionieren und unterdrücken unser natürliches Ich. Damit Sie das Beste aus Ihren Beziehungen machen können, wollen wir mit dem Auflisten Ihrer Pluspunkte beginnen:

- Sie besitzen bereits das natürliche Funktionieren, das Sie in die Lage versetzt, all Ihre Beziehungen deutlich zu verbessern.
- Sie verstehen jetzt die Prinzipien von Mapping und Bridging.
- Sie können Beziehungs-Maps über die Erwartungen an sich selbst und Ihren Partner erstellen.
- Sie haben gelernt zu erkennen, wann Ihre Erwartungen in Wirklichkeit Anforderungen von Reparierer oder Depressor sind.
- Sie können sehen und hören, Ihren Körper spüren und sich Ihrer Gedanken bewusst sein.
- Sie haben die Fähigkeit, Unruhe, Körperspannung, verengtes Bewusstsein und Einschränkungen des natürlichen Funktionierens zu bemerken – alles Anzeichen für ein aktives Identitätssystem.

Damit besitzen Sie alle notwendigen Werkzeuge, um ein freies, natürlich funktionierendes Leben zu führen. Nun müssen Sie nur noch eines tun: handeln.

So erneuern Sie Ihre Beziehungen:

1. Erstellen Sie eine Beziehungs-Map und verteilen Sie Ihre Erwartungen auf einem Blatt Papier. Nehmen Sie sich dafür nicht mehr als fünf Minuten Zeit.

2. Erstellen Sie eine zweite Map, in der Sie Ihre Erwartungen an Ihren Partner (oder angehenden Partner) notieren.
3. Erkennen Sie darin die Reparierer- und Depressor-Anforderungen.
4. Machen Sie weiterhin täglich Ihre aktiven Bridging-Übungen und achten Sie besonders darauf, wann Sie auf eine «Mine» treten (eine unbekannte Anforderung des Identitätssystems, die Unruhe, Körperspannung, verengte Wahrnehmung oder eingeschränkte Funktion auslöst). Wenn das geschieht, werden Sie den Impuls verspüren, auf automatische, vom Identitätssystem vorgegebene Weise zu reagieren, also etwa wütend zu werden oder sich zurückzuziehen. Aktivieren Sie in diesem Fall sofort Ihre Sinne (sensorischer Input, Hintergrundgeräusche und so weiter) und etikettieren Sie Ihre Gedanken. Versuchen Sie mit den Informationen, die Sie aus den Mappings erhalten haben, die Anforderungen bereits in dem Moment zu erkennen, in dem sie aktiv werden.
5. Sie werden erstaunt sein, welche neuen Optionen und Möglichkeiten sich vor Ihnen auftun, sobald der Einfluss Ihres Identitätssystems schwindet, und werden neue Kraft und Freiheit verspüren.

Maps zum Thema «Was brauche ich von meinem Partner?» sind in der Regel sehr wirkungsvoll. In einem meiner Seminare erstellte ein Mann diese Map über seine Frau. Er schrieb: «Sie merkt nicht, wie hart ich arbeite», «Ich arbeite die ganze Zeit», «Sie gibt mein ganzes Geld aus», und «Sie sollte nur mal einen Tag lang meinen Job machen.» Er hielt seine Frau für die Ursache all seiner Probleme. An seiner starken körperlichen Reaktion auf die Map (seine Frau war nicht anwesend) erkannte er jedoch, dass nicht sie, sondern allein sein Identitätssystem ihn dazu brachte, sich über seine Frau zu ärgern. Nach dieser

Erkenntnis und mit Hilfe kontinuierlicher Bridging-Übungen veränderte sich die Beziehung zu seiner Frau, und zum ersten Mal seit Jahren konnte er sie wieder positiv wahrnehmen.

An die Stelle Ihrer alten Reaktionen, die durch das Identitätssystem motiviert und auf Anforderungen des beschädigten Ichs gegründet waren, treten nun ein erweitertes Bewusstsein und natürliche Funktionen. Während Sie weiterhin Bridging und Mapping betreiben, können Ihre Beziehungen von jetzt ab stärker aus der Quelle schöpfen, weil Ihr Bewusstsein sich ausdehnt und das Identitätssystem automatisch einschließt. Hier nun ein extremes Beispiel, das dieses Prinzip illustriert:

Einer meiner Kollegen von der Ostküste setzt regelmäßig Bridging bei seinen Patienten ein. Ein Ehepaar begab sich zu ihm in Behandlung, weil der Mann seine Frau und sich selbst bedroht hatte. Nachdem ihm seine Frau die Waffe entrissen hatte, nahm er ein Jagdmesser und wollte sich erstechen. Die Polizei wurde gerufen. Nachdem der Mann in einer psychiatrischen Notfallklinik untersucht worden war, kam er zu meinem Kollegen, der die Situation mit Bridging-Techniken rasch entschärfen konnte. Gemeinsam lösten sie die Krise, und es entstand eine effiziente Therapiebeziehung zwischen dem Paar und dem Psychiater.

Er bat die beiden, eine Beziehungs-Map zu erstellen. Damit sahen sie schwarz auf weiß, wie sie sich selbst als beschädigt erlebten, wenn der Partner nicht die Anforderungen ihres Identitätssystems erfüllte. Die Frau erkannte, dass sie von ihrem Mann Aufmerksamkeit, Unterstützung, Stärke und Stabilität forderte und dass er als Reparierer für Ihre unterschwelligen Gefühle der Hilflosigkeit und Schwäche dienen sollte. Der Mann begriff, wie er sie ebenfalls zu benutzen versuchte, um sein beschädigtes Ich zu reparieren. Sie konnten einige Maps zusammen erstellen, und beide arbeiteten aktiv daran, ihr jeweiliges Identitätssystem ruhigzustellen. Sie wurde Expertin darin, die Signale Ihres Identitätsystems zu erkennen – etwa den Knoten im Bauch –, und fand heraus, dass das Etikettieren der Gedanken über ihre Hilflosigkeit ihr die Kraft gab, darüber hinauszugehen. Er fing an, Bewusstseinsübungen – wie etwa das gezielte Hören auf Hintergrundgeräusche – zu einer der zentralen Säulen seines Lebens zu machen. Seine Selbstachtung stieg, als er erkannte, dass nur sein Identitätsystem – und nicht irgendjemand anders – ihn untergraben konnte. Die beiden unterstützten sich gegenseitig darin, ihren jeweiligen Identitätsystemen zu widerstehen.

Wenn Sie anfangen, die Aktivität Ihres eigenen Identitätsystems zu erkennen, merken Sie irgendwann auch, wann es bei anderen aktiv ist. Das Mitgefühl wächst. Dann wird Ihnen auch bewusst, dass jemand, der Ihnen nicht zuhört, Sie nicht bewusst ausschließt. Sein selbstbezogenes Denken führt jedoch automatisch dazu, dass sich sein Bewusstsein verengt. Seine Welt wird in «innen» und «außen» polarisiert, und er wird in eine innere, selbstbezogene Existenz gesogen. In diesem Stadium des verengten Bewusstseins sind Weisheit, Mitgefühl und Mitleid stark eingeschränkt. Sie haben weder die Aufgabe, das Identitätsystem eines anderen Menschen zu verstehen, noch es ruhigzustellen. Ihr eigenes ruhendes Identitätsystem sorgt dafür, dass Ihre Achtung und Zuneigung für den Partner wachsen, und indem Sie Ihr Bewusstsein erweitern, heilt Ihre Beziehung. Ihr natürliches Funktionieren sorgt dafür, dass Sie die richtigen Entscheidungen treffen.

Denken Sie immer daran, das einzige Ziel Ihres Identitätsystems ist es, sich selbst am Laufen zu halten. Dem Identitätsystem ist es egal, ob Ihr Partner in einer Beziehung «treu» oder «ehrlich» ist. Das Identitätsystem will lediglich, dass Sie beschäftigt sind, dass Sie beschädigt bleiben, denn es will Sie daran hindern, Ihr wahres Ich zu erleben. Solange das Identitätsystem die treibende Kraft einer Beziehung ist, werden Sie immer den Drang verspüren, alles in den Kategorien Ihrer Depressor- und Reparierer-Anforderungen zu interpretieren. Das belastet Ihre Beziehung und sorgt dafür, dass sie von Ängsten, Spannungen und Unruhe geprägt ist – in Bezug auf Sie selbst ebenso wie auf Ihren Partner. Wenn Sie sich dagegen mit Ihrem Identitätssystem anfreunden und seine Aktivitäten akzeptieren, können diese Anforderungen – wie «Ich muss ehrlich sein» oder «Er muss treu sein» – zu freien Gedanken werden, ganz ohne Angst, körperliche Spannung oder eingeschränktes Bewusstsein. Damit steht Ihnen eine ganze Reihe neuer Beziehungsoptionen zur Verfügung.

Wenn Sie sich Ihrer Anforderungen bewusst sind, wird auch in einer Beziehungskrise (etwa wenn Ihr Partner untreu ist) Ihr freier Gedanke «Er muss treu sein» nicht Ihr Identitätssystem aktivieren und Ihr beschädigtes Ich erwecken. Zwar kann es sein, dass Sie enttäuscht sind, traurig und wütend, doch Ihr wahres Ich ist viel größer als diese Emotionen. Seine Weite erlaubt es ihm, viel schneller zu heilen, als es der Fall wäre, wenn Sie von Ihrem beschädigten Ich gefangen wären. Ihr beschädigtes Ich verlangt, dass Ihr Partner treu ist, um zu beweisen, dass Sie liebenswert sind. Ihr wahres Ich dagegen braucht keinen Beweis, weil es sich darauf verlassen kann, dass Ihr natürliches Funktionieren genug Zeit, Energie und Ressourcen hat, um bei Freunden Rat zu suchen, die Situation zu überdenken und entschlossen zu handeln. Ihr erweitertes Bewusstsein schafft ein Wissen, das zum aktiven Handeln wird. Sie werden jeder schwierigen Situation angemessen und ohne Ambivalenz begegnen, so wie Rachelle im folgenden Beispiel:

Rachelle hatte sich gerade aus einer von verbaler Gewalt geprägten Ehe befreit. Im Alter von 56 Jahren hatte sie sich von ihrem Mann scheiden lassen, konnte sich jedoch nicht wirklich von ihm lösen. Wenn er anrief, um ihr Vorhaltungen zu machen, erlaubte sie ihm, die verbalen Misshandlungen fortzusetzen, und dachte: «Es ist mein Fehler, ich bin nicht gut genug.» Vier Jahre Psychotherapie hatten sie nicht in die Lage versetzt, sich gegen ihn zur Wehr zu setzen. Dann zeigte der Therapeut Rachelle, wie man Bridging-Techniken einsetzt. Als sie eine Map über die Beziehung zu ihrem Exmann erstellte, sah sie, wie ihr Depressor daran arbeitete, ihr die Schuld zuzuweisen und ihr einzureden, dass sie nicht gut genug sei. Sie erkannte, dass das eigentliche Problem gar nicht der Mann war, sondern ihr geringes Selbstwertgefühl. Daran begann sie nun zu arbeiten, indem sie lernte, ihr Identitätssystem ruhigzustellen. Plötzlich fiel es ihr leicht, wenn das Telefon klingelte, ihrem Exmann zu sagen, dass sie nicht mit ihm reden wolle. Wenn er sich nicht abwimmeln ließ, konnte sie einfach auflegen und das Telefon ignorieren, sofern er es erneut versuchte. Indem Rachel ihr Identitätssystem ruhigstellte, dehnte sie ihr freies Funktionieren aus und schenkte sich so einen großen Raum, in dem sie ihr Leben führen und feststellen konnte, dass sie «über ihn hinwegkommen» würde.

Ihre freien Gedanken lassen Sie offener und aufnahmefähiger werden für die sich ständig verändernde und entwickelnde Realität Ihrer Beziehung, für sich selbst und für Ihren Partner. Sie werden in der Lage sein, natürliche und frei funktionierende Entscheidungen zu treffen – im Einklang und im Gleichgewicht mit Ihrem wahren Ich und fest verankert in der Realität –, ob es sich nun um eine Realität wie aus dem Bilderbuch handelt oder ob sie von Konflikten belastet ist. Statt durch begrenzte und starre Bedürfnisse und Konzepte eingeengt zu werden, kann sich die Beziehung realistisch aus Ihrem aufnahmefähigen Bewusstsein heraus und im Gleichklang mit den alltäglichen Realitäten Ihres Lebens entwickeln. Sie werden den Unterschied zwischen einem aus der Quelle gespeisten und einem vom Identitätssystem getriebenen Leben deutlich spüren.

8 Innere Ruhe durch Bridging

In diesem Kapitel werden Sie eine wirkungsvolle Methode erlernen, die Ihnen ein neues Bewusstsein für die Weite und die Möglichkeiten Ihres Lebens aufzeigt und die Tür zur natürlichen Erfüllung öffnet. Wer kann den Weg zu dieser Tür weisen? Niemand anders als das Ding, das Sie wahrscheinlich inzwischen als die Wurzel all Ihrer Probleme ausgemacht haben: Ihr Identitätssystem. Auf den folgenden Seiten werden Sie sehen, dass die Signale für ein aktives Identitätssystem ein Leuchtturm sein können, der Ihnen den Weg zum wahren Ich weist.

Wie Sie inzwischen wissen, besteht die erste Stufe auf dem Weg zum Ruhigstellen des Identitätssystems darin, die Sinne zu aktivieren (Anblicke, Geräusche, Empfindungen). Tun Sie das immer dann, wenn Sie wegen irgendetwas besorgt sind oder Ihre Gedanken sich unnötig im Kreis drehen. Die Ruhe und Stille, die Sie spüren werden, zeigen Ihnen, dass Ihr Bridging erfolgreich eine Brücke zu einem gesünderen Daseinszustand geschlagen hat. Die zweite Stufe besteht darin, dass Sie die Anforderung erkennen, die Sie in der Schleife des Identitätssystems eingefangen hat.

Kein Mensch und kein Ereignis kann bewirken, dass Sie sich als beschädigtes Ich erfahren. Am Anfang steht *immer* ein natürlicher Gedanke, der das Identitätssystem aktiviert, das dann aus diesem Gedanken eine unnatürliche Anforderung macht. Anforderungen sind wie schlechte Gewohnheiten – sie verhindern, dass Sie Ihr volles Potenzial ausschöpfen. Solange Sie Ihre Anforderungen im Verborgenen belassen, kann Ihr wahres Ich nicht gedeihen.

Damit Ihre Gedanken nicht dem Identitätssystem zum Opfer fallen, brauchen Sie letztlich nur das Wissen, wann Ihr Identitätssystem aktiv ist, und ein Bewusstsein für seine Anforderungen. Nehmen wir einmal an, Sie sind gerade dabei, ein neues Hobby zu erlernen, bei dem es eine steile Lernkurve gibt, wie beispielsweise Snowboarden oder Stühle neu polstern. Wenn Sie zum 29. Mal vom Brett fallen oder einen falschen Schnitt in den Stoff machen, wird Ihnen wahrscheinlich ein freier Gedanke kommen wie: «Ich mache das nicht richtig.» Bevor Sie wussten, wie Bridging funktioniert, hätte sich Ihr Kopf daraufhin vermutlich mit Gedanken gefüllt wie: «Ich hätte das nie anfangen sollen», «Ich bin zu alt, um das zu erlernen» oder «Ich bin so ein Trottel.» Ihre Schultern hätten sich verspannt, der Atem hätte sich verflacht, in der Brust oder im Kopf wäre Druck entstanden. Ihr Identitätssystem hätte Sie nur zu gerne in einem tiefen Loch vergraben. Doch jetzt können Sie dank des Bewusstseins Ihrer eigenen Anforderungen («Ich sollte keine Schwierigkeiten haben, neue Dinge zu lernen») Ihr Identitätssystem ruhigstellen und aus der Sackgasse herauskommen. Bald rauschen Sie die Pisten hinunter, ohne dass die Bergwacht Sie retten muss, oder Sie vernehmen das Lob Ihrer Freunde für Ihre handwerkliche Begabung. Sie haben Erfolg!

Niemals wieder werden Sie Ihr beschädigtes Ich füttern! Jetzt, da Sie das Bridging beherrschen, können Sie in stress-geladenen Situationen, in denen Ihr Identitätssystem sich regt, seine Aktivitäten erkennen und ihm höflich mitteilen, dass es sich verziehen soll. Dazu müssen Sie nur Ihre negativen Gedanken sofort etikettieren: «Ich habe den Gedanken, dass ich hier draußen im Schnee wie ein Idiot aussehe.» Indem Sie diesen Gedanken bewusst als solchen wahrnehmen, stellen Sie das

Identitätssystem ruhig und können mit offenem und entspanntem Körper und Geist die Lösung des Problems angehen.

Vergessen Sie eines nicht: Sie haben die Kontrolle. Gedanken sind nur Gedanken. Sie sind nicht länger darauf festgelegt, immer nur so gut zu sein wie Ihr letzter Gedanke. Ihr Selbstbewusstsein nimmt zu, und Ihre selbstgesetzten Grenzen verschwinden. Bridging – die Fähigkeit, die Sinne zu aktivieren und völlig Mensch, völlig am Leben zu sein – ist angeboren, und mit etwas Übung werden Sie sich seiner bald so automatisch bedienen, wie Sie «Gesundheit!» oder «Vielen Dank» sagen.

Bridging für den Familienfrieden

Die dritte Stufe des Bridging ist erreicht, wenn die Bridging-Übungen zu einer ganz normalen Alltagsbeschäftigung geworden sind. Ebenso wie ein Sportler jeden Tag für das nächste Spiel oder den nächsten Wettkampf trainiert, bereitet die Bridging-Übung Sie auf die großen und kleinen Krisenfälle vor, die in jedem Menschenleben vorkommen. Sobald Stress auftritt, wird Ihnen Bridging einfallen – so unvermittelt wie der sprichwörtliche Blitz aus heiterem Himmel. Davids Geschichte über die Beziehung zu seinem Sohn ist dafür ein gutes Beispiel. Hier ist sie in seinen eigenen Worten:

Immer wenn ich die Chance dazu habe, versuche ich zu erkennen, wie mein Identitätssystem mich kontrolliert. Ich suche nach seinen Anforderungen. Gestern Abend geschah etwas Seltsames. Mein zwölfjähriger Sohn Jimmy geht mir ständig auf die Nerven. Er hört nicht zu, räumt nie seine Sachen auf und denkt immer nur an sich und seine eigenen Bedürfnisse. Außerdem will er keine Verantwortung übernehmen. Wir stehen uns nicht besonders nahe, ehrlich gesagt, es ist wie eine Wand zwischen uns. Die ganze Familie hat letztes Jahr eine Familientherapie gemacht, dort lernten wir Techniken, um mit unserer Familiensituation umzugehen. Meine Frau und ich haben immer wieder versucht, diese Techniken anzuwenden – Sie wissen schon, zuhören, Interesse zeigen, mitfühlen –, aber es half nichts. Ich will Ihnen erzählen, was gestern Abend passierte. Es war, als hätte ein Blitz eingeschlagen.

Ich kam von der Arbeit nach Hause, und meine Frau Anita war noch im Büro. Ich fürchtete, mit dem schlampigen Jimmy allein zu sein. Ich machte die Haustür auf, und wie nicht anders zu erwarten, lagen Turnschuhe, Socken und Pullover im Wohnzimmer auf dem Boden. Er war in ein Videospiel vertieft und sagte nicht einmal Hallo. Ich wurde wütend und holte schon Luft, um ihm eine Standpauke zu halten und ihm zu sagen, er solle seine Sachen aufheben und in sein Zimmer bringen.

Plötzlich ging in meinem Kopf ein Licht an: Ich brauchte Jimmy ordentlich, sauber, respektvoll und wohlerzogen, denn das waren die Anforderungen meines Identitätssystems, und die Anspannung und Abneigung, die ich empfand, kamen direkt aus meinem eigenen Identitätssystem – nicht von irgendetwas, das Jimmy tat oder nicht tat. Ich spürte meine Kiefermuskeln, die verspannten Schultern und all die weinerlichen Gedanken über meinen Sohn. Sobald mir bewusstwurde, dass mein Identitätssystem aktiv war, fing ich an, mich zu entspannen. Ich öffnete mich für meine Gedanken, für meine körperlichen Empfindungen und für Jimmy. Ich war kurz davor gewesen, auf die übliche Art und Weise loszupoltern, jetzt dagegen setzte ich mich einfach still hin und beobachtete mich selbst. Ich las die Zeitung, dann machte ich mir einen Kaffee. Später, ohne dass ich irgendetwas Besonderes gemacht hätte, fragte mich Jimmy, ob ich eine seiner Sendungen mit ihm ansehen wolle. Ich spürte eine Nähe zu ihm, die ich seit Jahren nicht mehr empfunden hatte. Wir redeten über die Sendung, die ich gar nicht schlecht fand. Ich begriff, dass Jimmy ein Problem mit dem Erwachsenwerden hat. Ich kann ihm am besten dadurch helfen, dass ich keine Anforderungen auf ihn projiziere.

Indem er eine Problem-Map schrieb, lernte David, seine Anforderungen zu erkennen. Mit Bridging konnte er sich seiner Anforderungen bewusstwerden, und von diesem Moment an kam sein natürliches Funktionieren in Gang. Unsere Vorfahren wussten etwas über das Identitätssystem, als sie einander den Rat gaben, bis zehn zu zählen, wenn jemand wütend oder aufgeregt war. In diesen entscheidenden zehn Sekunden kann man den momentanen Ärger ablegen und sich das Gesamtbild der Situation vor Augen führen. Mit fortgeschrittener Bridging-Erfahrung geht es sogar noch schneller.

Wie David können auch Sie Ihre Entscheidungen und Handlungen natürlich fließen lassen, sobald Sie Ihre Gedanken etikettiert und sich mit Ihrem Identitätssystem angefreundet haben. Natürlich bedeuten freies Funktionieren und freie Entscheidungsfindung nicht, dass alles in Ihrem Leben sich so entwickeln wird, wie Sie es sich wünschen. Jimmy wurde nicht wie von Zauberhand zu einem ordnungsliebenden, umgänglichen und rücksichtsvollen Zwölfjährigen. Doch seit David sich mit seinem Identitätssystem angefreundet hat, stehen ihm mehr Optionen offen, auf angemessene Weise Hausregeln für Jimmys Verhalten festzulegen. Er wird seinem Sohn gegenüber offener und besser in der Lage sein zu erkennen, wie sein (und Jimmys) Identitätssystem in dieser Frage aktiv sind.

Anders als Ihr Identitätssystem, das ein spezifisches Ergebnis verlangt, klammert sich natürliches Funktionieren nicht starr an ein vorher festgelegtes Ergebnis, sondern kann frei reagieren und verschiedene Möglichkeiten in Betracht ziehen. Davids Wut auf Jimmy entsteht immer dann, wenn sein Depressor ihn fälschlicherweise glauben lässt, er sei irgendwie beschädigt, wenn Jimmys Kleidung im Haus verstreut ist. Dann versucht Davids Reparierer, Jimmy mit verschiedenen Methoden zu «reparieren»: anschreien, Hausarrest, reden, bitten und so weiter. Davids Identitätssystem hat nur ein Ziel: sein beschädigtes

Ich zu stärken. David hat inzwischen gelernt, dass er nicht alle Ergebnisse bestimmen, wohl aber das natürliche Funktionieren verstärken kann. Ihr Ziel (und Ihre Pflicht als Mensch) ist ganz einfach, jederzeit frei zu funktionieren, was es Ihnen erlaubt, auf alle Lebenssituationen spontan, mitfühlend und klug zu reagieren.

Was Jimmys Verhalten angeht, lernte David, dass Schlampigkeit seines Sohnes keine Auswirkungen auf sein eigenes Wohlbefinden haben muss. Jimmy hat David und Anita einfach Aufgaben gestellt, die gelöst werden müssen. Diese Probleme, Davids und Anitas Reaktion darauf – zum Beispiel das Aufstellen neuer Hausregeln – und Jimmys Reaktion auf die Reaktion seiner Eltern geben allen dreien neue Chancen, zu erkennen, wie ihre Identitätssysteme reagieren. Da David weiterhin daran arbeitet, sich mit seinem Identitätssystem anzufreunden, erhält Jimmy mehr Anleitung und mehr Raum, um gut durch die Pubertät zu kommen.

Manchmal muss man nicht einmal handeln. Manchmal reicht schon das Bewusstsein aus, um die Wahrnehmung eines Problems zu verändern, wie Toms Geschichte zeigt:

Tom und Mike leiten ein großes, international tätiges Familienunternehmen. Tom ist leitender Geschäftsführer, Mike Finanzchef des Unternehmens. Die beiden sind schon oft aneinandergeraten. Obwohl Mike Toms Untergebener ist, verhielt er sich in der Vergangenheit gegenüber anderen Angestellten so, als wäre er der Chef.

In einem Bridging-Seminar schrieb Tom eine Problem-Map, die seine Beziehung zu Mike zum Thema hatte. Als Tom über seine Map sprach, beschrieb er viele psychosomatische Symptome, darunter Kopfschmerzen, Magengeschwüre und körperliche Anspannung. Er berichtete, dass sich seine Gedanken den ganzen Tag um Mike drehten und um die negativen Auswirkungen, die er für das Unternehmen hatte – sogar schon bevor er morgens zur Arbeit fuhr. Manchmal dachte er mehr über die Beziehung zu Mike nach als über das Unternehmen. Nachdem er seine Map geschrieben hatte, erkannte er seine Anforderungen, wie Mike sein sollte: ein guter Angestellter, der um die Grenzen seiner Position weiß und der Toms Position respektiert.

Toms Miene begann sich zu entspannen, als er weiter berichtete, was die Anforderungen seines Identitätssystems mit ihm machten. Er erkannte, dass nicht Mikes Verhalten ihn bedrückte, sondern sein eigenes Identitätssystem. Er formulierte es so: «Mike hat nur gegen meine Reifen getreten, die Luft herauslassen konnte er nicht. Dazu war nur ein Mensch in der Lage, nämlich ich selbst mit meinem eigenen Identitätssystem.»

Tom arbeitete regelmäßig mit Bridging, und innerhalb von ein paar Tagen berichtete er, dass sein Problem gelöst sei. Er sagte, es sei im Grunde so einfach. Vor dem Bridging hatte er das Gefühl gehabt, er müsse Familientreffen einberufen, Firmenrichtlinien überarbeiten und mit Mike zusammen Therapiesitzungen besuchen. «Das kommt alles vom Reparierer», sagte er. «Eigentlich musste ich nichts weiter tun, als den negativen Einfluss meines Identitätssystems zu erkennen. Ab da konnte ich frei funktionieren und gut mit Mike und dem Unternehmen fertigwerden.»

Ich fragte ihn, was genau er getan hatte, um sein Problem zu lösen. Tom antwortete: «Es war weniger mein Tun, es war mein Sein. Ich war entspannt, offen, bestimmt und verschwendete keine Zeit mehr damit, um den heißen Brei herumzureden. Mein beschädigtes Ich war nicht am Ruder, und Mike wusste das.»

Als wir uns einen Monat später wiedersahen, berichtete Tom, dass seine Magengeschwüre komplett verschwunden seien, dass er keine Medikamente mehr dagegen nehme, dass er neuerdings mehr Freizeitaktivitäten in seinen Terminplan einbaue und inzwischen sogar die Fahrt zur Arbeit genieße, wenn er auf die Verkehrsgeräusche hörte und das Lenkrad in der Hand spürte. Dadurch, dass er körperlich und geistig entspannt war, wurde auch das Unternehmen erfolgreicher, und obendrein verbesserte sich seine Gesundheit erheblich. Mike verhielt sich widerwillig konstruktiver.

Innere Ruhe durch Bridging

Davids offensichtliches Problem bestand darin, dass er Jimmy ändern wollte. Auch Tom wollte Mike ändern. Wie bei David und Tom nimmt Ihr Identitätssystem Lebenssituationen und verwandelt sie in ein starres Konzept namens «Problem». Mapping wird Ihnen dabei helfen, ohne Einmischungen des Identitätssystems zu handeln, um Ihre Quelle in jedem Augenblick durch freies Funktionieren zu verwirklichen. Wenn Sie das tun, hören Ihre Probleme auf, «Probleme» zu sein. Natürlich wird es immer Dinge geben, die Sie klären müssen. Machen wir uns da nichts vor. Das Leben kann nicht ohne offene Fragen existieren. Krankheit, Beziehungsprobleme, Naturkatastrophen und extremes Unrecht wird es immer geben.

Doch auch Entbehrungen und Elend können Ihr wundervoll weites, ganzes wahres Ich nicht in die Knie zwingen, ob die Umstände nun rosig sind oder schwierig, wie Phillips Geschichte zeigt. Phillip war Philosophieprofessor an einer großen amerikanischen Universität und seit zehn Jahren bei Schmerzspezialisten in Behandlung, weil er an diversen Verletzungen, schwerem Tinnitus, Diabetes und akuter Schlafapnoe litt. Um die Sache abzurunden, war er übergewichtig und hatte zudem Bluthochdruck. Über die Jahre hatte er mehrere Psychologen und Psychotherapeuten konsultiert, um mit seinen existenziellen Zweifeln und Ängsten fertigzuwerden. Er drückte es so aus:

«Du bist ganz allein, du kannst Gott nicht erreichen, und Gott kann dich nicht erreichen. Wenn du tot bist, wirst du vergessen sein.»

Sein Identitätssystem war aktiv, sein Depressor piesackte ihn mit Gedanken wie «Was bringt das alles – vielleicht stirbst du heute Nacht sowieso», und sein Reparierer bedrängte ihn «Fang endlich an, dich sportlich zu betätigen und wieder in Form zu kommen!». Zusätzlich verstärkt waren seine Ängste vor der Hilflosigkeit durch das lange Siechtum und schließlich den Tod seiner Mutter, der noch nicht lange zurücklag. Er betete: «O Gott, ich kann mein Leben als kranker und verkrüppelter Mensch nicht ertragen. Bitte hilf mir!»

In einem Seminar machte Phillip Bridging mit Hintergrundgeräuschen. Während er lauschte, waren Tinnitus und Rückenschmerzen zwar noch präsent, doch er drückte es so aus: «Andere Dinge forderten meine Aufmerksamkeit – all die Geräusche, die auszublenden man sich als Erwachsener angewöhnt hat. Eine Frau, die nach ihrem Jungen rief, der sich unerlaubt entfernt hatte, das Rascheln von Herbstlaub an einem Baum. Diese Geräusche sind ebenso real wie meine Rückenschmerzen. Sie passieren anderen Leuten, etwa der Mutter dieses Jungen, die nicht weiß, dass ich ihr Dilemma mithöre. Mein Universum hat sich in unermesslichem Maße erweitert. Die Rückenschmerzen sind zwar noch da, aber sie nehmen nun einen viel kleineren Platz in meinem Universum ein.»

Das war jedoch noch nicht alles. Phillip wurde plötzlich klar, dass sein Unterricht für ihn gleichzeitig Bridging ist – wenn er lehrt, ist sein Identitätssystem ruhiggestellt. Das Unterrichten bringt sein gesamtes Leistungsvermögen zum Vorschein. Wenn er vor einer Gruppe Studenten steht, dann ist er, wie er uns erzählte, geradezu inspiriert. Er fühlt sich Gott am nächsten, wenn er einen Studenten als Mentor berät oder einen Artikel über Philosophie schreibt. Wenn er betet: «Vater, hilf mir, meinen Studenten heute etwas von Wert mitzugeben», fühlt er sich inspiriert, er verspürt einen Endorphinschub, und sein Schmerz geht zurück. Er betreibt Bridging im wahrsten Sinne des Wortes.

Mit Hilfe von Mapping konnte Phillip das durchbrechen, was er die «Magie des Einflusses» nennt, den das Identitätssystem auf ihn hat. Seit er durch sein Mapping verstanden hat, welche Mechanismen dabei ablaufen, kann er es schon beim ersten Auftreten erkennen, seine Gedanken zur Kenntnis nehmen und seinen normalen Tätigkeiten weiter nachgehen, ohne dass die Storylines des Identitätssystems eine Chance hätten, seine Gedanken mit zusätzlichem Gewicht zu belasten.

Die «Innere Ruhe»-Map

Die «Innere Ruhe»-Map ist die wirkungsvollste aller Maps, die Sie erstellen werden, und nach meiner Erfahrung hat sie mehr sofortige Veränderungen ausgelöst als jede andere Map. Der Zweck dieser Map besteht darin, zu demonstrieren, wie stark Sie sich dafür engagieren, Ihre Anforderungen zu erfüllen. Sie sollen konkret sehen, wie Ihr Identitätssystem funktioniert. Die starke Wirkung der «Innere Ruhe»-Map rührt daher, dass sie nicht nur Ihre individuellen Anforderungen festhält, sondern auch zeigt, wie Ihr Identitätssystem im gegenwärtigen Moment arbeitet.

Diese Map ist für viele Bereiche und Situationen in Ihrem Leben von Bedeutung. Wenn Sie sie auf die volle Breite Ihrer Lebenserfahrungen anwenden, wird sich der Klebstoff Ihres Identitätssystems nach und nach auflösen und die Gedanken, die unnötigerweise in Ihrem Kopf festgehalten wurden, werden davonschweben.

Ich möchte an dieser Stelle noch einmal betonen: Wenn Sie

die Anweisungen befolgen und diese Map überlegt und aufmerksam anfertigen, kann das Ihr Leben augenblicklich radikal verändern. Ihr Identitätssystem löst sich auf, sobald Sie das Licht des Bewusstseins darauf richten. Wie ich bereits sagte: Aus Bewusstsein wird Wissen, und aus Wissen wird Handeln. Sie haben gar keine Wahl: Ihr Leben *muss* sich ändern, denn wenn Sie durch Ihr Bewusstsein das Identitätssystem ruhigstellen, tritt Ihr wahres Ich an die Stelle des beschädigten Ichs.

Schreiben Sie «Innere Ruhe» in die Mitte eines leeren Blatts. Nehmen Sie sich ein paar Minuten Zeit, um darüber nachzudenken, was Ihnen innere Ruhe verleihen könnte. Notieren Sie wie immer Ihre Gedanken in zufälliger Anordnung irgendwo auf das Papier. Hier sind ein paar Beispiele möglicher Punkte: «Ich will Selbstkontrolle besitzen», «Ich will gesund sein», «Ich brauche finanzielle Sicherheit» und «Ich möchte einen spirituellen Partner». Lassen Sie sich Zeit. Seien Sie so präzise wie möglich. Erlauben Sie dem Gedanken «Was ich für meine innere Ruhe brauche», sich in Ihrem Kopf festzusetzen, dann werden die einzelnen Bedürfnisse Ihnen automatisch aus der Feder fließen. Versuchen Sie, in fünf Minuten so viele Gedanken festzuhalten, wie Sie nur können.

Wenn Sie zum Beispiel schreiben: «Ich muss die Kontrolle haben», fügen Sie mehr Details hinzu: «Die Kontrolle über meinen Körper, meinen Appetit, meinen Hund, mein Temperament, meine Finanzen, meine Kinder, meinen Zigarettenkonsum, mein Trinkverhalten» und so weiter. Je vollständiger Sie sich ausdrücken, desto aufschlussreicher wird das Ergebnis sein. Beziehen Sie die folgenden Bereiche in Ihre Überlegungen ein, aber haben Sie keine Hemmungen, alle Gedanken, die Ihnen in den Kopf kommen, spontan niederzuschreiben:

- Wie Sie sich Ihre Persönlichkeit wünschen: freundlich, abgeklärt, klug, freigebig usw.

- Wie Ihr Erscheinungsbild sein sollte: elegant, attraktiv, leger, angemessen usw.
- Wie Ihre Gesundheit sein muss.
- Wie Sie in Ihren jeweiligen Rollen sein wollen: als Ehefrau, Arbeitnehmer, Elternteil, Sohn, Freund, Hausfrau, Partner, gesellschaftlich aktiver Bürger, Teilnehmer am politischen Leben, Sexualpartner, Religionsangehöriger, Coach usw.
- Ergebnisse für Ihre verschiedenen Lebensprobleme: «Ich will, dass mein Chef … ist», «Ich will, dass meine Frau … ist» usw.
- Wo Sie heute in einem Jahr stehen wollen: «Ich will … sein, bekommen, haben, werden», «Ich will einen neuen Job, verheiratet sein, in ein anderes Haus umziehen» usw.
- Wo Sie heute in fünf Jahren stehen wollen: «meinen Uniabschluss haben» usw.
- Was Sie im Leben erreichen wollen: Ruhestand, Kinder haben, ein Buch schreiben, Gott nahe sein usw.
- Wie Sie wollen, dass andere reagieren: Freunde, Familie, Kollegen, Chef, Ärzte, Anwälte, Politiker, Priester usw.
- Was Sie von der Welt erwarten: Heim (Wert und Zustand), Auto, Baseballmannschaft, Wetter, Heimatland, andere Länder, Weltsituation usw.

Nachdem Sie Ihre Bedürfnisse, Wünsche und Sehnsüchte notiert haben, stellen Sie die Map fertig, indem Sie sich jeden Punkt darauf vornehmen und still überlegen, welche Gedanken, Empfindungen oder Stimmungen in Ihnen hochkommen, falls dieses Bedürfnis *nicht* erfüllt wird. Konzentrieren Sie sich auf Ihre Map und achten Sie darauf, wie Ihr Körper auf jede Anforderung reagiert. Lassen Sie sich Zeit, seien Sie möglichst genau und schreiben Sie Ihre emotionale Reaktion jeweils in die Nähe der unerfüllten Bedürfnisse. Dann ziehen Sie von jedem Bedürfnis einen Pfeil zur jeweiligen Reaktion auf seine Nichterfüllung.

Nehmen Sie neben Gedanken auch körperliche Empfindungen auf, wie John bei seiner Map, die auf S. 173 abgebildet ist. Je persönlicher und spontaner Ihre Reaktionen sind, desto eher wird das Mapping Ihnen helfen. Manche Punkte sind vielleicht schwierig; für diese notieren Sie einfach Ihre Emotionen und Gedanken. Diese Punkte beinhalten den Schlüssel. Eventuell sind einige Anforderungen so stark, dass Sie die emotionale Reaktion, mit der Sie ihrer Nichterfüllung begegnen, abstreiten, unterdrücken oder von sich wegprojizieren wollen. Machen Sie sich keine Sorgen, wenn Sie eine Anforderung übersehen oder übergehen. Sie können davon ausgehen, dass sie in naher Zukunft wiederkehren und sich auf einer Ihrer nächsten Maps wiederfinden wird, um Ihnen eine neue Gelegenheit zum Reagieren zu geben!

Hier ist ein Beispiel dafür, wie ich reagiere, wenn mein Bedürfnis «gut auf den Unterricht vorbereitet sein» nicht erfüllt wird: «angespannte Gesichtsmuskeln, ungute Vorahnungen, Gefühl einer Distanz zum Stoff, Gedanken, wie die Klasse reagieren wird». Wenn mein Bedürfnis «Ich will, dass Menschen ehrlich und geradeheraus sind» nicht erfüllt ist, erlebe ich «Irritation, Verspannungen im Schulterbereich, Gefühl der Empörung, flaues Gefühl im Magen».

Sehen Sie sich Johns «Innere Ruhe»-Map an. Wenn seine Anforderungen unerfüllt bleiben, wird sein Identitätssystem richtiggehend kreativ, um sein beschädigtes Ich zu bestätigen. Wenn John sich «traurig, mutlos» fühlt und eine «Leere im Magen» verspürt, dann weiß er, dass sein Identitätssystem auf Hochtouren läuft. Das Gleiche gilt für seine anderen Reaktionen wie «ängstlich, wütend, furchtsam, schwere Last auf den Schultern». Anstatt anzunehmen, es liege «nur an mir», weiß er inzwischen, dass es «nur an meinem Identitätssystem» liegt. Das eröffnet ihm eine Reihe neuer Optionen. Indem er einfach nur das Licht des Bewusstseins auf die Gedanken und körper-

Johns «Innere-Ruhe»-Map

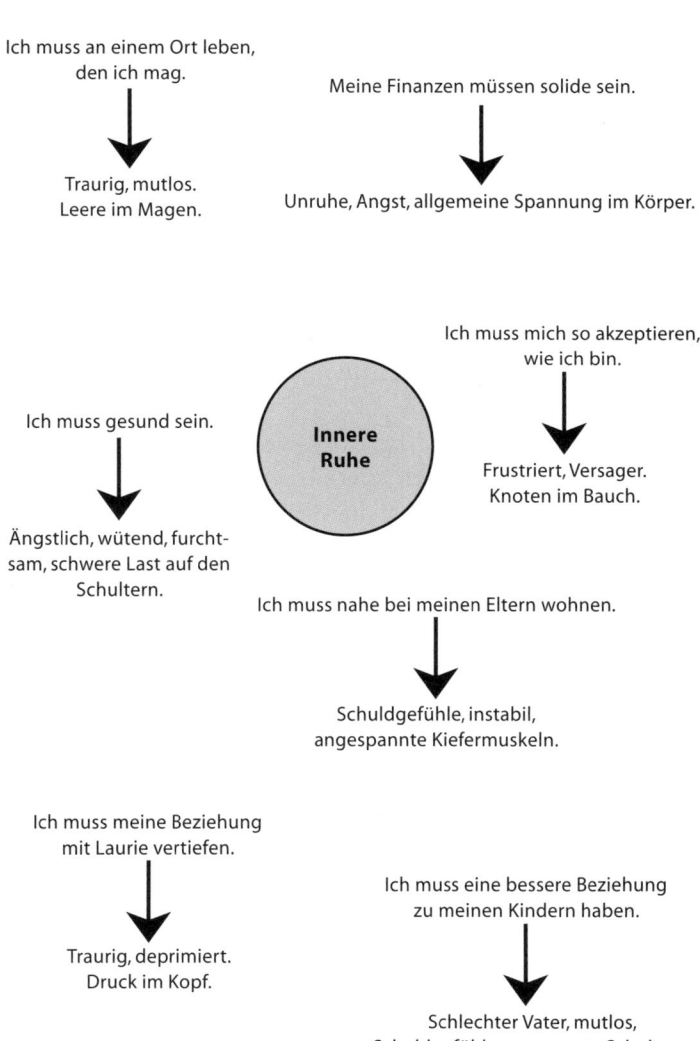

Ich muss an einem Ort leben, den ich mag.

Traurig, mutlos. Leere im Magen.

Meine Finanzen müssen solide sein.

Unruhe, Angst, allgemeine Spannung im Körper.

Innere Ruhe

Ich muss mich so akzeptieren, wie ich bin.

Frustriert, Versager. Knoten im Bauch.

Ich muss gesund sein.

Ängstlich, wütend, furchtsam, schwere Last auf den Schultern.

Ich muss nahe bei meinen Eltern wohnen.

Schuldgefühle, instabil, angespannte Kiefermuskeln.

Ich muss meine Beziehung mit Laurie vertiefen.

Traurig, deprimiert. Druck im Kopf.

Ich muss eine bessere Beziehung zu meinen Kindern haben.

Schlechter Vater, mutlos, Schuldgefühle, verspannte Schultern.

lichen Reaktionen scheinen lässt und sie akzeptiert, kann er in eine natürlich funktionierende Schleife zurückkehren.

Nachdem John seine Map fertiggestellt hatte, war er erstaunt über die globale Reichweite seines Identitätssystems. Er ergänzte Details über die kleinen Anforderungen, die er in der Beziehung mit seiner Frau Laurie hatte: «Sie muss mich küssen, bevor wir einschlafen», «Sie muss aufmerksam zuhören, wenn ich spreche», «Sie muss mir eine klare Antwort geben», «Sie muss optimistisch klingen am Telefon». Waren diese Anforderungen nicht erfüllt, war sofort sein Identitätssystem aktiv. John lächelte und sagte «Wow! Wie mich mein Identitätssystem einengt. Es ist unglaublich. Das zu erkennen gibt mir die Chance, eine wirkliche Beziehung zu führen.» Tatsächlich ist es bereits geschehen.

Ihre «Innere-Ruhe»-Map wird ein ähnliches Muster aufweisen. Da die meisten der Punkte auf Ihrer Map Ihr Identitätssystem aktivieren, sind sie Anforderungen. Je größer die emotionale Reaktion auf die Nichterfüllung ist, umso stärker ist die Bindung an das beschädigte Ich. Wenn Sie kaum oder gar keine Reaktion auf die Frustration eines Bedürfnisses verspüren, nehmen Sie sich ein paar Minuten Zeit, um eine Bridging-Übung zu machen, lauschen Sie auf Hintergrundgeräusche oder fühlen Sie, wie Ihre Fingerspitzen über den Stoff Ihrer Kleidung streichen. Wenn Sie nicht in der Lage sind, die Geräusche und Empfindungen eine Zeitlang festzuhalten, kann es sein, dass Ihr Identitätssystem sie entkörperlicht. Ihnen entgehen lebenswichtige Signale, die Sie durchs Leben führen können. Aktivieren Sie die Wahrnehmungsfähigkeit Ihres Körpers, indem Sie mehrere Bridging-Übungen fest in Ihren Alltag integrieren.

Emily konnte in einem meiner Seminare anhand ihrer «Innere Ruhe»-Map sofort erkennen, dass sie ganz spezifische Anforderungen hatte, wie die Beziehungen zu ihrem Chef, ihren Freunden und ihren Söhnen aussehen sollten.

«Mein Chef *musste* mich schätzen, damit ich mich wie eine gute Angestellte fühlen konnte», erklärte sie. «Meine Freunde *mussten* mir immer beistehen, damit ich das Gefühl hatte, ein guter Mensch zu sein. Meine beiden Söhne *mussten* immer fröhlich und gesund sein, damit ich mich als gute Mutter fühlen konnte. Diese Bedürfnisse wurden meine Anforderungen. Ich sperrte mein wahres Ich in eine Zelle. Es war, als hätte mein Identitätssystem mich durch einen Trick dazu gebracht, zu glauben, dass die Anerkennung meines Chefs wichtiger sei als meine natürliche Selbstachtung. Dass ich die Anerkennung meines Chefs brauchte, bedeutet letztlich, dass ich die Arbeit meines Depressors und Reparierers übernahm. Wenn er mich lobte, dachte ich ‹Ich bin wundervoll!› – aber seine Anerkennung war nie genug. Nach und nach erkannte ich, dass ich auch dann noch eine gute Mutter bin, wenn meine Jungs böse auf mich sind oder einer von ihnen wegen seiner Freunde deprimiert ist. Sie müssen nicht ununterbrochen fröhlich sein, damit ich das erkennen kann. Damit herrscht ein neuer Fluss in meinem Leben. Das Leben hat immer noch Höhen und Tiefen, aber wer ich bin, kann nicht durch meinen Chef, meine Söhne oder meine Freunde beschädigt werden. Inzwischen schätze ich mich selbst, meine Kinder und sogar meinen Chef.»

Wenn Sie Ihre Reaktionen auf die Nichterfüllung Ihrer Bedürfnisse aufgeschrieben haben, haben Sie sich selbst eine Menge wertvoller Informationen über die innere Funktionsweise Ihres Identitätssystems gegeben. Sie können nun nachvollziehen, welche Gedanken und Empfindungen Sie in der dunklen Höhle des Identitätssystems festhalten. Je genauer Sie wissen, wie Ihr Identitätssystem funktioniert, desto effektiver wird Ihre tägliche Bridging-Praxis sein.

Wie viele Aha-Erlebnisse hatten Sie, als Sie Ihre Map durchgingen? Wie bei David beginnt Ihre Erneuerung just in diesem Augenblick. Mapping ist, wie auch John erkannte, nicht nur eine Vorbereitung für das alltägliche Bridging. Es *ist* Bridging. Mapping verschiebt Ihr Bewusstsein hier und jetzt. Sie müssen sich nicht anstrengen, um es zu bekommen, Sie haben es bereits. Sie müssen dazu lediglich Ihr Identitätssystem ruhigstellen.

Die «Innere Ruhe»-Map für Beziehungen

Erstellen Sie wie John eine «Innere Ruhe»-Map darüber, was Sie von der wichtigsten Person in Ihrem Leben erwarten. Versuchen Sie dabei, so spezifisch und detailliert wie möglich zu sein. Hier sind einige Beispiele für die Art von Gedanken, die Sie niederschreiben könnten:

«Sie sollte mich mit einem langen Kuss und einer Umarmung begrüßen.»

«Er sollte geduldig sein, wenn ich ihm etwas erkläre.»

«Sie sollte nicht immer so müde sein, wenn ich nach Hause komme.»

«Sie sollte nicht so emotional sein.»

«Er sollte verstehen, wie schwer es ist, sich um die Kinder zu kümmern.»

«Sie sollte mich nicht kritisieren.»

«Mutter sollte mir mehr zuhören.»

«Er sollte seine schmutzige Wäsche in den Wäschekorb werfen.»

«Er sollte es nicht immer so eilig haben, wenn wir miteinander schlafen.»

«Sie hat für alles eine Ausrede. Warum schiebt sie immer alles auf mich?»

«Sie gibt zu viel Geld aus.»

«Er trinkt zu viel Bier.»

«Er sieht zu viel fern.»

«Er sollte nicht so oft mit seinen Freunden ausgehen.»

«Sie sollte nicht so lange brauchen, um sich fertig zu machen.»

«Er kommt immer zu spät.»

Indem Sie festhalten, wie Ihre emotionalen Reaktionen aussehen, wenn diese Erwartungen nicht erfüllt werden, können Sie Ihre Beziehung sofort erneuern. Ihr Identitätssystem hat ein genaues Bild davon, wie Ihr Partner sein sollte. Dieses Bild zielt vorgeblich nur darauf, das beschädigte Ich zu heilen, in Wirklichkeit aber tut es nichts anderes, als das beschädigte Ich zu bestätigen und zu stützen. Das Identitätssystem arbeitet ausschließlich im Dunkeln, und das Licht Ihres Bewusstseins lockert seinen Klammergriff. Ihre emotionalen Reaktionen werden nicht von Ihrem Partner ausgelöst, sondern ausschließlich von Ihrem eigenen Identitätssystem. Wenn Sie bewusst und offen Mapping betreiben und die physischen Empfindungen verspüren, die Ihr Identitätssystem verursacht, dann werden sich all Ihre Beziehungen ändern.

Der zweite Aspekt Ihrer Beziehung sind die Erwartungen, die Sie an sich selbst haben. Erinnern Sie sich, dass Ihr Identitätssystem auch ein genaues Bild davon hat, wie Sie sein sollten – und ebenso wie die Welt sein sollte? Nehmen Sie sich ein paar Minuten Zeit, um eine weitere Map zu erstellen, diesmal darüber, was Sie von sich selbst fordern. Hier sind ein paar Beispiele:

«Ich muss ein guter Versorger sein.»

«Ich muss ein guter Sexualpartner sein.»

«Ich darf keine Fehler machen.»

«Ich muss genügsam sein.»

«Ich darf nicht zu viel trinken.»

«Ich muss immer gut drauf sein.»

«Ich muss freundlich sein.»

«Ich muss glücklich sein.»

«Ich muss liebevoll sein.»

«Ich muss ein Leben führen, das einen Sinn hat.»

«Ich muss mitfühlend sein.»

Stellen Sie Ihre Map fertig, wie Sie es mit Ihrer «Innere Ruhe»-Map gemacht haben, indem Sie Ihre emotionalen Reaktionen niederschreiben, falls Ihre Anforderungen nicht erfüllt werden. Die Anforderungen und emotionalen Reaktionen dürfen hier gerne subtiler sein als auf der Map über Ihre Erwartungen an andere, weil diese Anforderungen den Kern Ihrer selbstbeschränkten Identität bilden. Es ist paradox, dass diese scheinbar gutartigen natürlichen Gedanken Ihnen endloses Elend, Leid und Unglück bescheren werden, sobald sie Ihrem Identitätssystem in die Finger fallen. Wie schnell das geht, zeigt das folgende Beispiel:

Ted ist Besitzer eines erfolgreichen kleinen Unternehmens und glücklich mit Megan verheiratet. Er kam eines Tages zu einem meiner Seminare zur Vorbeugung von Burnout. Jeder Bereich seines Lebens schien gut zu laufen. Sein Unternehmen wuchs und war profitabel, er und Megan liebten sich, und es gab keine großen Reibungspunkte. Trotzdem wurde Ted ständig von Sorgen umgetrieben, hatte zunehmend Untergewicht und konnte sich nicht entspannen. Er hatte das Gefühl, dass er seine Firma, seine Angestellten und seine Frau nicht enttäuschen durfte. Seine Reparierer-Map erzählte mir seine Geschichte. Er hatte einen Burnout.

Die Map seiner Beziehung zu Megan zeigte die hohen Erwartungen auf, die er an sich selbst stellte. Wenn er ein Projekt anging, war das Ergebnis nie gut genug: Das Gras war nicht gesund oder grün genug, die Autos hatten ein kleines Problem, der Service, den sein Unternehmen bot, war nicht so gut, wie er sein sollte, er war kein so guter Ehemann, wie er es hätte sein können. Er hatte sogar konkrete Vorstellungen von den spezifischen Dingen, die ein perfekter Ehemann tun sollte: seiner Frau jede Woche Blumen mitbringen, zum Essen ausgehen, selbst dann, wenn er müde war, zusammen ins Fitnessstudio gehen. Erfüllte er seine eigenen Erwartungen nicht, dann ließ sein Körper ihn das spüren, mit enger Brust, verspanntem Nacken und Rauschen in den Ohren.

Während er seine Map schrieb, kämpfte Ted mit jedem einzelnen Punkt und wurde immer niedergeschlagener. Doch kurz vor Schluss entspannte er sich plötzlich. Als wir über seine Map sprachen, sagte Ted, er habe immer geglaubt, seine ganzen körperlichen Symptome würden von einem großen körperlichen Problem verursacht, nämlich dass er sich nicht getraue, jemanden zu verraten. Als er merkte, dass all seine Symptome beim Mapping wiederkehrten, *wusste* er, dass alles von seinem Identitätssystem herrührte. Sobald er sich dessen bewusst war, ließen seine Symptome nach. Beim Nachbereitungstreffen eine Woche später kam Megan mit Ted und berichtete, dass sie ihren Mann «endlich zurückbekommen» habe. Sie erklärte, dass sie beim Zusammensein mit ihm nun eine Offenheit und Entspanntheit verspüre, wie sie sie nur aus den Anfangstagen ihrer Beziehung kannte. Damals, so Megan, sei er weniger von der Vorstellung getrieben gewesen, Dinge *für* sie zu tun, als vielmehr daran interessiert, Dinge *mit* ihr zu tun.

Wenn es ein spezielles Bedürfnis in Ihrem Leben gibt, das ein sich wiederholendes Muster von Enttäuschungen nach sich zieht, ist das ein eindeutiges Signal dafür, dass aus einer Erwartung eine Anforderung des Identitätssystems geworden ist. Wenn zum Beispiel Ihre Beziehungen in der Regel enttäuschend verlaufen, dann sehen Sie sich mal Ihre spezifischen Erwartungen an sich selbst und an den Partner an. Ihr Reparierer hält eine Enttäuschung für Sie bereit, weil er verlangt, dass Dinge auf eine bestimmte Weise geschehen. Der Depressor dagegen verdirbt Ihnen die Stimmung, weil er Ihnen einflüstert, dass es nicht von Dauer sein wird, selbst dann, wenn die Dinge einmal gut laufen. Wenn Sie die Möglichkeit in Betracht ziehen, dass es sich dabei um eine Anforderung des Identitätssystems handeln könnte, ist der erste Schritt zur Heilung Ihres beschädigten Ichs bereits getan, und Ihre Selbstachtung wird weniger anfällig für Enttäuschungen sein.

Allerdings liegt der Zweck der «Innere Ruhe»-Map nicht darin, zu entscheiden, bei welchen Punkten es sich um Anforderungen und bei welchen es sich um freie Gedanken handelt. Der Zweck ist vielmehr, freie Gedanken kennenzulernen – wie etwa «Ich will gute Arbeitsbeziehungen» –, deren sich das Identitätssystem wahrscheinlich bemächtigen wird. Ohne dass Sie sich dessen bewusst sind, können Reparierer und Depressor diesen Gedanken einfangen und Ihnen schaden. Sind Sie sich dessen jedoch gewahr, kann Ihr freies Funktionieren auf die Situation eingehen und daran arbeiten, Ihre Bedürfnisse auf realistische Weise zu erfüllen. Bei ruhendem Identitätssystem kommt Ihr wahres Ich auf natürliche Weise zum Vorschein, und wahre innere Ruhe, wahrer Seelenfrieden, ist erreichbar.

Innere Ruhe als Lebenseinstellung

Es wird Ihnen helfen, wenn Sie nach und nach noch andere «Innere Ruhe»-Maps anfertigen, je eine für die verschiedenen Bereiche, die wir weiter oben aufgelistet haben. Da sich Ihr Denken an jedem gegebenen Punkt auf jeweils andere Aspekte konzentriert, können Sie auf diese Weise weitere potenzielle Anforderungen entdecken und wertvolle Einblicke in die Arbeitsweise Ihres Identitätssystems erhalten. Immer wenn Sie Schmerz, Verzweiflung, Wut, unangemessenes Verhalten oder körperliche Anspannung erleben, sollten Sie darüber nachdenken, ob dabei eventuell Anforderungen des Identitätssystems eine Rolle spielen. Sie können das unmittelbar in der Hitze des Augenblicks tun, indem Sie auf Sinneseindrücke und Hintergrundgeräusche achten. Wenn Sie bewusst den Moment leben und sich so erden, erlauben Sie Ihrem Bewusstsein, sich auszudehnen und den vom Identitätssystem angerichteten Schaden zu begrenzen. Wenn Sie in Ihrem Körper und dessen Umgebung geerdet sind, erleben Sie ein erweitertes Ich, ein Ich, das sich weniger leicht stören lässt, weil es mehr Raum hat für Gefühle aller Art. Mit diesem Bewusstsein kann ein freier Gedanke nicht zu einer Anforderung werden.

Das Erden im gegenwärtigen Moment erlaubt Ihnen zu sehen, wie zum Beispiel der freie Gedanke «Mein Kind ist krank» zu einem neuen Gedanken «Ich will nicht, dass mein Kind krank ist» führen kann. Wenn dieser neue Gedanke unter den Einfluss des Identitätssystems gelangt, entsteht daraus der Depressor-Gedanke, dass Sie als Mutter oder Vater versagt haben. Ohne das Licht des Bewusstseins belegt das Identitätssystem den Gedanken mit Beschlag und erzeugt so Angst und körperliche Anspannung. Daraufhin lässt der Depressor noch mehr negative Gedanken über Ihre Unzulänglichkeit entstehen. Der Reparierer nutzt die Gelegenheit und besteht auf sofortigen

Ergebnissen, was automatisch ein Gefühl der Hilflosigkeit erzeugt. Im Nu ist so eine ganze Storyline entstanden. All das bestätigt letztlich das beschädigte Ich. Für sich allein produziert der freie Gedanke «Mein Kind ist krank» eine ganze Reihe von produktiven und frei funktionierenden Handlungen: Sie lesen dem Kind vor, kochen seine Lieblingssuppe, nehmen sich frei, um sich um seine Bedürfnisse zu kümmern. Sie sind eine gute Mutter/ein guter Vater, und Sie handeln auch so.

Denken Sie immer daran, dass innere Ruhe erstaunlich leicht zu erreichen ist. Ich habe mehrere Jahrzehnte damit zugebracht, das Gegenteil der inneren Ruhe zu analysieren: *Angst*. Angst entsteht, wenn Sie befürchten, dass niemand Sie liebt, dass Sie verlassen werden oder dass Ihre Welt zerbricht. Andere Gründe für Angst und Unruhe sind Befürchtungen, etwa dass Sie mit einer Situation nicht zurechtkommen, dass Sie sich verletzen oder hilflos werden. Als Analytiker habe ich die Erfahrung gemacht, dass Menschen mit ihren Ängsten umgehen können, wenn diese erst einmal offengelegt sind. Doch selbst dann bleiben die verräterischen Zeichen des Identitätssystems bestehen.

Seit der Entdeckung des Identitätssystems weiß ich, dass wir es besser machen können. Wir alle. Angst ist eine freie Funktion – wie Scham, Schuldgefühle oder Zweifel. Sie hat es der Menschheit ermöglicht, Gefahren zu erkennen und sich zu schützen. Problematisch wird die Angst immer dann, wenn das Identitätssystem sich in diese natürliche Funktion einmischt. Es kann Sie ablenken und dazu bringen, sich nicht mit einer Situation auseinanderzusetzen, es kann die Situation verstärken und Sie gelähmt und tatenlos zurücklassen, oder es kann Sie überreizen und eine Überreaktion auslösen.

Wenn Sie Ihrem Identitätssystem widerstehen, werden Angst und körperliche Spannung Sie nicht überrollen. Sie müssen nicht die Quelle Ihrer Angst analysieren oder versuchen, sie zu überwinden, um Ruhe zu finden. Das Bedürfnis, die Angst zu verstehen, kommt von keinem anderen als dem Identitätssystem. Bridging und Mapping verlangen nicht mehr, als dass Sie sich Ihres Identitätssystems bewusst sind und es dadurch ruhigstellen. Das ist der Ausgangspunkt für Ihren Frieden.

9 Schalten Sie den «Kanal Ich» ab, dann können Sie Ihr Leben voll ausschöpfen

Der «Kanal Ich» hat zwei Sendungen zu Ihrer Unterhaltung im Angebot. Bei der ersten zeichnet Ihr Depressor für Produktion und Regie verantwortlich. Er nimmt alltägliche Ereignisse und verarbeitet sie zu großen Dramen über Leid und Elend. Jetzt schalten Sie um zur Sendung des Reparierers. Hier fließen deutlich mehr Endorphine, und Sie können Ihrem langweiligen Alltag entfliehen. Auch der Reparierer ist auf großes Drama spezialisiert, denn er zeigt Ihre eigenen Träume, Hoffnungen und Ambitionen.

Hinter den Kulissen dieser konkurrierenden Sendekonzepte verstecken sich Ihre Storylines. Ihr Gehirn speichert und verarbeitet Informationen in Form von Gedanken. Aus denen werden dann Storylines, die diese Gedanken verarbeiten, bewerten und in Handeln umsetzen. Hier ist ein Beispiel: Ich erteile Ihnen den Befehl «Springen Sie», doch bevor Sie tatsächlich springen können, brauchen Sie eine Geschichte, die Ihnen ein Bild davon vermittelt, wie Springen aussieht. Bevor Menschen auf irgendeine Weise handeln können, brauchen sie eine Geschichte, ein mentales Bild dieser Handlung. Geschichten ermöglichen es Babys, zu sitzen, zu krabbeln, zu laufen und zu reden. Geschichten begleiten die meisten Ihrer täglichen Aktivitäten. Sportler nutzen Geschichten, wenn sie ihre Fahrt die Skipiste hinunter, ihr Gleiten durch das Schwimmbecken oder ihre Schritte über den Schwebebalken vor ihrem inneren Auge ablaufen lassen. Geschichten sind einfach natürliches Funktionieren – sie machen es möglich, dass Sie Ihr Leben voll ausschöpfen.

Doch wie alle natürlichen Gedanken können auch Geschichten vom Identitätssystem eingefangen werden. Wichtig ist, dass Sie erkennen, wann das geschieht. Dazu müssen Sie nichts weiter tun, als darauf zu achten, wann Ihre Storylines und Dramen Sie aus dem jeweiligen Augenblick entführen. Sobald das geschieht, sollten Sie Ihr Identitätssystem stoppen, bevor es Ihr Bewusstsein kollabieren lässt, Sie von Ihren Sinnen abkoppelt und Ihr natürliches Funktionieren einschränkt. Um in Ihr uneingeschränktes Leben zurückzukehren, reicht es vollkommen aus, dass Sie erkennen, wann der «Kanal Ich» eingeschaltet ist.

Die Grippe bekommen, eine Kreditkarte verlieren, ein Flugzeug verpassen, von einem Freund zurückgewiesen werden, eine Autopanne haben, Fehler machen, Geld am Aktienmarkt verlieren, zum Zahnarzt gehen, sich aus seiner Wohnung aussperren – alles keine große Sachen, stimmt's?

Stimmt – wenn es jemand anderem passiert. Doch wenn Sie eines dieser alltäglichen Ärgernisse am eigenen Leib erleben, kann es passieren, dass Ihr Identitätssystem zuschlägt und eine große Tragödie daraus macht: Der «Kanal Ich» ist auf Sendung. Wenn Ihr Identitätssystem ein Depressor-Thema in die Finger bekommt, wird es nicht lange dauern, bis Sie die Signale für ein aktives Identitätssystem erkennen können, einschließlich solch kontraproduktiver Gedanken wie «Warum habe ich das getan?», «Ich hätte es besser wissen müssen», «Warum immer ich?». Lassen Sie sich nicht von Ihrem Identitätssystem einreden, dass der «Kanal Ich» die einzige Option ist. Er zeigt kein wahrheitsgetreues Bild davon, wer Sie sind – egal wie gestochen scharf der Empfang ist. Je länger Sie den «Kanal Ich» schauen, desto mehr verstärken Sie das beschädigte Ich.

Das Reparierer-Programm ist kein Reality-TV

Die Sendungen des Reparierers auf dem «Kanal Ich» sind auf den ersten Blick optimistisch und angenehm, denn sie lassen Sie dem Leben entfliehen, während Sie für eine bessere Zukunft planen. Das macht es ein bisschen schwieriger, damit umzugehen. Wer würde nicht gerne ein Programm sehen, das Ihr Leben besser, Sie erfolgreich und Ihre Hoffnungen erfüllt zeigt? Die entscheidende Frage jedoch ist, ob der Reparierer Ihnen jemals innere Ruhe verschaffen kann.

Der Reparierer tritt oft maskiert auf, wenn Sie über eine ungelöste Frage nachdenken. Nehmen wir zum Beispiel an, dass ein Freund Sie wieder einmal im Stich gelassen hat. Statt in diesem Moment ehrlich Ihrer Enttäuschung und Wut Luft zu machen, haben Sie geschwiegen. Stunden später, während Sie versuchen einzuschlafen, wissen Sie genau, was Sie hätten tun und sagen sollen. Sie spielen die Szene in Gedanken immer wieder durch und wechseln dabei zwischen Wut und Selbstkritik. Sie sind zu angespannt, um gut zu schlafen, weil Ihr Identitätssystem in voller Fahrt und damit beschäftigt ist, Ihr Problem zu «reparieren». Die Reparatur ist allerdings illusorisch, denn in Wirklichkeit pumpt Ihr Identitätssystem lediglich Ihr beschädigtes Ich auf. Die einzige Lösung (die überdies ganz simpel ist) besteht darin, das Licht Ihres Bewusstseins einzuschalten, es auf das Identitätssystem zu richten und eine Bewusstseinsübung zu machen, um einzuschlafen.

Sicher, der Reparierer kann wunderschöne Geschichten weben, um Ihnen die Flucht aus den Unannehmlichkeiten des Lebens schmackhaft zu machen. Seine Sendungen auf dem «Kanal Ich» einzuschalten erlaubt Ihnen, die schmerzlichen Gedanken des Depressors teilweise auszublenden, doch gleichzeitig blendet es Sie aus Ihrem Leben aus, wie das folgende Beispiel zeigt:

Sie sind allein zu Hause und hängen im Depressor-Programm fest. Das ist unangenehm, also schalten Sie um auf den Reparierer-Kanal. Der hält wie immer Geschichten von einem besseren Leben für Sie bereit: «Würde ich nur dies und jenes tun, dann wäre mein Leben viel leichter, glücklicher und weniger stressig.» Sie benennen das Problem, und schon schüttelt der Reparierer ein Patentrezept aus dem Ärmel. Ihre Endorphine fließen, während vor Ihrem inneren Auge das perfekte Leben abläuft. Doch jede Sekunde, die Sie sich den «Kanal Ich» anschauen, ist eine Sekunde, die von Ihrem Leben verloren geht, weil er Sie von dem einzigen Ort fernhält, an dem Sie wirklich leben können, dem Hier und Jetzt. Sie beten das Identitätssystem an, während es Ihnen wertvolle Lebenszeit stiehlt.

Ihre Träume, Hoffnungen und Ambitionen ergeben ein gutes Drama für den «Kanal Ich». Die folgende Seminardiskussion zeigt, wie die Teilnehmer gelernt haben, ihre Storylines zu entschärfen:

MONIQUE: «Das war wirklich ein Hammer, als Sie uns gesagt haben, dass wir unsere Träume, Hoffnungen und Ambitionen in der ‹Innere Ruhe›-Map verwenden sollen. Bei mir ist es zwar ganz gut gelaufen, aber jetzt habe ich eine Menge Angst davor, meine Träume zu verlieren.»

STAN: «Mapping erlaubt Ihnen einfach nur, zu erkennen, wie Ihr Identitätssystem Ihre natürlichen, frei funktionierenden Träume daran hindert, Früchte zu tragen.»

MONIQUE: «Ich nehme an, meine Angst ist mein beschädigtes Ich, oder?»

DAVID: «Ich hatte genauso viel Angst wie Monique, meine Träume zu verlieren, doch wenn ich meine Ambitionen betrachte, muss ich sagen: Es stimmt, ich habe nie den Topf voller Gold am Ende des Regenbogens gefunden. Als Kind habe ich davon geträumt, Baseballprofi zu werden, und zwar ein Werfer. Ich arbeitete hart und schaffte es ins Baseballteam meiner High School. Ich war Werfer und gewann eine Menge Spiele, aber ich war nie zufrieden. Es gab immer noch etwas Besseres. Nachdem mir klargeworden war, dass ich es nicht bis in die Profiliga schaffen würde, träumte ich von einem Studienplatz auf einem guten College und wurde eines Tages tatsächlich an einer Elite-Uni aufgenommen. Nach dem Examen träumte ich dann von einem guten Job. Ich verdiente schließlich ein höheres Gehalt, als ich mir je erträumt hatte. Keines dieser Dinge schenkte mir jedoch innere Ruhe. Jetzt habe ich Angst, meinen Job zu verlieren. Gute Rezensionen sorgten nicht für Wohlbefinden. Die Katastrophe wartete immer schon hinter der nächsten Ecke.»

MONIQUE: «Ja, mir ergeht es genauso. Als ich den Mann meiner Träume heiratete, gab mir das keine innere Ruhe. Ein wundervolles, gesundes und bildhübsches Baby zu bekommen auch nicht. Ehrlich gesagt, immer wenn meine Träume in Erfüllung gegangen waren, wurde ich traurig und fühlte mich leer.»

STAN: «Das sind Beispiele dafür, wie das Identitätssystem freie Gedanken nimmt – in der High School ein Baseballstar sein, zu den besten Absolventen des Jahrgangs gehören, einen guten Job ergattern, einen tollen Mann heiraten, ein perfektes Baby bekommen – und sie an das beschädigte Ich koppelt. Wenn Ihre Ambitionen scheinbar erfüllt sind, ist Ihr rastloses beschädigtes Ich immer noch nicht geheilt. Ihr Reparierer gibt einfach ein neues Ziel vor und behauptet, dass Sie sich erst dann vollständig und vollkommen fühlen werden, wenn dieses erreicht ist. Ihr Depressor steuert Frustration und Depression bei, was den Schaden real werden lässt. Schließlich sorgt entweder Ihr Depressor dafür, dass Sie sich als Versager fühlen, oder der Reparierer schiebt die Schuld auf andere oder die Welt. Egal wie, der Schaden wird endlos fortgesetzt. Und all das liefert Storylines für Ihren ‹Kanal Ich›.»

DAVID: «Es ist schmerzhaft, mir bewusstzumachen, wie sehr meine Hoffnungen und Ambitionen mit dem Identitätssystem verknüpft sind, doch gleichzeitig gibt es mir eine Freiheit, wie ich sie bisher nicht gekannt habe.»

MONIQUE: «Ich fange an zu verstehen, wie ein Traum, eine Hoffnung oder eine Ambition als freies Funktionieren anfangen kann. Zum Beispiel denke ich: ‹Bekomme ein Kind.› Wenn das Identitätssystem diesen Gedanken in die Finger kriegt, wird er zum Spielball. Damit ist er kein freier Gedanke mehr. Es entsteht ein unmögliches Regelwerk von Anforderungen, und ich komme nicht mehr dazu, meine kleine Tochter zu genießen, einfach so, wie sie ist. Verstehen Sie mich bitte nicht falsch – ein Baby zu haben und zu umsorgen ist eine wundervolle Erfahrung, die ich um nichts in der Welt missen möchte, trotzdem hatte ich oft Schuldgefühle und Sorgen, weil ich überzeugt war, keine gute Mutter zu sein. Jetzt verstehe ich, dass diese Gedanken nur von meinem Reparierer und Depressor kommen.»

STAN: «Sie entdecken gerade, dass einzig und allein das Identitätssystem Ihr natürliches und freies Funktionieren stört. Sich ein Baby zu wünschen, für es

189

zu sorgen und sich an ihm zu freuen sind natürliche freie Funktionen, solange Sie auf Dinge reagieren, so wie sie wirklich sind – und nicht auf die Anforderungen Ihres Identitätssystems. Diese natürlichen freien Funktionen sind Ausdruck Ihres wahren Ichs und damit eine Verwirklichung Ihrer Quelle. Es ist eine heilige und ruhmvolle Aufgabe.»

Lassen Sie sich von Ihrem Identitätssystem leiten

Ihr Identitätssystem ist ein Segen. Das ist es allen Ernstes. Jedes Mal, wenn Sie es bemerken, weist es Ihnen den Weg zu Ihrem wahren Ich und Ihrem natürlichen Funktionieren. Nehmen wir beispielsweise an, dass Ihr Haus geputzt werden muss. Sie blicken sich um, sehen Staub und Schmutz und haben einen freien Gedanken: «Ich habe Zeit, ich werde ein wenig Hausarbeit machen.» Bald schaltet sich das Identitätssystem ein: «Der Tag ist viel zu schön für Hausarbeit. Warum habe ich keine Putzfrau? Wen kümmert es, ob das Haus unordentlich und dreckig ist? Das geht sowieso niemanden etwas an! Dafür bin ich schließlich nicht aufs College gegangen!»

Wenn Sie an diesem Punkt die Aktivität Ihres Identitätssystems nicht erkennen, sind Sie bald erfüllt von Spannungen, Gereiztheit und Verbitterung – oder Sie versuchen, durch angenehme Tagträume dem Augenblick zu entfliehen. Indem Sie sich bewusstmachen, dass es sich um Ihr aktives Identitätssystem handelt, geben Sie sich selbst die Möglichkeit, in den Augenblick zurückzukehren (sehen, hören, spüren und etikettieren) und Ihr freies Funktionieren wieder aufzunehmen.

Mit einem bereitwilligen und entspannten Geist einfach putzen, Staub wischen, staubsaugen und schrubben – das ist freies Funktionieren. Wenn Ihnen dabei gereizte oder verbitterte Gedanken in den Kopf kommen, dann geben Sie ihnen Raum – etikettieren hilft dabei – und kehren Sie wieder zum Saubermachen zurück. Wenn Sie frei im Augenblick funktionieren, dann integrieren Sie auf natürliche Weise Ihre Quelle und heilen das beschädigte Ich. Während Sie weitermachen, erscheint das natürliche, nicht dualistische, wahre Ich, das frei funktionierend Hausarbeit erledigt. Das «Problem» bei der Hausarbeit ist nicht die Aktivität an sich, sondern die Tatsache, dass das Identitätssystem diese Beschäftigung mit negativen Gedanken und Empfindungen auflädt.

Mapping ist ein ungemein aktiver Prozess, der Einsicht in Ihr Leben bringt. Die Maps, die Sie geschrieben haben, können Sie unterstützen, indem sie Ihr Identitätssystem als Wegweiser zu Ihrem wahren Ich benutzen und Ihnen helfen, Ihre volle Vitalität und Integrität wiederzuerlangen. Im Lauf der Zeit können Sie ein paar personalisierte Maps erstellen, die Sie wirklich voranbringen. An dieser Stelle will ich Ihnen noch einige weitere nützliche Maps vorstellen.

Die Projekt-Map

Nutzen Sie die Projekt-Map, wenn Sie ein wichtiges Projekt wie etwa den Kauf eines neuen Autos oder eines Hauses planen. Mind-Body-Mapping hilft Ihnen zu erkennen, wie das Identitätssystem Widerstände schafft, die das freie Funktionieren behindern. Die Projekt-Map vermindert den Einfluss des Identitätssystems, aber sie gibt weder Handlungsanweisungen, noch garantiert sie ein erfolgreiches Ergebnis. Sie richtet einfach nur einen Lichtstrahl auf die Quelle des Widerstands, sodass Sie Bridging betreiben und weiter frei funktionieren können.

Um eine Projekt-Map zu erstellen, schreiben Sie das Projekt (zum Beispiel «Hauskauf») in die Mitte eines leeren Blattes und lassen Sie sich vier oder fünf Minuten Zeit, um Ihre Assoziationen zu notieren. Dann machen Sie sich auf die Suche nach dem Einfluss des Identitätssystems, also nach Depressor- und Reparierer-Aktivitäten, emotional aufgeladenen Punkten oder sich wiederholenden Themen des Identitätssystems. Sobald Sie die Einmischungen Ihres Identitätssystems identifiziert haben, ist der Weg zum freien Funktionieren geebnet.

Die Erzfeind-Map

Nehmen Sie sich bei dieser Map fünf Minuten Zeit, um Ihre Reaktionen auf eine Person oder Situation niederzuschreiben, die Ihnen immer wieder bedrohlich erscheint, etwa der Gang zum Zahnarzt oder der Besuch bei einem ungeliebten Verwandten. Manchmal sind wir sogar unser eigener Erzfeind. Auch dafür kann man ein Mapping machen. Die Map mit dem Thema «Mein tägliches Lieblingsdrama» funktioniert ganz ähnlich: Dafür beginnen Sie mit der Storyline, die Ihr Identitätssystem benutzt, um Sie aus dem Augenblick zu entführen. Ihr persönliches Drama – wie etwa «Ich Armer, wenn ich doch nur dies hätte oder jenes nicht hätte, dann wäre alles nicht so schlimm» – dient nur als Verzierung Ihres falschen Selbstbildes. Ein Mapping dieser Storylines hilft Ihnen, sie zu erkennen, und erlaubt Ihnen damit, den «Kanal Ich» auszuschalten.

Die Schmerz-Map

Wenn Sie wegen Ihrer Schmerzen verzweifelt sind – ob mental oder körperlich –, sollten Sie eine Schmerz-Map erstellen. Schmerz ist Teil menschlicher Erfahrungen. Man muss verstehen, dass Schmerz eine Kombination von Empfindungen und Gedanken ist. Der Gedanke «Ich habe Schmerzen» kann vom Identitätssystem dazu missbraucht werden, Ihr Bewusstsein einzuschränken und Ihr gesamtes Leben auf den Schmerz und seine Bekämpfung zu reduzieren. Natürlich ist der Schmerz real, und wenn er sich manifestiert, sollten Sie ihn auch nicht ignorieren. Anders als bei Gedanken ist es nicht sinnvoll, körperliche Empfindungen zu etikettieren. Der Schlüssel besteht vielmehr darin, den Schmerz zur Kenntnis zu nehmen und Ihr Bewusstsein zu erweitern, sodass er nur noch ein kleiner Teil Ihres Gesamtbildes ist. Wenn Sie einen Tunnelblick auf den Schmerz haben, dann sind Ihre Widerstandskraft und das natürliche Heilvermögen Ihres Körpers eingeschränkt. Wenn das Identitätssystem aktiv ist, verstärken Angst und Anspannung die körperlichen und mentalen Komponenten des Schmerzes. Der Schmerz seinerseits unterstützt die Mission des Identitätssystems, das beschädigte Ich zu stärken. Im Lauf der Zeit werden immer mehr Anforderungen mit den Schmerzgedanken und -empfindungen verknüpft. Das alles behindert das natürliche Heilen und freie Funktionieren.

Etikettieren und Mapping erlauben Ihnen, Ihr Bewusstsein zu erweitern und zu erkennen, welche Rolle das Identitätssystem bei Ihrer Schmerzerfahrung spielt. Ein erweitertes Bewusstsein und ein ruhiggestelltes Identitätssystem optimieren zudem den natürlichen Heilungsprozess. Eine Schmerz-Map erstellt man nicht, um den Schmerz zu «reparieren». Das Mapping dient vielmehr dem Überbrücken des Identitätssystems, was Sie auf natürliche Weise einen freieren, entspannteren und widerstandsfähigeren Zustand erreichen lässt. Wie in Kapitel 3 beschrieben, machen die Teilnehmer meiner Seminare für chronische Schmerzpatienten die Erfahrung, dass die Natur des Schmerzes sich verändert und sogar anfängt, sich zu «bewegen», sobald sie im Augenblick präsent sind. Die Betroffenen sind dann weniger eingeschränkt und nicht mehr so stark definiert durch ihr Leiden.

Ihre Träume sind ein Spielplatz für das Identitätssystem

Träumen ist eine natürliche Organisations- und Verarbeitungsfunktion, die für Ihr Wohlergehen ebenso entscheidend ist wie die anderen Funktionen Ihres Körpers. Sein Zweck ist es, zu heilen und für körperliche, mentale und spirituelle Gesundheit zu sorgen. Wenn offene Schleifen nicht am selben Tag verarbeitet werden, dann werden sie automatisch nachts in Ihren Träumen verarbeitet, egal ob sie nun von Ereignissen oder von Ihrem Identitätssystem ausgelöst wurden. Wird der zum Träumen nötige Tiefschlaf ständig unterbrochen, so wird das Gehirn dysfunktional.

Die Hardware für Träume stellt Ihr biologisches System bereit. Die Software, also den Inhalt, liefert in erster Linie das Identitätssystem. Freud schrieb in *Die Traumdeutung*, dass unsere Träume der Wunscherfüllung dienen. Die Identitätssystem-Theorie besagt, dass die zentrale Überzeugung des Identitätssystems (dass das Ich beschädigt und unvollständig ist) Inhalte und Software für unsere Träume liefert. Wenn Sie sich an Ihre Träume erinnern, dann ist jeder davon entweder ein Versuch, das beschädigte Ich zu reparieren oder es zu bestätigen. Träume, in denen es darum geht, dass Sie nicht entkommen können, dass Sie beschämt, schwach, hilflos oder unzulänglich sind, artikulieren und verstärken Ihr beschädigtes Ich. Träume, in denen Sie gewinnen, Helden sind, Erfolg haben und bewundert werden, sind dagegen Versuche, Ihr beschädigtes Ich zu reparieren. Egal ob Sieg, Niederlage oder Unentschieden – es kommt letztlich alles vom Identitätssystem, ob es nun Depressor- oder Reparierer-Träume sind. Wenn Sie bezweifeln, dass Sie selbst fest davon überzeugt sind, beschädigt zu sein, dann notieren Sie ein paar Wochen lang morgens nach dem Aufwachen Ihre Träume.

Zusätzlich zu den Bildern eines Traums ist auch dessen emotionale Färbung wichtig. Angstzustände, Erregung, Depression und Glücksgefühle sind ebenso bedeutend wie die Storyline. Freud schrieb auch, dass sogar Gegensätze die gleiche Bedeutung haben können: Ein Mensch, Gedanke oder Bild kann symbolisch einen anderen bzw. etwas anderes darstellen, viele Gedanken können zu einem einzigen verdichtet werden, Assoziationen des Tages verbinden sich mit Traumgedanken und -bildern. Freud betrachtete Träume als den Königsweg zum Unterbewusstsein; wenn man sie richtig interpretierte, davon war er überzeugt, konnte man neurotische Symptome entschlüsseln.

Ist Ihr Identitätssystem besonders aktiv, dann erfüllen Träume Ihr Body-Mind-System mit Unruhe, einer elementaren Hilflosigkeit und körperlicher Spannung. Ruht das Identitätssystem dagegen durch Bridging, geht die repetitive Natur bestimmter Träume zurück, und Sie wachen erholter auf. Das Träumen erfüllt wieder seine natürliche Funktion, offene Schleifen zu verarbeiten und Wohlbefinden herzustellen, anstatt das beschädigte Ich zu verstärken oder zu reparieren. Das Mapping von Träumen ist tatsächlich ein Königsweg, um das Identitätssystem zu durchschauen.

Die Traum-Map

Um eine Traum-Map zu erstellen, schreiben Sie ein spezifisches Thema, einen Inhalt oder ein Bild eines Traums, den Sie häufiger haben, in den Mittelkreis – zum Beispiel gejagt werden, verletzt werden, gewinnen oder ein Held sein – und verteilen Sie die Traumgedanken und aktuelle Gedanken willkürlich auf dem Blatt. Notieren Sie nun alle Empfindungen, die Sie jetzt haben oder im Traum hatten. Wenn Sie mit starken Emotionen aufwachen, aber nur noch vage Erinnerungen an den Trauminhalt haben, dann halten Sie einfach die vom Traum hervorgerufenen Gefühle im Mittelkreis fest – Hilflosigkeit, Leiden, Glück – und fügen Sie die zugehörigen Empfindungen und Gedanken hinzu. Verbringen Sie nicht mehr als fünf Minuten mit der Traum-Map und analysieren Sie die Map nicht. Sie soll Ihnen lediglich helfen, Ihr Bewusstsein für die Natur und die Funktionsweise Ihres Identitätssystems zu erweitern. Die wahre Bedeutung von Träumen kann nie mit Worten oder Bildern erfasst werden. Beim Traum-Mapping – und das gilt gleichermaßen für alle Prinzipien und Praktiken im Zusammenhang mit dem Identitätssystem – liegt der Schwerpunkt darauf, die Widerstände zu erkennen. Sie können Ihr Identitätssystem in einer Map festhalten, aber Sie können kein Mapping über die Wahrheit machen.

Betrachten Sie nun Sams Traum-Map, die auf S. 197 abgebildet ist. Es geht darin um einen spezifischen Traum seiner Frau: «Theresa weist mich zurück.» Wir besprachen diese Map in einem Seminar, woraus sich das folgende Gespräch entwickelte:

STAN: «Wie haben Sie sich nach dem Traum gefühlt?»

SAM: «Erschlagen … erschöpft, wie durch die Mangel gedreht. Normalerweise wache ich erholt auf, aber heute Morgen war ich ein Loser. Ich war auch enttäuscht von Theresa. Das war wirklich verrückt: Ich wusste, dass es nur ein Traum war, trotzdem war ich total wütend auf sie. Am Tag vor dem Traum war ich enttäuscht, weil sie so distanziert war. Ich beschwerte mich nicht, denn das hätte nichts genützt. Sie liebt mich, aber sie kann ganz schön launisch sein.»

Sams Traum-Map zum Thema
«Theresa weist mich zurück»

Sie hat keine Zeit für mich.

Das Gebäude in dem Traum war groß.
Ich war klein und alt.

Theresa hat mich im Stich gelassen.

Theresa hatte so viel zu tun im Job.
Dann muss sie noch Tyler
zum Basketballtraining fahren.

In dem Traum
war ich fast tot.

**Theresa
weist mich zurück**

Warum hilft
Theresa mir nicht?

Es war, als ob ich sterben könnte,
bevor ich nach Hause gekommen bin.

Ich bin nicht gerne krank.

Ich bin aufgewacht und habe mich nach
dem Traum regelrecht verkatert gefühlt.

Ich bin eigentlich ein unabhängiger Typ,
doch in dem Traum war ich wirklich krank.

Passiv sein.

Kann nicht ohne sie sein.

Ein Loser sein.

Ich werde nicht in der Lage sein,
mir selbst zu helfen.

Schwach sein.

STAN: «Was haben Sie aus dieser Map über Ihr Identitätssystem gelernt, Sam?»

SAM: «Das ist leicht – bei allem war mein Identitätssystem aktiv! Mein Depressor hatte das Sagen. Der Traum präsentiert mich als klein, hilflos, zurückgewiesen, frierend, schwach, krank, abhängig und bedürftig! Ich würde schon sagen, dass das ‹beschädigt› ist. Es ist die reine Beschädigtes-Ich-Nummer. Ich erkenne nicht gerade viel vom Reparierer.»

STAN: «Könnte es sein, dass Sie von Theresa erwarten, Ihre Beschädigung zu reparieren?»

SAM: «Aber sie kann die Beschädigung gar nicht reparieren.»

STAN: «Alle Identitätssysteme suchen nach unmöglichen Lösungen.»

SAM: «Ach so. Wenn ich das Gefühl von Beschädigung habe und dann vom Reparierer erwarte, mich zu heilen, streut das lediglich Salz in die Wunde. Ich erinnere mich, dass jedes Mal, wenn ich mich schwach oder hilflos fühlte, mein Reparierer loslegte: ‹Arbeite härter! Kämpfe! Gib nicht auf!› Ich machte den ganzen Tag lang diesen Reparierer-Kram, und trotzdem blieb das Gefühl der Beschädigung bestehen. Sie haben uns einmal gesagt, dass der Reparierer das beschädigte Ich nicht heilen kann.»

STAN: «Nun wollen wir einmal sehen, wie dieses Wissen Ihnen bei Ihrer Traum-Map und auch in Ihrem täglichen Leben helfen kann. Was erkennen Sie sonst noch in Ihrer Map?»

SAM: «Zuerst einmal, dass ich insgeheim Theresa die Schuld gegeben habe. Ich akzeptiere jetzt, dass sie mich nicht reparieren kann. Ich wünschte es mir von ihr, weil ich mich unvollständig und schwach fühlte. Dieses alte Muster kann unsere Beziehung nur belasten. Allein das Wissen, dass ich von ihr eine Reparatur erwartet habe, die sie gar nicht leisten kann, sorgt dafür, dass ich mich besser fühle, irgendwie weniger angespannt. Jetzt habe ich genügend Raum, um zu erkennen, wie es für sie ist. Es ist komisch. Als wir geheiratet haben, hatte sie viele starke Seiten, die meine schwachen Seiten auszugleichen schienen. Mein Reparierer sorgte dafür, dass ich mehr von Theresa wollte, als sie geben kann. Er ließ mich meine schwachen Seiten verleugnen. Es war, wie wenn man eine Feder zusammendrückt: Irgendwann kommt sie mit Macht zurück. Ich denke inzwischen, dass ich die hilflosen Gefühle nicht wegschieben darf. Plötzlich fühle ich mich Theresa viel näher. Ich muss nicht böse auf sie sein, weil sie mich nicht repariert. Mein Reparierer ließ mich befürchten, dass diese ‹Babygefühle› mich zu einem hilflosen kleinen Jungen machen würden.»

STAN: «Dadurch, dass Sie Ihr Bewusstsein erweitert haben, treten Sie aus diesem selbstbezogenen Zustand heraus, in dem Sie das Opfer sind. Da Sie so Ihren Depressor akzeptierten, wurde auch Ihr Verständnis für Theresa größer. Durch das Bridging Ihres Identitätssystems haben Sie Ihre alte, dualistische Welt überwunden. Ihr Bewusstsein von Theresa und sich selbst muss nicht auf irgendwelche dualistischen Konzepte wie gut – schlecht, stark – schwach oder abhängig – unabhängig beschränkt sein.»

SAM: «Ich verspüre schon jetzt viel mehr Freiheit in meinem Leben. Künftig werde ich stärker auf meine Gedanken und den Knoten in meinem Magen achten, sobald mein Reparierer und Depressor loslegen. Aber ich habe noch eine Frage: Wie würden Sie mit einem positiven Traum arbeiten? Zum Beispiel habe ich vor ein paar Tagen geträumt, dass ich Basketball spielte. Es war ein knappes Spiel. Ich sprang hoch und machte ein Dunking. Meine

Hände waren groß, oder vielmehr der Ball war klein, sodass ich volle Kontrolle hatte.»

STAN: «Sehen wir uns den Traum mit der positiven Note mal an. Was haben Sie gefühlt, als Sie aufgewacht sind?»

SAM: «Ich habe mich großartig gefühlt! Ich bin erfrischt und voller Energie aufgewacht. Es wäre toll, diese Gefühle jeden Tag zu haben. Allerdings gibt es dabei ein Rätsel. Der Traum hat mir einen guten Start in den Tag geschenkt, doch nach all dem, was wir gerade besprochen haben, frage ich mich, ob der Reparierer mir überhaupt etwas Gutes tun kann.»

STAN: «Warum erstellen Sie nicht schnell eine Traum-Map und finden heraus, ob wir Ihre Frage beantworten können?» Es vergehen einige Minuten, während Sam eine Map verfasst, die er die Basketballtraum-Map nennt.

SAM: «Wenn ich diese Map betrachte, scheinen alle Punkte positiv zu sein: ‹ein Sieger sein›, ‹die Kontrolle haben›, ‹respektiert werden›, ‹im Wettkampf bestehen›, ‹voller Energie sein›, ‹mich großartig fühlen›. Die Basketballtraum-Map ist fast das genaue Gegenteil der Map über den Traum ‹Theresa weist mich zurück›. Bei dem Traum ist einem die Beschädigung förmlich ins Auge gesprungen, mit ‹ein Loser sein›, ‹passiv sein›, ‹schwach sein› und so weiter. Ich denke jetzt, dass die meisten dieser positiven Punkte im Basketballtraum keine freien Gedanken sind, sondern Anforderungen des Reparierers.»

STAN: «Das wäre denkbar, und es ist immer wichtig, diese Möglichkeit in Betracht zu ziehen. Wenn diese Gedanken tatsächlich Reparierer-Anforderungen sind, wird immer ein Depressor dahinterstecken.»

SAM: «Der springende Punkt ist, dass ich nach dem Basketballtraum, der mir so positiv erschien, ein Meeting mit meinem Chef hatte. Das Meeting verlief gut, trotzdem kam

Sams Basketballtraum-Map

Die Kontrolle haben.

Ein Sieger sein.

Große Hände haben.

Vater hatte große Hände.

Respektiert werden.

Basketballtraum

Jubelrufe hören.

Mich großartig fühlen.

Den Ball versenken.

Elegant sein.

Voller Energie sein.

Im Wettkampf bestehen.

Wohlfühlen.

ich heraus und fühlte mich wie üblich niedergeschlagen.»

STAN: «Das Identitätssystem lässt Sie immer wieder im Stich, weil letztlich der Reparierer Sie hochpusht. Je höher Sie sich strecken, desto härter fallen Sie. Egal wie, Sie müssen bloß aufwachen und Ihre Sinne und Ihr Bewusstsein aktivieren.»

SAM: «Das ist das wahre Ich. Das ist Einssein mit der Quelle.»

Sams Traum-Maps sahen auf den ersten Blick vollkommen unterschiedlich aus, dennoch bezog er in beiden sein Selbstgefühl von seinem Identitätssystem. Im Theresa-Traum folgte er seinem Depressor, und im Basketballtraum identifizierte er sich mit seinem Reparierer. Beide bestätigten sein beschädigtes und verhüllten sein wahres Ich. Immer wenn Sie sich auf eine Identität beschränken, sei sie nun gut oder schlecht, schließen Sie sich in eine Kiste ein, in der Sie nicht glücklich werden. Ihr wahres Ich ist dynamisch, stets im Wandel begriffen und nicht eingeengt. Es ist riesig, unvorstellbar und allumfassend. Es ist ganz bei Ihnen, hier und jetzt.

Den «Kanal Ich» tagsüber auszuschalten ist so leicht, wie das Licht auszumachen. Allein dadurch, dass Sie von der Existenz Ihres Identitätssystems wissen, können Sie Ihr Leben voll ausschöpfen. Nachts gibt Ihnen Ihr Identitätssystem die Gelegenheit, dysfunktionale offene Schleifen zu erkennen, so wie sie Ihnen in Ihren Träumen präsentiert werden. Traum-Mapping kann Ihr physisches, mentales und spirituelles Gleichgewicht wiederherstellen und stärken. Wenn der «Kanal Ich» nicht mehr Ihren Tag dominiert, kann die Nacht endlich der Hort von Ruhe und Erholung sein, der sie eigentlich sein sollte.

10 Ihre Suche nach Werten im Leben

Jeder Mensch will sein Leben möglichst gut leben und in Verbindung mit der Quelle allen Lebens stehen. Alle Religionen dieser Welt zeugen von dieser Suche nach existenziellen Werten, indem sie Fragen stellen wie «Woher kommen wir?», «Wohin gehen wir?», «Was ist unser Leben?» und «Wie sollen wir unser Leben gestalten?». Religionen führen uns zum lebenden Wort Gottes. In der Bibel, der Thora, den Veden und im Koran ist «das Wort» das Gesetz Gottes, und Gottes Wort und das Verhalten des Menschen sind untrennbar verbunden.

Die Hürde, die uns daran hindert, diese Einheit mit Gott – mit anderen Worten den Sinn des Lebens – zu finden, ist seit je, wie könnte es anders sein, das Identitätssystem. Schon vom Ansatz her ist es, wie wir in Kapitel 1 gesehen haben, auf Beschränkung und Einengung ausgerichtet. Bridging und Mapping helfen Ihnen, indem sie das Identitätssystem ruhigstellen, Ihre Fragen nach dem Sinn und Zweck des Lebens zu beantworten. Sie heben Sie empor aus dem Einflussbereich des Identitätssystems, das Ihnen die Sicht vernebelt, und führen Sie zum wahren Leben, damit Sie in einer einigen Welt harmonischer Differenzen frei funktionieren können. Bridging lässt Sie erfahren, dass Sie zu keinem Zeitpunkt von Ihrer Quelle getrennt sind. Egal wie stark Ihr falsches Ich ist, Bridging schafft eine Einheit im Hier und Jetzt.

Ihr relativer Wert im Gegensatz zum absoluten Wert

Relative Werte finden sich in allen Zivilisationen. Geld ist das offensichtlichste Beispiel dafür, dass die Gesellschaft Menschen, Produkten, Dienstleistungen und sogar Ideen unterschiedlichen Wert beimisst. Einem Konzernchef wird von seinem Aufsichtsrat vielleicht ein Wert von 500 000 Dollar pro Jahr attestiert, während ein Fließbandarbeiter im selben Unternehmen einen jährlichen Wert von 35 000 Dollar besitzt. Das Identitätssystem liebt solche Bewertungen, die Trennung schaffen und Ihrer Arbeit, Ihren Zielen und letztlich auch Ihnen selbst relative Werte zuweisen. Allerdings ist dieses vom Identitätssystem gesteuerte Wertesystem nicht imstande, Ihren eigenen absoluten Wert zu erkennen – einen Wert, der nicht gemessen, quantifiziert oder mit anderen verglichen werden kann. Ihr Identitätssystem integriert nicht, und es kann Ihnen niemals gestatten, frei und im Einklang mit der gesamten Schöpfung zu funktionieren. Es wird nie erlauben, dass Sie Gottes Willen tun.

Bridging bringt Sie zurück zum natürlichen Funktionieren, das Ihnen erlaubt, die relativen und absoluten Werte Ihrer Aktivitäten (und damit Ihrer selbst) zu integrieren. Ihr relativer Wert, beispielsweise als Profisportler, kann durch eine Verletzung drastisch sinken, als Unternehmensmanager würde ein Herzinfarkt, der Sie zum Pflegefall macht, Ihren Wert senken. Doch der absolute Wert Ihres wahren Ichs ist niemals reduziert. Immer wenn Sie den absoluten Wert Ihrer gegenwärtigen Aktivität abstreiten, negiert das Identitätssystem automatisch genau diesen Wert. Wenn Sie den absoluten und relativen Wert des Bodenputzens nicht anerkennen, verwirklichen und bestätigen Sie Ihr beschädigtes Ich. Wenn Sie dagegen den absoluten Wert dieser Beschäftigung erkennen, verwirklichen Sie Ihren absoluten Wert. Wenn Sie das Haus putzen – um bei unserem Beispiel zu bleiben –, vermindert das nicht den Wert Ihres wahren Ichs, ebenso wenig wie es ihn ansteigen lässt, wenn Sie mit den Kindern spielen. Funktionieren Sie natürlich und frei, dann putzen Sie das Haus, sofern es nötig ist, und spielen mit den Kindern, wenn es die richtige Zeit dazu ist. Stellen Sie Ihr Identitätssystem ruhig, und Sie werden sofort merken, wann die richtige Zeit ist.

Sobald das Identitätssystem für Trennung und Relativität sorgt, verschwindet automatisch der absolute Wert von Menschen, Ideen und Dingen. Zurück bleibt eine materialistische Welt. Absoluter Wert heißt nicht, dass es keine Unterschiede gibt. Es ist völlig natürlich, dass man eher nach einem glänzenden Apfel greift als nach einem verschrumpelten. Seien Sie sich trotzdem bewusst, dass der faule Apfel die perfekte Manifestierung eines faulen Apfels ist. Er kann anderen Wesen als Nahrung dienen oder zu Kompost verwesen, der dann den Boden bereichert. Wenn Sie den absoluten und relativen Wert der beiden Äpfel erkennen können, erweitert sich Ihr Bewusstsein über die polarisierte, von Spannungen beherrschte Welt des Identitätssystems mit ihren guten und schlechten Äpfeln und erkennt eine geeinigte Welt der harmonischen Unterschiede. Wenn Sie den relativen und den absoluten Wert beider Apfelarten verstehen, dann sind Sie frei, angemessen zu wählen.

Ein weiteres Beispiel: Selbst wenn ein Mensch wegen Diebstahls verurteilt wurde, sinkt sein absoluter Wert nicht – genauso wenig, wie der angeborene Wert eines Kindes durch seine Streiche gemindert wird. Doch der absolute Wert eines Kriminellen setzt weder die Naturkonstante von Ursache und Wirkung außer Kraft noch die Wertesysteme von Religion, Moral oder Gesetz. Dieses Wissen um den absoluten und relativen Wert und die Fähigkeit, angemessene Entscheidungen zu treffen, machen das Wesen des freien Funktionierens aus.

Um diese Harmonie und das Einssein mit der Quelle zu erleben, muss Ihr Identitätssystem ruhiggestellt sein. Indem Sie

Mapping und Bridging praktizieren, aktivieren Sie Ihre Sinne und erweitern Ihr Bewusstsein. Dadurch können Sie fein unterscheiden und fundiert entscheiden. Wenn Sie sich entschließen, den Boden zu putzen, können Sie sich dieser Aufgabe voll und ganz widmen, und zwar ohne unterschwellige Konflikte mit Schuldgefühlen, Depressionen oder der Angst, Ihre Zeit zu verschwenden. Sie können gegenüber dem Schmutz auf dem Fußboden, dem Schrubber in Ihrer Hand und dem Gehirn, das Ihr Handeln steuert, eine stille Dankbarkeit empfinden. Wenn Sie stattdessen lieber einen Spaziergang machen wollen, dann freuen Sie sich über die Sonne im Gesicht, die sanfte Brise auf Ihrer Haut und die Bewegungen Ihres Körpers.

Die Frage nach dem absoluten Wert führt letztlich zu Gott. Das nun folgende Beispiel zeigt, wie einer meiner Seminarteilnehmer neue und tiefere Aspekte seiner Spiritualität erkunden konnte, nachdem er sein überaktives Identitätssystem ruhiggestellt hatte.

Jeff war erfolgreicher Finanzplaner und stolz darauf, auf alle Fragen seiner Klienten eine Antwort parat zu haben. Er ließ keine Variable unbeachtet. Er erstellte für sich selbst und für seine Klienten detaillierte Pläne, um bis zum Erreichen des Rentenalters die kritische finanzielle Masse abzudecken – also genug Kapital anzuhäufen, um von den Zinsen und Dividenden leben zu können. Im Verlauf eines Seminars wurde Jeff sich darüber klar, dass ihn das Reparierer-Bedürfnis, seine eigene Zukunft und die seiner Klienten zu kontrollieren, zwar beruflich erfolgreich machte, dafür aber in seinem Privatleben großen Schaden anrichtete. Er konnte seine beruflichen Probleme und Verhaltensweisen nämlich nicht ablegen. Es fiel ihm ausgesprochen schwer, jemand anders eine Situation managen zu lassen, und seine Frau reagierte extrem sauer auf seine Einmischungen in ihren Bereich. Auch die Kinder bekamen nicht die Chance, ihre Probleme selbst zu lösen – meist sprang er ungefragt ein und «reparierte» ihre kleinen Probleme und Konflikte für sie.

Nach zwei Wochen Bridging-Seminar stellte Jeff fest, dass er viel besser darin geworden war, sein Identitätssystem ruhigzustellen. Sein Leben wurde entspannter und friedlicher. Bei der letzten Sitzung sagte er, er habe noch einen weiteren Bereich, den er klären wolle: seine Beziehung zu Gott. Die übrigen Teilnehmer waren ebenfalls interessiert und offen dafür, ihre eigenen Maps über die Themen Religion und Spiritualität zu erstellen. Jeder Teilnehmer suchte sich sein eigenes Thema aus, darunter:

«Gibt es einen Gott?»

«Brauche ich Religion?»

«Wie sieht das Leben nach dem Tod aus?»

«Dürfen gute Christen egozentrisch sein?»

«Manchmal habe ich das Gefühl, dass ich keine Religion brauche.»

«Geben fällt mir schwer.»

Die Religions-Map

Wenn Sie ähnliche religiöse oder spirituelle Fragen haben, versuchen Sie eine Map über eine Ihrer Fragen oder Sorgen zu erstellen. Mapping sagt Ihnen nicht, welchen spirituellen Pfad Sie einschlagen müssen. Aber es kann Ihnen aufzeigen, was Sie daran hindert, Ihren eigenen Weg zu gehen. Bridging und Mapping entfernen spezifische Hindernisse, die Ihrem natürlichen und erfüllten Leben im Weg stehen.

Schreiben Sie Ihre Frage in die Mitte eines leeren Blattes. Zeichnen Sie einen Kreis darum und verteilen Sie zügig und locker Ihre Gedanken auf dem Papier. Wenn Sie fertig sind, lesen Sie Jeffs Map zum Thema «Existiert Gott?», die auf S. 210 abgebildet ist. Sie ist voll von Fragen nach Sinn, Werten, Anfang und Ende – alles natürliche Fragen eines frei funktionierenden Geistes.

Jeff wählte den Gedanken «Was passiert, wenn ich sterbe?» als ersten Punkt auf seiner Map. Er beschrieb, dass ihn bei dieser Frage ein Gefühl von drohender Katastrophe und Panik überfalle. Er stellte sich vor, tot zu sein, und seine Haut fing an zu kribbeln. Das machte ihm sofort klar, dass sein Identitätssystem aktiv war und seine Unsicherheit ausnutzte, um die Anforderung «Ich brauche Antworten» zu stellen.

Wenn wir keine konkreten Antworten bekommen, reagiert unser Körper so, wie Jeffs Körper es tat: mit körperlicher Spannung, Angst und Sorge. Nicht die Frage löste also seine Angst aus, sondern sein Identitätssystem.

«Mein beschädigtes Ich sitzt am Steuer», stellte er fest und lächelte, weil er nun wusste, was er tun musste, um sein Identitätssystem zur Ruhe zu bringen: «Ich kann nur den Moment leben. Auf das Geräusch der Klimaanlage hören, den Stoff meines Hemdes spüren, den Druck auf meinem Hintern, sitzen und reden. Mein Bewusstsein öffnet sich. Meine Probleme mit dem Tod schwinden, ich lebe und bin aktiv. Wenn ich den schmerzhaften Kram beiseiteschiebe, ist mein Depressor erst einmal mit sich selbst beschäftigt. Die zentrale Frage ‹Existiert Gott?› ist offen. Ich brauche hier und jetzt keine Antwort darauf – ich muss lediglich mein Leben mitfühlend und fürsorglich gestalten.»

Ihr Geist, der mit oder ohne Zweifel, mit oder ohne offene Fragen frei und natürlich funktioniert, wird Sie zu Ihrem spirituellen Zentrum führen. Die Forderung nach Sicherheit kann von Ihrem Identitätssystem stammen, das eifrig am Werk ist. Wenn Sie das Unbegreifliche begreifen wollen, ist das Ergebnis zwangsläufig ein Gefühl der Beschränkung und Beschädigung. Die Suche des Identitätssystems nach Sicherheit führt Sie nicht zu einem erfüllten und freien Leben. Mit Bridging verwandelt sich Ihr beschädigtes Ich in das umfassende wahre Ich. Mit dieser umfassenden Sicht lösen sich Ihre Probleme, Fragen und Antworten liegen nun in Gottes Hand.

Wir leben in einer Epoche eines sich immer mehr beschleunigenden wissenschaftlichen Fortschritts, darum erwarten wir mittlerweile, dass es auf jede Frage eine Antwort und für jedes Problem eine Lösung gibt. Um diese zu bekommen, das besagt zumindest unser Gefühl, ist nichts weiter nötig als eine hinreichend gründliche wissenschaftliche Untersuchung. Zum Beispiel erwarten wir, dass Krebs irgendwann heilbar sein wird. Doch obwohl Wissenschaft und Logik zweifellos ein Segen sind, ist es problematisch, wenn sie dem Menschen nicht mehr dienen, sondern ihn beherrschen.

Einer der anderen Seminarteilnehmer, der wie Jeff die Frage nach der Existenz Gottes in den Mittelpunkt seiner Map gestellt hatte, stellte fest: «Ich existiere. Gott existiert. Jesus existiert. Immer wenn mein Identitätssystem aktiv ist, zweifle ich daran. Wenn es ruht, weiß ich es. Die Bibel sagt die Wahrheit, und wenn mein Identitätssystem ruht, weiß ich das nicht nur, sondern lebe auch danach.»

Ein weiterer Teilnehmer fügte hinzu: «Wenn mein Identitätssystem ruht, bete ich für die ganze Welt, ist es dagegen aktiv, bete ich nur für mich.»

Wie wahr! Mitgefühl, Mitmenschlichkeit und aktive Nächstenliebe fließen immer dann, wenn das Identitätssystem ruht.

Bridging führt Sie in jedem Augenblick zur Klarheit Ihres spirituellen Fundaments. Mag Ihre Klarheit auch Schwankungen unterworfen sein, Ihr spirituelles Zentrum ist es ganz sicher

Jeffs Map zum Thema «Existiert Gott?»

Warum stoßen guten Menschen
schlimme Dinge zu?

Ist Gott wie eine Person –
oder eine Art universelles Feld?

Im Alltag denke ich
eigentlich nicht darüber nach.

Ist Gott
der Schöpfer von allem?

Was ist, wenn die Antwort
«Nein» lautet?

Existiert Gott?

Er muss!
Wie sonst bin ich
hierhergekommen?

Was ist der Sinn von allem?

Wie sieht meine Beziehung
zu Gott aus?

Was passiert, wenn ich sterbe?

Das ist ein größeres Problem,
als ich dachte.

Wie ein Ozean von Energie.

Was ist die Basis all meiner Werte?

nicht. Dass Bridging Ihnen eine größere Klarheit schenken kann, zeigt auch die folgende Geschichte:

Lucy ist ziemlich religiös. Sie sprach in einem meiner Seminare in nostalgischem Ton darüber, wie nahe sie sich im letzten Sommer Gott gefühlt hatte, als sie an einem kirchlichen Sommerlager teilnahm. Inzwischen fühlte sie sich Gott fern und dachte darüber nach, wegen ihrer finanziellen Situation ihr Studium abzubrechen. Sie hatte schon ihren Stundenplan reduziert, damit sie genug arbeiten konnte, um sämtliche Rechnungen zu bezahlen. Es deprimierte sie, dass sie zwei Jobs annehmen musste – Kellnerin in einem Restaurant und Putzfrau. Ich fragte sie, ob sie Gott beim Toilettenschrubben ferner war als im Ferienlager ihrer Kirchengemeinde, und sie musste lächeln. Schließlich lachte sie und entspannte sich. Jetzt konnte sie erkennen, dass sie die Anforderungen hatte, nicht Toiletten sauber machen oder in einem Restaurant arbeiten zu müssen. Wurden diese Anforderungen nicht erfüllt, erlebte sie sich als beschädigt, was in ihrer Vorstellung einer Trennung vom Allmächtigen gleichkam. Schließlich wurde ihr bewusst, dass ihr Identitätssystem das Einzige war, was sie von Gott trennte. Um Vollständigkeit, Vollkommenheit und, wie sie es ausdrückte, «die Präsenz des Heiligen Vaters» zu spüren, muss sie nichts weiter tun, als ihr Identitätssystem ruhigstellen, egal wo sie ist – in einer Toilettenkabine oder betend in der Kirche.

Ob wir nun im Rahmen einer religiösen Tradition leben oder nicht, letztlich ringen wir alle mit dem göttlichen Mysterium. Indem Sie just in diesem Moment Ihr Leben leben, stehen Sie in der Kontinuität des menschlichen Dialogs mit Ihrer Quelle. Jeder Mensch steht vor der Herausforderung, sein persönliches Identitätssystem zu überwinden, um zu seinem wahren Ich zurückzukehren. Jeder kann damit zu einem entscheidenden Glied in der ewigen Kette der menschlichen Tradition werden. Bridging ist eine universelle Methode, mit der jeder Mensch im täglichen Leben seine Quelle erleben und zum Ausdruck bringen kann. Wenn Sie erst Ihr Verhalten mit der Quelle in Einklang bringen, wird Ihr Charakter auf natürliche Weise gereinigt. Ihr Leben und das Leben des Universums bewegen sich in Richtung Harmonie und Gleichgewicht.

Letztlich kommt es nur darauf an, was Sie mit Ihrem Leben anfangen. Es ist keine Frage von Glauben oder Nichtglauben, denn das sind nur Gedanken, die die Realität Ihrer endlosen und unermesslichen Verbindung zu Ihrer Quelle nicht eingrenzen können. Es ist wichtig, der Frage nach der Existenz Gottes nachzugehen, und Mapping kann Ihnen dabei helfen, indem es Ihnen aufzeigt, mit welchem unterschwelligen «Ballast» Sie an religiöse Fragen herangehen.

11 Wenn Sie den Tod akzeptieren, erfahren Sie das Leben

Unter dem Einfluss der jugendorientierten Kultur, in der wir heutzutage leben, lässt uns unser Identitätssystem eine idealisierte Vision von Jugend, Schönheit, Wohlbefinden und Leben anbeten. Da ewige Jugend und Schönheit unerreichbar und Krankheit und Tod unausweichlich sind, führt uns das in eine Sackgasse zu unserem beschädigten Ich. Nur indem wir Krankheit, Alter und Tod akzeptieren, können wir das Joch des Identitätssystems abschütteln und das von unserer Quelle gespeiste Leben wieder aufnehmen.

Es ist Zeit, sich einmal wirklich klarzumachen, welche Konsequenzen die Fesselung an das individuelle und kollektive Identitätssystem hat: extreme Anspannung und Angst, hervorgerufen durch jeglichen Gedanken an den Tod. Betrachten wir den Tod mal aus der Perspektive des Bridgings. Natürliches Leben – die harmonische Welt der Unterschiede – schließt alle Gegensätze ein, auch Geburt und Tod, bis hinunter auf die Ebene der Körperzellen.

Im Jahr 2002 erhielten die Biologen Sydney Brenner, John E. Sulston und H. Robert Horvitz den Medizin-Nobelpreis für ihre Arbeit zur Erforschung der «Todesgene», die darauf programmiert sind, das Leben einer Zelle zu beenden. Die drei Forscher stellten die Hypothese auf, dass ein Versagen des

Todesgens ein übermäßiges Zellwachstum auslöse, das zu Krebs führen könne. Wenn das Todesgen hyperaktiv sei, könnten Zellen bei Krankheiten wie Aids oder Alzheimer vorzeitig absterben. Das lebensspendende Gen und das Todesgen bilden das Gleichgewicht des Lebens. Leben und Tod sind untrennbar miteinander verbunden. Vielen Menschen ist die Vorstellung unheimlich, dass in unsere eigenen Gene schon vor der Geburt der Tod einprogrammiert ist. Die Vorstellung, dass sich Zellen einfach abnutzen, ist offenbar leichter zu akzeptieren als die Idee, dass sie ein eingebautes Programm haben, das uns vom Augenblick der Zeugung an zum Tod verurteilt. Sigmund Freud sah sich einer ähnlichen Reaktion gegenüber, als er den «Todestrieb» oder Todesinstinkt postulierte, um zu erklären, warum Menschen sich selbst Leid zufügen. Viele Psychoanalytiker lehnten das Konzept eines Todestriebs allerdings ab und zogen die Vorstellung eines Aggressionstriebs vor.

Diese Entdeckung des von Geburt an angelegten Todesprogramms kann dazu beitragen, unseren Widerstand zu überwinden und den Tod zu akzeptieren. Ohne den Tod könnte kein Leben existieren. Der Tod ist in jedem Augenblick essenziell für Wachstum, Erneuerung, Nahrung und alle anderen natürlichen Prozesse einschließlich der Gesundheit. Die Ablehnung des Todes schafft lediglich eine stärkere Isolierung des Ichs, und das gibt dem beschädigten Ich des Identitätssystems Nahrung. Wer Tod, Krankheit und Unglück von sich weist, stärkt das beschädigte Ich, wer Entbehrungen leugnet, verursacht Entbehrungen. Viele Menschen, die leiden, verschlimmern ihr Leid durch den Depressor-Gedanken, dass Gott sie verlassen hat. Doch unsere Quelle umfasst Leben *und* Tod. Wie die Nobelpreisträger herausfanden, nutzt unser Körper eindeutig sowohl Lebens- als auch Todesprogramme, um zu funktionieren.

Die Mission des Identitätssystems heißt Trennung, denn auch hierbei kommt ein Lebens- und Todesprogramm zum Einsatz. So ist zum Beispiel der Depressor ein Pendant zum Todesprogramm. Seine einzige Funktion besteht darin, Beschädigung zum Ausdruck zu bringen. Im extremen Fall eines Selbstmords hat das Todesprogramm die Kontrolle, und das Identitätssystem vernichtet das biologische System. Andererseits zeigt sich in der Hartnäckigkeit, mit der das Identitätssystem die Trennung des Ichs aufrechterhält, und in der Rastlosigkeit des Reparierers ein unkontrollierbares Lebensprogramm. Hier begrenzt das Identitätssystem nicht auf natürliche Weise sein eigenes Wachstum. Wie Krebszellen wächst es unkontrolliert immer weiter und verursacht Leiden oder gar Tod durch Krankheit oder Selbstmord.

Die Todes-Map

Finden Sie heraus, was Ihr Identitätssystem im Hinblick auf den Tod umtreibt. Zeichnen Sie wiederum einen kleinen Kreis in die Mitte eines leeren Blattes und schreiben Sie «Tod» hinein. Lassen Sie Ihre Gedanken frei auf sich einströmen und verteilen Sie sie willkürlich auf dem Papier.

Auf Carlas Todes-Map, die auf S. 217 abgebildet ist, zeigt sich eine große Vielfalt von Ideen. Das Anfertigen dieser Map erweiterte ihre Vorstellung vom Tod, und sie erlebte ein Gefühl des Friedens und der Zugehörigkeit, wie das folgende Gespräch zeigt:

CARLA: «Sie haben uns beigebracht, stets nach dem Depressor und dem Reparierer Ausschau zu halten. Am Anfang war das sehr schmerzhaft für mich, doch als ich tiefer ging, wurde mir meine Traurigkeit vertrauter, und mein Geist wurde stiller. Das war, als ich anfing, das Zwitschern der Vögel vor dem Fenster und die vorbeifahrenden Autos bewusst zu hören. Es war, als würde sich mein Körper in der Traurigkeit entspannen. Die traurigen Gedanken wurden weniger. Dann traf mich mein Depressor mit der Vorstellung, unter der Erde zu verrotten, mit dem Gedanken daran, dass Ellie irgendwann sterben würde, mit dem Tod meiner Katze, Onkel Louies Tod, dem Selbstmord meines Bruders Frank, nachdem er Tag für Tag mit seiner Sucht allein gewesen war, und nicht zuletzt mit meiner eigenen Leere. Ein Blick auf meine Map zeigt mir, wie offensichtlich es ist, dass mein Identitätssystem all diese Gedanken benutzt, um mein beschädigtes Ich zu verstärken. Mein Identitätssystem steuert all diese morbiden Storylines über den Tod, die meine Einsamkeit, Unvollständigkeit und Unvollkommenheit unterstreichen. Ich hasse es, wenn Ellie krank ist. Letzten Winter, als sie eine Mittelohrentzündung und ein geplatztes Trommelfell hatte, bekam ich Angst, die Infektion könne ihr Gehirn angreifen. Das war eine schlimme Erfahrung für mich. Aber dann ging es ihr besser, und bald war sie wieder gesund.»

STAN: «Carla, sagen Sie mir, wer stirbt, wenn Sie Ihren letzten Atemzug tun?»

CARLA: «Ich natürlich.»

STAN: «Wirklich? Sind das tatsächlich Sie, oder ist es nur die Idee, die Ihr Identitätssystem von Ihnen hat?»

CARLA: «Das ist schwer zu sagen. Natürlich ist es die Idee meines Identitätssystems, wer ich zu sein glaube, aber dieser Körper hier stirbt doch auch, oder?»

STAN: «Natürlich, der Körper stirbt – aber ist er alles, woraus Ihr wahres Ich besteht? Stirbt Ihr wahres Ich, wenn Ihr Körper stirbt?»

CARLA: «Wenn ich darüber nachdenke, würde ich mit ‹ja› antworten, doch wenn mein Identitätssystem ruhig ist,

Carlas Todes-Map

Magenschmerzen.

Körperlich erschöpft.

Leere.

Höre auf Geräusche.

Komme in den Himmel.

Was werden sie mit meinem Körper machen?

Mein Bruder bringt sich um.

In der Erde verrotten.

Tod

Vogelgesang.

Tod der Katze.

Was ist der Himmel?

Als Onkel Louie gestorben ist,
konnte ich nicht hinschauen,
wie er da im Sarg lag.

Was ist Gott?

Urteil.

Die Seele vom Körper befreien.

Morbid.

Was wird mit meiner Tochter geschehen?

Gibt mir das Gefühl,
dass ich mich übergeben muss.

Angst,
Schrecken.

Ich muss zuerst sterben, denn ich kann den Gedanken
an den Tod meiner Tochter nicht ertragen.

dann denke ich ‹nein› – mein Ich ist weit. Dazu gehört mehr als nur das hier.»

STAN: «Wie weit?»

CARLA: «Wenn ich wirklich ruhig und bewusst bin oder auch im Gottesdienst, ist mein wahres Ich sehr groß, sozusagen umfassend. Es umfasst, nun ja, eigentlich jeden, alles.»

STAN: «Kann es beschädigt werden? Kann es aufhören oder eine Grenze haben?»

CARLA: «Nein, es ist grenzenlos.»

STAN: «Also kann Ihr wahres Ich nicht einmal durch den Tod beschädigt werden?»

CARLA: «Der Tod fühlt sich immer noch schlimm an, aber nein, mein wahres Ich kann nicht beschädigt werden. Es schließt sogar den Tod ein.»

STAN: «Also geht Ihr wahres Ich über Ihre Vorstellungen vom Tod hinaus – ebenso über die Vorstellungen von Leben und Tod?»

CARLA: «Ja. Wenn mein Herz endgültig zu schlagen aufhört, stirbt das, was mein Identitätssystem als mein kleines, abgetrenntes ‹Ich› konstruiert hat, während mein wahres Ich alles umfasst – Leben und Tod. Es schließt nichts aus. Es umfasst all meine angstvollen Gedanken und sogar meine Furcht vor dem Tod sowie die Gedanken an Ellies Tod. Mein Glaube wird durch Bridging gestärkt, und er gibt mir Frieden.»

Erweitern Sie Ihre Grenzen über den Tod hinaus

Carlas Frage über das Ende des Lebens geht über den Bereich des Intellekts und auch den des Identitätssystems hinaus. Um einen Eindruck davon zu bekommen, welche Auswirkungen der Tod auf das wahre Ich hat, wollen wir eine Erlebnisübung machen, die auf dem Werk von Dennis Genpo Merzel basiert, dem Autor der Bücher *Der Pfad* und *Durchbruch zum Herzen des Zen*. Diese Übung versetzt Sie nicht nur in die Lage, ein erweitertes Bewusstseinsstadium zu erleben, es erlaubt Ihnen auch, Ihr Identitätssystem bei dem Versuch zu beobachten, Ihr Bewusstsein zu verengen.

Stellen Sie dafür zunächst Ihr Identitätssystem mit ein paar Bridging-Übungen ruhig. Hören Sie auf die Geräusche um Sie herum – eine schnurrende Katze, ein Fernseher irgendwo im Haus, ein Ventilator in einem Badezimmer. Spüren Sie den glatten Buchumschlag. Etikettieren Sie alle Gedanken, die aufkommen. Jetzt entspannen Sie sich in einem Sessel in einem ruhigen Raum, schließen Sie die Augen und schauen Sie in Ihrem Geist, ob Sie dort irgendwelche Grenzen für Ihre Weite finden können. Blicken Sie nach rechts, nach links, nach vorne und hinten, oben und unten. Forschen Sie leise und sanft nach Ihren Grenzen. Machen Sie einige Minuten lang weiter. Blicken Sie intensiv und tief nach innen.

Wenn Sie damit fertig sind, blicken Sie weiter nach innen und fragen sich: «Wie groß ist mein erweitertes Bewusstseinsstadium? Wie groß ist mein Geist?» Versuchen Sie die Antwort mit ruhendem Identitätssystem zu erspüren, anstatt sie intellektuell zu beantworten. Es gibt keine richtigen oder falschen Antworten. Kommen Sie immer wieder zu den Empfindungen Ihres Körpers und zu den Hintergrundgeräuschen zurück. Wenn Sie so sind wie viele meiner Seminarteilnehmer, dann lautet die Antwort auf die Frage «Wie groß ist mein Geist?» auch bei Ihnen «Sehr groß».

Sie sollten sich allerdings darüber bewusst sein, dass das Identitätssystem Ihnen auch bei einer Übung, die es ruhigstellen soll, das Gefühl vermitteln kann, ein Versager zu sein. Wenn Sie es also nicht schaffen, den Frieden und die Ruhe eines erweiterten Bewusstseins zu erfahren, ist das nicht weiter schlimm. Der grenzenlose Schatz Ihres wahren Ichs ist in jedem Augenblick bei Ihnen, unabhängig von irgendwelchen Übungen. Seien Sie sich einfach bewusst, dass Ihr Identitätssystem Sie daran hindert, diese Tatsache zu erfahren.

Viele Menschen reagieren extrem stark auf diese Übung. Als ich in einem Seminar fragte: «Was sind Ihre Grenzen?», fing Rosa zuerst an, sich zu entspannen, und spürte, wie all ihre Begrenzungen von ihr abfielen. Doch dann verspannte sie sich plötzlich und bekam Angst, weil sie das Gefühl hatte, von einer dunklen Wand eingeschlossen zu werden. Diese Wand war ihr Identitätssystem, das sie in einer verengten Vision ihrer selbst festhielt und sie daran hinderte, in einen erweiterten Bewusstseinszustand einzutreten.

Als ich fragte: «Wann werden Sie sterben?», verlor Larry das Gefühl von Weite und spürte, wie sein Identitätssystem ihn physisch attackierte, seine Schultern anspannte und seinen Kopf einschnürte. Als er diese Gefühle beschrieb, begann er jedoch zu lächeln und erkannte zum ersten Mal, dass das Wort *sterben* – trotz der starken Wirkung, die es auf ihn ausübte – einfach nur ein Wort war, dem er erlaubte, sein ganzes Sein ins Wanken zu bringen.

David erzählte, dass er sich friedvoll, weit, endlos und einfach nur groß fühle, bis ihm auf einmal der Gedanke durch den Kopf schoss: «Wie kann es sein, dass ich, David, endlos bin?» Sein Depressor hatte es geschafft, dass er sich, wie er es beschrieb, abgeschnitten und begrenzt vorkam, ohne jegliche Verbindung zu den Menschen und Geräuschen um ihn herum. Er berichtete, dass er in seinem Stuhl zusammensackte. Doch David erholte sich wunderbar, indem er mit Hilfe von Bridging zu seinem ganzen Ich zurückkehrte. Dieses Erlebnis zeigte ihm, dass man durch den Versuch, das wahre Ich zu definieren, erklären oder analysieren, beschädigt werden kann. Das wahre Ich ist zu groß, um es in ein Konzept zu pressen.

Die direkte Erfahrung des erweiterten Bewusstseins schließt alles ein, sie lässt sich von nichts täuschen. Es umfasst alle Zweifel, alle Fragen und alle Probleme. Es hat die Ausdehnung eines riesigen Ozeans, in dessen grenzenloser Weite alle vorbeirollenden Wellen schon enthalten sind.

Alter, Krankheit und Tod sind untrennbare Bestandteile der *conditio humana*. Ihr Identitätssystem lauert auf freie Gedanken, die eine Wertschätzung für Leben, Wohlbefinden, Schönheit und Jugend zum Ausdruck bringen. Aus diesen macht es Anforderungen für ein idealisiertes Leben. Wenn Sie dieses Leben nicht reproduzieren können, wird Ihr beschädigtes Ich gestärkt. Durch das Mapping von Alter, Krankheit und Tod können Sie die Strategie Ihres Identitätssystems erkennen und die Depressor-Reparierer-Zyklen wahrnehmen. Die einzelnen Bridging-Techniken erlauben Ihnen, Ihr Bewusstsein zu erweitern und das Leben so zu akzeptieren, wie es ist, anstatt den falschen Vorstellungen Ihres Identitätssystems zu folgen. Das Leben wird zum Abenteuer.

12 Das Leben kann so schön sein

Als Sie dieses Buch gekauft haben, war Ihr Ziel, eine Erneuerung zu erleben: Sie wollten sich selbst und die Fülle Ihrer Möglichkeiten erleben. Eine solche Erneuerung ist beileibe keine abstrakte Vorstellung, sondern eine ganz konkrete und erkennbare Veränderung Ihrer Lebenseinstellung. Ich hoffe, Sie lassen sich von den folgenden Beispielen inspirieren, die zeigen, wie Bridging und Mapping das Leben einiger der Seminarteilnehmer verändert hat, die Sie im Lauf dieses Buches kennengelernt haben.

Carla

Carla berichtete, wie sich die Beziehung zu ihrer kleinen Tochter veränderte, als sie sich mit ihrem Identitätssystem anfreundete. Mutter zu sein war auf einmal leichter und schöner für sie.

«Ich bin viel lebendiger und schenke dem Leben mehr Aufmerksamkeit. Ich reagiere schneller auf die Signale meiner Tochter Ellie. Abends spüre ich, wann sie müde ist; früher wartete ich, bis sie gereizt wurde, und reagierte erst dann.

Ich bin mir meiner Gedanken eher bewusst und lasse mich nicht mehr so leicht davon ablenken. Meine Gedanken sind zu meinen Helfern geworden. Sie zeigen mir Wahlmöglichkeiten auf, die ich kennen muss. Meine Gedanken kommandieren mich nicht herum. Ellie will zum Beispiel immer große Portionen auf ihrem Teller haben, besonders beim Nachtisch – mehr, als sie bewältigen kann. Früher dachte ich ‹Das kann sie unmöglich essen!› Dann folgten andere Gedanken wie ‹Warum soll sie so eingeengt sein wie ich als Kind?› oder mein schlechtes Gewissen meldete sich mit Sätzen wie ‹Wenn ich eine gute Mutter sein will, darf ich sie nicht unglücklich machen› und ‹Ich will, dass sie mich mag›. Das Schlimmste davon drehte sich um meine Qualitäten als Mutter und darum, wie meine Eltern mich erzogen haben.

Wenn Ellie heute mehr haben will, als sie essen kann, erkenne ich, dass mein Identitätssystem mir eine Storyline vorschreibt. Ich rede mit Ellie darüber, dass man seinen Teller leer essen soll und dass sie jederzeit eine zweite Portion bekommen kann. Die ersten paar Male reagierte sie frustriert und verärgert. Aber ich blieb locker, weil ich wusste, dass ich auf eine neue und angemessene Weise auf ihren Wunsch reagierte. Inzwischen isst sie ihren Teller fast immer leer und fühlt sich wichtig und erwachsen, weil sie entscheiden kann, was sie als Nächstes will.

Was meine Arbeit angeht, habe ich aufgegeben, mich nach einem anderen Job umzusehen. Ich habe verstanden, dass die Unfähigkeit meiner Chefin, meine Leistungen anzuerkennen, ihr Problem ist. Es liegt an mir, ob ich das zu meinem Problem machen will. Immer wenn ich seitdem dieses Ziehen im Magen verspüre, weiß ich, dass mein Depressor und mein Reparierer mich bearbeiten. Es hilft mir sehr, meine Gedanken zu etikettieren und auf die Hintergrundgeräusche zu hören. Normalerweise löst sich dann meine Verkrampfung, doch selbst wenn es nicht so ist, öffne ich mich, mache weiter und fühle mich befreit. Wenn meine Chefin mich ignoriert oder als Laufburschen einsetzt, nutze ich die Situation, um mir der Anforderungen und Storylines meines Identitätssystems besser bewusstzuwerden. Anstatt als Beleidigung sehe ich es als Gelegenheit. Tatsächlich habe ich herausgefunden, dass es auch eine Chance sein kann, wenn jemand gemein zu mir ist. Es kann sogar ein Segen sein. Doch meistens dauert es einige Zeit, bis ich den Segen dabei entdecken kann!

Mit den Schuldgefühlen, die ich wegen der Drogensucht meines Bruders hatte, habe ich mich inzwischen arrangiert. Mein Identitätssystem bedrängte mich mit Storylines, dass ich irgendwie dafür verantwortlich sei, dabei weiß ich genau, dass es nicht so ist. Ich habe eine Map über Frank erstellt. Abgesehen von den Punkten, die mit meinen Schuldgefühlen zu tun haben, zeigt sich darin auch, dass mein Reparierer stets versucht hat, meinen Bruder zu reparieren. Wenn ich ihn nicht repariere, fühle ich mich schlecht, und dann setzen die Schuldgefühle ein.

Inzwischen habe ich erkannt, dass mein Wunsch, Frank zu reparieren, vor allem mit meinen eigenen Storylines zu tun hat. Das hat mir mehr Raum zum Atmen gegeben. Ich habe angefangen, eine Entscheidungs-Map darüber zu erstellen, was ich – wenn überhaupt – im Hinblick auf Frank und seine Sucht unternehmen kann. Das Thema richtet jetzt weniger Schaden bei mir an. Ich habe genügend Raum, über Frank und sein Problem nachzudenken, ohne die Fassung zu verlieren, habe auch mehr Raum und Ruhe, einfach bei ihm zu sein und ihn besser kennenzulernen, so wie er ist, ohne die Scheuklappen meiner Anforderungen. Ich fühle mich ihm näher, und er scheint sich in meiner Gesellschaft ein bisschen wohler zu fühlen. Selbst wenn ich über Dinge rede, die er nicht hören will, scheint er zu spüren, dass ich als liebende Schwester zu ihm spreche. Das hängt vermutlich damit zusammen, dass ich durch meine Bridging-Praxis viel offener geworden bin.

Es gibt auch noch etwas anderes: Ich versuche, vor jedem Essen ein paar Minuten lang einige Bridging-Übungen zu machen. Dann habe ich mehr vom Essen und von mir selbst. Wie gestern Abend, da wollte ich noch einen Snack, und statt wie üblich Chips, Limonade und Kuchen in mich reinzustopfen, habe ich mir einen Apfel genommen. Die bewahre ich im Kühlschrank auf, damit sie schön kalt sind. Ich nahm mir eine Minute, um seine Glätte, die gleichmäßige Form und die Kälte zu spüren. Das machte großen Spaß. Dann biss ich langsam hinein und fühlte das Platzen der Haut unter meinen Zähnen. Ich spürte die Säure und genoss die Knackigkeit. Ein Apfel und etwas Wasser sättigen mich nun. Früher habe ich immer weitergegessen, ohne zu bemerken, dass ich längst schon satt war. Dadurch habe ich, ohne irgendeine spezielle Diät zu machen, zehn Pfund abgenommen – und ich kann meine Mahlzeiten besser genießen.

Ich freue mich darauf, diese Techniken für mich arbeiten zu lassen. Es ist ‹Arbeit›, weil es Aufmerksamkeit und Sorgfalt erfordert, doch auf gewisse Weise ist es auch keine Arbeit. Die Bridging-Übungen verlaufen immer automatischer. Schließlich ist es keine große Sache, dass man Gedanken hat! Besonders interessant finde ich es, zu beobachten, wie meine Storylines entstehen, herauszufinden, ob sie mir helfen, präsent und bewusst zu sein, oder ob sie mich in eine Schleife des Identitätssystems einsperren.

Wenn Sie mich jetzt fragen, was meine Probleme sind, kann ich nur sagen, dass das Identitätssystem mein einziges Problem ist. Es macht mir sogar Spaß, daran zu arbeiten. Je mehr ich das tue, desto besser bekomme ich viele andere Dinge in den Griff. Als Sie zum ersten Mal über das ‹wahre Ich› gesprochen haben, habe ich das überhaupt nicht verstanden. Ich kann immer noch keine Worte finden, um es zu beschreiben. Mein wahres Ich ist wie ein ‹Nicht-Ich› – kein festes oder begrenztes Ich –, weil es so ungemein weit ist, so riesig, offen und immer im Wandel. Das Beste für mich ist, dass sich inzwischen alles darum dreht, präsent zu sein – im Hier und Jetzt zu leben. Ich genieße es, aufmerksamer und bewusster zu agieren. Es fühlt sich an, wie nach Hause zu kommen. Ich fange sogar an, mich über meinen Depressor und Reparierer zu freuen. Sie sorgen dafür, dass ich weiß, wann ich nicht präsent und verantwortungsbewusst bin. Mein Leben verändert sich definitiv zum Besseren.»

David

Davids Drang, sich ständig zu Höchstleistungen anzutreiben, wurde schwächer; denn er hat gelernt, seine eigene Zufriedenheit nicht nur vom Lob seiner Frau und seines Chefs abhängig zu machen. Außerdem hat er angefangen, die kleinen, aber exquisiten Freuden des Lebens zu genießen:

«Die Leute reagieren anders auf mich. Anita ist deutlich netter zu mir, wir sind uns näher, und unser Sex ist besser. Immer wenn ich merke, dass mein Reparierer oder Depressor sich aufspielt, beobachte ich meine Gedanken. Wenn ich nach Hause komme, und Anita lächelt nicht, muss ich nicht verkrampfen und wütend werden. Ich habe nun die Wahl, bin nicht festgelegt. Wenn ich zur Arbeit fahre, fühle ich mich offen für die Geräusche und Vibrationen und wach für das, was geschieht, für die Empfindungen meines Körpers. Mir ist aufgefallen, dass ich nicht mehr automatisch das Radio anmache. Ich bin beim Autofahren deutlich präsenter.

Auf der Arbeit, wenn ich Papierkram erledige, aktiviere ich jede halbe Stunde meine Sinne. Mir gefällt dieser Ausdruck. Dadurch werde ich klar im Kopf und präsent. Ich halte einfach inne, etikettiere ein paar Gedanken, und schon bin ich produktiver. Verstehen Sie mich bitte nicht falsch: Ich rege mich immer noch auf, wenn ein Deal platzt oder ich den Eindruck habe, dass mein Chef sauer auf mich ist. Allerdings versuche ich es nun aufzufangen, indem ich ein paarmal tief Luft hole und darauf achte, wie mein Körper reagiert. Es dauert nur ein paar Sekunden, aber es hilft. Inzwischen bemerke ich es viel früher und steuere gegen. Neulich hatte ich einen Klienten am Telefon, der endlos redete und sich ständig wiederholte. Ich fing an, eine Map zu skizzieren, über das, was mir im Kopf gerade durch den Kopf ging. Das machte mir klar, wo ich stand. Ich stellte fest, dass mein Gefühl, ‹klein› zu sein, mich daran hinderte, mich besser durchzusetzen. Das Telefonat lief gut, und als er aufhörte zu reden, war ich bereit, knapp und bestimmt die Punkte aufzugreifen, die für den Deal wichtig waren, und meine ganzen Probleme unter den Tisch fallen zu lassen, selbst meine Probleme mit ihm. Er ist extrem nervtötend, aber diesmal ließ ich es einfach nicht an mich heran. Inzwischen nutze ich diese Kritzel-Maps öfter, und sie helfen mir, meinen Weg zu finden. Ich habe eine Wahl. Ich muss mich nicht vom Identitätssystem lenken lassen, ich kann hingehen, wo ich will, selbst in die Richtung, in die das Identitätssystem mich zieht.

An meinen Maps erkenne ich, dass das Identitätssystem ein ständiger Gast ist. Wenn ich mir dessen nicht bewusst bin, führt dieses dauerhafte Ziehen dazu, dass ich mein beschädigtes Ich wahrnehme und ausdrücke. Die skizzierten Maps geben mir die Freiheit, mich zu öffnen, zu entspannen und eine Wahl zu treffen. Das heißt natürlich nicht, dass alles perfekt funktioniert – das tut es gewiss nicht. Doch es ist ein positiver Prozess. Wenn etwas schiefgeht, falle ich nicht in ein Loch.

Wie Carla mit dem Essen, versuche ich, mein Umfeld öfter bewusst wahrzunehmen. Wenn ich auf dem Laufband trainiere, achte ich darauf, was in meinem Körper geschieht, anstatt die Gedanken schweifen zu lassen. Früher habe ich beim Trainieren ständig auf die Uhr geschaut oder den Fernseher laufen lassen. Inzwischen macht es mir mehr Spaß als je zuvor, deshalb trainiere ich natürlich auch mehr. Ich bin viel besser in Form. Auch bin ich nicht so aufgedreht und fühle mich von meinen

Emotionen und Gedanken nicht mehr so unter Druck gesetzt. Früher hatte ich Angst vor meinen Emotionen. Mein Familienleben ist viel besser geworden. Mir ist aufgefallen, dass ich es auch einmal genießen kann, wenn ich ein paar freie Minuten habe und nicht mehr versuche, sie mit irgendetwas auszufüllen. Ich fühle mich gut dabei, einfach bewusst durchs Leben zu gehen. Mein Identitätssystem will mich natürlich nach wie vor antreiben, aber ich etikettiere diese Gedanken einfach.

Ich spiele seit meiner Jugend regelmäßig Golf, doch mein Handicap hat sich in den letzten fünf Jahren praktisch nicht mehr verändert. Seit ich mit dem Bridging angefangen habe, achte ich oft auf das Vogelgezwitscher, die entfernten Verkehrsgeräusche, den Geruch des frischgemähten Grases, den Wind auf meinem Gesicht, und automatisch werden mir meine Finger am Schläger und meine Körperbewegungen stärker bewusst. Ich versuche nicht gezielt, irgendetwas anders zu machen, trotzdem sind mein Spiel viel flüssiger und mein Schwung entspannter geworden. Wenn ich einen leichten Putt verschlage oder im Rough lande, grüble ich nicht mehr darüber nach. Wenn Gedanken über den letzten Schlag oder das letzte Loch aufkommen, etikettiere ich sie und genieße den Tag. Mein Handicap hat sich in den letzten sechs Wochen um vier Schläge verbessert.

Mapping und Bridging sind Teil meines Lebens geworden, aber es gibt immer noch Zeiten, in denen ich mich daran erinnern muss. Doch ich stelle fest, dass das Bridging immer mehr zu einer natürlichen und automatischen Tätigkeit wird, wie Zähneputzen oder Duschen. Es hilft, wenn man zur Arbeit oder nach Hause fährt. Meine Probleme erdrücken mich nicht mehr. Wenn es sein muss, arbeite ich an ihnen, und ich mache gute Fortschritte dabei. Bevor ich mit dem Bridging anfing, dominierten sie mein Leben. Mein Identitätssystem ist zwar noch da, aber es treibt mich nicht mehr so an. Ich habe mehr Raum. Zum Beispiel war mein Hauptproblem ‹Ich brauche mehr Selbstkontrolle› nur ein Scheinproblem. Es ist, als ob man sagte: ‹Ich muss meinen Reparierer reparieren.› Je mehr ich alles kontrollierte, desto weniger Bewegungsfreiheit hatte ich. Bridging zeigte mir auf, dass das eigentliche Problem mein Identitätssystem war. Ich konnte erkennen, wann mein Identitätssystem sich meiner freien Gedanken (dass ich die Kontrolle haben wolle) bemächtigte. Mir fiel auf, dass ich immer dann, wenn ich das Bedürfnis hatte, eine Situation zu kontrollieren, voller Angst und Anspannung war. Sobald ich mein Bewusstsein dafür öffnete, merkte ich, dass die Vorstellung eines Kontrollverlusts mein Gefühl von Beschädigung und Beschränkung verstärkte. Die ‹Innere-Ruhe›-Map zeigte mir, wie dominant diese Anforderung geworden war und wie eng sie mit meinen körperlichen, mentalen und emotionalen Verhaltensmustern verwoben war.

Sobald dieses Thema akut wird, greife ich auch weiterhin zum Bridging. Inzwischen kann ich in beruflichen Situationen, wenn nötig, ohne Anspannung und Angst die Kontrolle übernehmen, aber ich kann auch abwarten und Tee trinken. Zu Hause kann ich mich Jimmy gegenüber durchsetzen und dabei ruhig und freundlich bleiben. Ich trete ihm gegenüber weniger autoritär und distanziert auf, und wir kommen viel besser miteinander aus.»

Robert

Robert, ein erfolgreicher Arzt mit einem exzellenten Ruf, entdeckte den absoluten Wert seiner eigenen Tochter neu – einen Wert, den er angesichts seiner Enttäuschung über ihr Verhalten vergessen hatte. Mapping und Bridging führten ihn zu neuer Wertschätzung für das Leben mit allen Freuden, Enttäuschungen und Herausforderungen, wodurch er auch wieder zu Mitgefühl fähig war. Sein natürliches Ich eröffnete ihm den Reichtum eines erfüllten, nicht polarisierten Lebens.

Sein Bridging-Abenteuer begann, als seine 22-jährige unverheiratete Tochter Suzy einen Sohn zur Welt brachte. Sie lebte eine Zeitlang mit ihrem Freund zusammen, danach versuchte sie als alleinerziehende Mutter zurechtzukommen, und schließlich zog sie wieder bei ihren Eltern ein, um «ihr Leben in Ordnung zu bringen». Obwohl Robert sich ebenso wie seine Frau bemühte, freundlich und mitfühlend zu sein und auf die Bedürfnisse seiner Tochter und seines Enkels einzugehen, stand eine Mauer zwischen ihm und Suzy. Er bekam Schlafbeschwerden und Kopfschmerzen, trieb keinen Ausgleichssport mehr und war zunehmend reizbar. Sein Verhalten gegenüber seiner Tochter und die physischen Symptome gingen Hand in Hand, und sein verengtes Bewusstsein war zusätzlich eingeschränkt durch seine Anforderungen «Ich muss Suzy gegenüber fürsorglich sein» und «Ich muss Suzy nahe sein».

Aufgrund der schwierigen Situation, in die sie sich gebracht hatte, war Robert inzwischen zu dem Urteil gekommen, dass Suzy «keine gute Tochter» war. Seine Freunde hatten Kinder im gleichen Alter, und viele von ihnen studierten erfolgreich oder waren bereits finanziell unabhängig. Suzys Situation war ihm peinlich.

Als die Anforderungen seines Reparierers unerfüllt blieben, fühlte Robert sich beschädigt. Wenn seine Tochter deprimiert war und das Baby weinte, empfand er das als Bestätigung dafür, dass er ein schlechter Vater und Großvater war. Wie sehr er auch versuchte, ein guter Vater zu sein, sein Verhältnis zu Suzy war und blieb belastet. Nach einigen Bridging-Sitzungen erkannte er ziemlich schnell seine Anforderungen. Nun konnte er Suzy endlich als den Menschen schätzen, der sie war. Er fing an, wieder ruhiger zu schlafen und mehr auf sich zu achten.

Robert erlebte einen sehr deutlichen Perspektivenwechsel. Mit seinem erweiterten Bewusstsein konnte er die Situation seiner Tochter auf natürliche Weise akzeptieren. Sein Geist war auf einmal wieder ruhiger, und seine Anspannung ließ nach. Nach einer seiner Bridging-Sitzungen kam er nach Hause, begrüßte alle und nahm seine Tochter zu ersten Mal seit Jahren spontan in die Arme. Er wurde ganz sentimental und sagte ihr: «Ich liebe dich.» Die Barriere zwischen ihm und Suzy verschwand, und sein erweitertes Bewusstsein erlaubte ihm, sein wahres Ich zu empfangen und zu schenken. Durch diese Entwicklung bekam er ein lebendiges Wissen um sein wunderbares natürliches Ich. Dieses Wissen zeigte sich auf natürliche Weise in seinem Handeln.

Wissen wird zum Handeln, Handeln zur Erneuerung

Sie müssen nicht in Ihrem vor Gedanken schwirrenden Kopf und Ihrem beschädigten Ich gefangen bleiben. Durch regelmäßige Bewusstseinsübungen und fleißiges Bridging zu Ihrer Quelle hat Ihre Erneuerung bereits begonnen. Wenn Sie diese Praxis aufrechterhalten, werden Sie bald eine neue Gelassenheit verspüren. Ihre Beziehungen werden ebenso davon profitieren wie Ihre körperliche und geistige Gesundheit. All das sind Zeichen, dass Ihr Leben eine Wendung vollzieht. Doch damit Ihr spirituelles Schiff sich dreht – und nur so werden Sie eine wahre und dauerhafte Heilung, wahren inneren Frieden und ein unerschütterliches Wohlgefühl erlangen –, müssen Sie Ihre Quelle mit Ihrem gesamten Body-Mind-System wahrnehmen und erfahren. Um das zu tun, müssen Sie zunächst Ihr Identitätssystem ruhigstellen. Es ist blind für Ihr wahres Ich und Ihre spirituelle Welt. Während Sie lernen, es ruhigzustellen, werden

Sie spüren, wie Ihre Quelle ihre Heilkraft verströmt und Sie harmonisch und ausgeglichen Ihren Alltag bewältigen.

Die Menschen sind nicht gleich und bewegen sich mit unterschiedlicher Geschwindigkeit. Tun Sie einfach, was Sie tun. Denken Sie aber immer an die Elemente des Bridging-Prozesses: die Sinne aktivieren, die Anforderungen des Identitätssystems erkennen und sie ruhigstellen. Wenn Sie das konsequent verfolgen, werden Sie feststellen, dass Sie eine Erneuerung durchlaufen haben und an einen anderen Ort gelangt sind, wo Bridging in Ihr Wesen einprogrammiert ist. Wer einmal gelernt hat, Fahrrad zu fahren, muss nicht mehr darüber nachdenken, wie die nächste Kurve zu nehmen ist, weil der Körper automatisch – gleichsam auf der Zellebene – alles Nötige unternimmt. Genauso wird auch Ihr Body-Mind-System auf den Stress des Lebens reagieren – mit natürlichem und mühelosem Bridging, jeden Tag und in jeder Situation, sei es im Umgang mit Freuden, Problemen oder Herausforderungen. Wenn Sie Ihr Identitätssystem ruhigstellen, führt Ihr erweitertes Bewusstsein zu einem Wissen, das seinerseits Handlungen zur Folge hat. Auf Ihrer Bridging-Reise werden Sie wissen, was zu tun ist. Vergessen Sie nie, dass der Zauber nicht in diesem Buch verborgen liegt, weder in mir noch in jemand anders, sondern immer und ewig in Ihnen.

13 Der Zehn-Tage-Plan,
   der Ihr Leben optimieren wird

In den nächsten zehn Tagen können Sie Ihr Leben für immer verändern. Tausende vor Ihnen haben es bereits getan. Jetzt sind Sie dran.

Füllen Sie zuerst die aus zwölf Fragen bestehende Tabelle für mehr Lebensqualität auf der folgenden Seite aus. Nehmen Sie ein leeres Blatt Papier für Ihre Antworten, denn Sie werden diesen kurzen Fragebogen später noch einmal brauchen. Die Tabelle ist eine einfache Methode, einige grundlegende Aspekte Ihres Lebens, von Ihrer körperlichen Gesundheit bis zu Ihrem spirituellen Leben und Ihrer Zufriedenheit im Beruf, schnell und unkompliziert zu messen.

Wenn Sie fertig sind, fragen Sie sich: «Habe ich die Motivation, jeden Bereich meines Lebens zu verbessern?» In zehn Tagen, wenn Sie sämtliche Maps und Übungen absolviert haben, werden Sie die Tabelle noch einmal ausfüllen, und sie wird von der deutlichen Verbesserung Ihrer Lebensqualität zeugen. Vielleicht werden Sie den Nutzen der Übungen und Praktiken nicht in jedem Fall sofort verstehen, doch sobald Sie mit dem Zehn-Tage-Plan angefangen haben, wird Ihr Leben nicht mehr das gleiche sein.

Tabelle für mehr Lebensqualität

Wie oft trafen die folgenden Aussagen in den letzten zehn Tagen auf Sie zu?

Schreiben Sie die Nummern der Fragen (1–12),
die Punktzahlen Ihrer Antworten
und die Gesamtsumme auf ein Blatt Papier.

	Gar nicht	Mehrere Tage	Mehr als die Hälfte der Tage	Fast jeden Tag
1. Hatte aktives Interesse oder Freude daran, Dinge zu tun	0	1	3	5
2. War optimistisch, enthusiastisch und hoffnungsvoll	0	1	3	5
3. Habe gut geschlafen und bin ausgeruht aufgewacht	0	1	3	5
4. Hatte jede Menge Energie	0	1	3	5
5. Konnte mich auf Aufgaben konzentrieren und war diszipliniert	0	1	3	5
6. Hatte Ernährung, Gesundheit, sportliche Betätigung und Erholung im Griff	0	1	3	5
7. Hatte hinsichtlich meiner Beziehungen zu Familie und Freunden ein gutes Gefühl	0	1	3	5
8. War zufrieden mit dem, was ich zu Hause, auf der Arbeit oder in der Schule erreicht habe	0	1	3	5
9. War zufrieden mit der finanziellen Situation	0	1	3	5
10. Hatte ein gutes Gefühl über die spirituelle Basis meines Lebens	0	1	3	5
11. War zufrieden mit der Richtung meines Lebens	0	1	3	5
12. Fühlte mich wohl und verspürte eine innere Ruhe	0	1	3	5
Ergebnis der Spalten				
Gesamtergebnis				

Tag 1   Die Kraft des Bridging:
Gebrauchen Sie Ihre Sinne

Ein überaktives Identitätssystem überfrachtet den Geist, verspannt den Körper und schränkt somit das Leben ein. Das Identitätssystem – ein System, das alle Menschen in sich tragen – sorgt dafür, dass Ihre eigenen Gedanken jeden einzelnen Aspekt Ihres Lebens negativ beeinflussen. Wenn Sie Ihre Sinne aktivieren und Ihr Identitätssystem ruhigstellen, können Sie zum natürlichen freien Funktionieren zurückkehren, und die Qualität Ihres Lebens verbessert sich automatisch. Die verschiedenen Möglichkeiten, die Sinne zu aktivieren, werden *Bridging* genannt. Um die erstaunliche Heilkraft, die Sie in sich tragen, selbst kennenzulernen, machen Sie die folgende Übung:

Leid auflösen
1. Lassen Sie sich mit Ihrem Geist vollkommen auf eine schmerzhafte Erfahrung der Vergangenheit oder ein aktuelles Problem ein, das einfach nicht verschwinden will.
2. Erspüren Sie das Leid in Ihrem Körper.
3. Jetzt versuchen Sie das Leid festzuhalten, während Sie sich einem Hintergrundgeräusch zuwenden, wie etwa dem Rauschen des Verkehrs, dem Summen eines Ventilators, dem Ticken einer Uhr oder dem Brummen einer Maschine.
4. Konzentrieren Sie sich weiter auf das Geräusch und achten Sie darauf, was mit dem Leid geschieht.

Wenn Sie Ihr Identitätssystem ruhigstellen, verschwindet Ihr Leiden, weil Sie Ihre eigene Heilungskraft anzapfen – eine Kraft, die Ihnen jederzeit und überall zur Verfügung steht. Das ist Bridging!

Diese Übung legt das Fundament für Ihre Praxis und ist

extrem wichtig für Ihr Wohlbefinden. Versuchen Sie gleich anschließend eine Variante:

Lieblings-Ärgernisse auflösen

1. Denken Sie an eines Ihrer Lieblings-Ärgernisse. Steigern Sie sich richtig hinein, bis Sie diesen Erzfeind oder die Situation leibhaftig vor sich sehen.
2. Lassen Sie Ihren Körper Ihren Unmut erfühlen.
3. Reiben Sie nun sanft den Stoff Ihrer Kleidung und konzentrieren Sie sich auf die Empfindung unter Ihren Fingerspitzen.
4. Achten Sie darauf, wie unter der Konzentration auf den sinnlichen Eindruck Ihr gesamter Geist und Körper sich entspannen. Zauberei? Nein! Sie haben nichts weiter getan, als Ihre Sinne zu aktivieren und die Ruhe und die Heilkräfte zu erfahren, die Ihnen von Geburt an eigen sind. Auch das ist Bridging.

Jetzt ist es an der Zeit, die Bridging-Übungen in Ihr Leben zu integrieren. Die folgenden fünf Übungen sind einfach und leicht umzusetzen. Jede erlaubt es Ihnen, Ihren Körper zu regenerieren, einen Körper, den das Identitätssystem abgestumpft hat. Wie bei den Erlebnisübungen, die Sie gerade gemacht haben, haben Sie nur dann einen Nutzen davon, wenn Sie jede Übung körperlich durchführen. Es reicht nicht aus, nur darüber zu lesen. Sie müssen die Übungen durch Ihre Sinne erfahren.

Um das Leben voll auszukosten, sollten Sie die folgenden Übungen möglichst täglich absolvieren.

Tägliche Übungen

1. Hören Sie beim morgendlichen Duschen oder beim Händewaschen darauf, wie das Wasser den Abfluss hinunterfließt und spüren Sie den Druck des Wassers auf Ihrem Körper.

Wenn Ihnen das Bewusstsein für dieses Geräusch zwischendurch durch ein überaktives Identitätssystem verloren geht, machen Sie sich keine Vorwürfe, dass Sie zu unkonzentriert sind – kehren Sie einfach zu dem Geräusch zurück. Wenn Sie zu einem Sinn (Hören) zurückkommen, dehnt sich Ihr Bewusstsein automatisch aus und öffnet sich für *alle* Ihre Sinne. Sie haben Ihren vor Gedanken schwirrenden Kopf verlassen und sind völlig in Ihren Körper eingetaucht.

Legen Sie über den Tag verteilt öfters eine kurze Pause ein, um auf die Hintergrundgeräusche um Sie herum zu hören. Jedes Mal, wenn Sie Ihre Sinne aktivieren, wird sich die Qualität Ihres Lebens verbessern. Versuchen Sie es. Sie werden sehen.

2. Halten Sie einen Moment inne, wenn Sie etwas trinken, und spüren Sie Ihre Finger auf der Tasse oder der Flasche. Fühlen Sie die Hitze oder die Kälte und die Beschaffenheit des Gefäßes. Die ganze Welt der Sinneseindrücke wartet nur darauf, von Ihnen entdeckt zu werden! Denken Sie daran, diese einfachen Dinge zu tun, und erleben Sie die riesige Ausdehnung dessen, der Sie wirklich sind.

3. Auto fahren kann nervig sein, besonders bei starkem Verkehr. Ab heute nicht mehr. Versuchen Sie, jedes Mal, wenn Sie Ihre übliche Route fahren, die Fahrt richtig zu (er)leben, statt sich auf Hindernisse wie langsame Fahrer, lange Rotphasen oder Staus zu konzentrieren. Spüren Sie das Lenkrad, hören Sie das Röhren des Motors, spüren Sie seine Bewegung und Vibrationen. Achten Sie auf die anderen Autos, die Straße und die Umgebung. Machen Sie das Radio aus und konzentrieren Sie sich auf die Fülle Ihres Fahrerlebnisses. Sie werden bemerken, wie Ihre Anspannung abnimmt, und Sie werden viel besser fahren. Einige Menschen haben uns versichert, dass diese Praxis ihnen das Leben gerettet hat. Wenden Sie diese Technik auch auf andere Aktivitäten

Ihres Alltags an – anziehen, kochen, sauber machen, Rasen mähen und so weiter.

4. Die Schwerkraft ist unser ständiger Begleiter. Haben Sie sie heute schon gespürt? Erspüren Sie die Schwerkraft jetzt sofort. Fühlen Sie ihre Wirkung, wenn Sie Ihre Körperhaltung verändern. Spüren Sie den Druck auf Ihren Fußsohlen, wenn Sie gehen. Spüren Sie beim Sitzen den Druck des Stuhls auf Ihren Sitzbeinhöckern und spüren Sie den Druck der Schwerkraft auf Ihre Füße, wenn sie den Fußboden berühren.

Sie denken vielleicht: «Kann es wirklich mein Leben glücklicher, gesünder und produktiver machen, wenn ich meine Füße spüre, mir bewusstmache, was ich anfasse, und auf Hintergrundgeräusche achte?» Wenn Sie dem Plan folgen, wird Ihnen in den nächsten paar Tagen jede Zelle Ihres Geistes und Körpers eine klare und deutliche Antwort darauf geben.

5. Wenn Sie tief schlafen und morgens erholt aufwachen wollen, müssen Sie etwas mit Ihrem vor Gedanken schwirrenden Kopf unternehmen. Ein Kopf voller Gedanken kann niemals einen vor Gedanken schwirrenden Kopf beruhigen – das Aktivieren der Sinne dagegen vermag es. Gewinnen Sie Ihre natürliche Schlaffähigkeit zurück, indem Sie auf Hintergrundgeräusche wie das Ticken einer Uhr oder das Summen der Heizung hören. Wenn Gedanken entstehen, nehmen Sie diese einfach zur Kenntnis und kehren Sie zu dem Geräusch zurück. Bald werden Sie einschlafen. Manche Menschen reiben auch mit den Fingern über ihre Decke und achten auf das Gefühl in ihren Fingerspitzen.

Diese fünf Übungen stehlen weder Menschen mit einem vollen Tagesplan Zeit, noch müssen Sie Ihren Tagesablauf dafür ändern. Sie haben einen Körper, der gut dafür gerüstet ist, das

Leben voll auszukosten. Sie sollten diese Übungen vor allem deshalb gewissenhaft machen, weil Ihr Identitätssystem Sie «heruntergefahren» und Ihnen eingeredet hat, dass Abgestumpftsein eine Lebensweise ist. Ihre Kleidung, dieses Buch, der Stuhl, auf dem Sie sitzen: All das berührt Sie in diesem Moment.

Sie müssen sich dafür nicht anstrengen, aktivieren Sie nur immer wieder Ihre Sinne und erleben Sie die Weite Ihres wahren Wesens. Erinnern Sie sich noch an das letzte Mal, als die Schönheit eines Sonnenuntergangs Sie berührt hat? Diese Erfahrung steht Ihnen jederzeit zur Verfügung, rund um die Uhr.

Halten Sie einen Moment inne und fühlen Sie klar, wie Ihre Fingerspitzen dieses Buch halten. Nehmen Sie wahr, wie das Buch Sie berührt. Es ist an der Zeit, die Weite Ihres Lebens zurückzuerobern.

LESEN   Einleitung.

Tag 2   Lernen Sie Ihr Identitätssystem kennen: Was hält Sie zurück?

Wenn Sie sich Ihrer Sinne bewusst sind und den Zehn-Tage-Plan umsetzen, werden Sie langsam anfangen, neuentdeckte Fähigkeiten wahrzunehmen: bewusster sein, entspannt sein, ruhig sein, einen klaren Kopf haben. Sie fangen an, wieder mehr Freude am Leben zu haben. All das sind Zeichen für ein ruhiggestelltes Identitätssystem. Wichtiger noch, Sie lernen zu erkennen, wann Ihr Identitätssystem aktiv ist – nämlich wenn Sie Sorgen, körperliche Anspannung, eingeschränktes Funktionieren erfahren – und wie Sie es abschalten können, indem Sie Ihre Sinne aktivieren. Mit jedem Tag wird es leichter, Ihren natürlichen Grundzustand zu erleben und Ihr Identitätssystem zu entschärfen.

Wenn es Ihnen schwerfällt, mit Ihrem ruhiggestellten Identitätssystem umzugehen, liegt das vielleicht daran, dass Sie glauben, Anspannung, Dynamik und ein hektisches mentales Multitasking seien charakteristisch für den Menschen, der Sie sind, und dass «locker werden» gleichbedeutend sei mit dem Auslassen von Chancen, sich zu bewähren und auszuzeichnen. Doch genau das Gegenteil trifft zu: Je mehr man sich anstrengt, desto mehr Spannung entsteht, und desto geringer sind die Chancen auf Erfolg. Der stellt sich nämlich nur ein, wenn Sie all Ihre enormen Fähigkeiten nutzen und entspannt und selbstbewusst genug sind, sich für neue Ideen, Empfindungen und Situationen zu öffnen. Ihr Denken ist nur ein Teil Ihrer Ressourcen.

Ein angespannter, getriebener Körper und ein überfrachteter Geist – das sind nicht Sie, das ist bloß das falsche, beschädigte Bild, das Ihr Identitätssystem Ihnen verkauft. Absolvieren Sie weiterhin mit einem offenen Geist die Übungen von Tag 1, und Sie werden Ressourcen entdecken, von denen Sie nicht wussten, dass Sie sie haben. Mit Bridging werden Sie produktiver sein als je zuvor.

Das Ziel von Tag 2 besteht darin, die Charakteristika Ihres individuellen Identitätssystems kennenzulernen und damit anzufangen, die Kontrolle über Ihr Schicksal zurückzuerlangen. Nutzen Sie die unten beschriebene Problem-Map, um die spezifischen Mechanismen zu entdecken, mit denen Ihr Identitätssystem Sie zurückhält. Doch zuerst lesen Sie sich nochmal durch, was Sie in der Tabelle für mehr Lebensqualität angekreuzt haben. Welche Frage bekam die niedrigste Punktzahl? Denken Sie an Menschen und Situationen, die zu der niedrigen Bewertung dieses Punktes beigetragen haben. Dann schreiben Sie in die Mitte eines Blattes einen Satz, der das Problem ausdrückt. Seien

Sie so spezifisch wie möglich – zum Beispiel «Ich komme in meinem Job nicht schnell genug voran», «Ich bin dick und kann keine Diät halten», «Meine Schwiegermutter fällt mir ständig in den Rücken», «Meine Frau gibt zu viel Geld aus» oder «Ich bin zu beschäftigt und habe nicht genug Zeit für meine Familie».

Die Problem-Map
1. Sie haben nun also Ihr Problem aufgeschrieben. Jetzt ziehen Sie einen Kreis um den Satz. Um diesen herum schreiben Sie spontan Gedanken, die Ihnen zu dem Problem in den Sinn kommen. Arbeiten Sie schnell und spontan, drei oder vier Minuten lang, ohne sich zu korrigieren. Es gibt keine richtigen oder falschen Gedanken.
2. Als Nächstes betrachten Sie das Problem in der Mitte des Blattes und achten auf die körperlichen Empfindungen, die dabei ausgelöst werden. Lassen Sie sich Zeit und spüren Sie genau, wie der Körper sich fühlt. Lokalisieren Sie, wo die einzelnen Empfindungen entstehen (zum Beispiel in Magen, Hals, Kopf) und wie die Empfindungen beschaffen sind (Enge, Druck, Völlegefühl, Leere). Wichtig ist weder die Qualität der Empfindungen noch der Ort, an dem sie auftreten, sondern lediglich Ihre Fähigkeit, mit Ihrem Körper in Verbindung zu treten. Diese Übung führt Ihren Geist und Ihren Körper zusammen und erlaubt Ihnen, die Signale Ihres überaktiven Identitätssystems zu erkennen. Schreiben Sie nun auch die körperlichen Empfindungen auf, die Sie erfahren haben.
3. Jetzt sehen Sie sich jeden der auf dem Papier verteilten Gedanken an. Werden Sie sich der verschiedenen Empfindungen, die diese Gedanken begleiten, bewusst und notieren Sie sie.
4. Nehmen Sie sich dann eine Minute Zeit, um konsequent und bewusst auf Hintergrundgeräusche zu hören, und be-

obachten Sie, was mit diesen Gedanken passiert, die Ihren Körper plagen.

Ihre Empfindungen beim Betrachten der Problem-Map sind Signale Ihres überaktiven Identitätssystems. Die Punkte auf Ihrer Map weisen auf einen überladenen Geist hin und das ungelöste Problem auf Ihre eingeschränkte Funktion. Sie können keine erfolgreiche Lösung für das Problem finden, weil etwas in Ihnen Sie zurückhält. Ihr Identitätssystem hat ein Systemversagen von Körper und Geist ausgelöst. Dabei fehlt Ihnen gar nichts! Erinnern Sie sich daran, wie Sie sich fühlten, als Sie Ihre Sinne aktivierten. Sie haben alles, was Sie brauchen, um Ihr Leben zu optimieren und dieses Problem zu lösen.

Lassen Sie als Nächstes die Ereignisse der letzten Woche Revue passieren. Können Sie jetzt Situationen erkennen, in denen Ihr Identitätssystem größere oder kleinere Zusammenbrüche verursachte? Wenn das nächste Mal eine ähnliche Situation auftritt, achten Sie auf Ihre Körperempfindungen. Zu den Signalen für ein aktives Identitätssystem gehören unter anderem ein Umklammern des Lenkrads, Hochziehen der Schultern, Versteifen der Haltung oder das Gefühl, ein enges Band um den Kopf zu spüren. Diesen subtilen Botschaften sollten Sie mehr Aufmerksamkeit schenken, denn sie zeigen an, dass Ihr Identitätssystem die Führung übernommen hat und ruhiggestellt werden muss.

Alle Teilnehmer unserer Seminare, denen vorher ein Bewusstsein für ihre Sinneswahrnehmungen fehlte, haben einen regelrechten Quantensprung in den Bereichen Leistung und Lebensfreude vollzogen, sobald sie «ihren Körper zurückerobern». Die folgenden Übungen geben Ihnen weitere Möglichkeiten an die Hand, Ihre Sinne zu aktivieren.

Tag 2   Übungen

1. Fangen Sie an, die subtilen und weniger subtilen Signale Ihres aktiven Identitätssystems wahrzunehmen. Bekämpfen Sie den vom Identitätssystem verursachten überschüssigen Stress, indem Sie auf Geräusche hören, Ihre Umgebung wahrnehmen, Ihren Körper spüren – und sich dieses Prozesses bewusst sind.

2. Wenn Sie über ein Problem oder eine schwierige Situation nachdenken, nehmen Sie sich einen Moment Zeit, um bewusst auf Hintergrundgeräusche zu achten oder klar zu spüren, was Ihre Finger gerade berühren. Halten Sie die Geräusche oder Sinneseindrücke bewusst ein paar Minuten lang fest, während Sie weiter über das Problem oder die Situation nachdenken. Wenn Sie das Bewusstsein für die Geräusche oder Sinneseindrücke verlieren, steuern Sie einfach sanft wieder darauf zurück. Sie werden eine neue Perspektive und Klarheit erleben, während Sie sich für die Weite des Menschen öffnen, der Sie wirklich sind.

3. Erstellen Sie auf einem Blatt Papier eine «To do»-Map, indem Sie zehn Dinge aufschreiben, die Sie in den nächsten Tagen erledigen müssen oder wollen. Lesen Sie dazu noch einmal in Kapitel 5 nach. Setzen Sie ein +-Zeichen vor die Punkte, die Sie ein wenig verkrampft machen, und ein ++-Zeichen vor die Punkte, die Sie sehr verkrampft und unruhig machen.

   a) Wählen Sie einen +- oder ++-Punkt, den Sie bisher vor sich hergeschoben haben.

   b) Gehen Sie im Geist alle Gründe durch, warum Sie diese Sache nicht erledigt haben.

   c) Lassen Sie diese Negativität Ihren gesamten Körper durchdringen.

   d) Lösen Sie diese Geist-Körper-Negativität auf, indem Sie ein Bridging zu Geräuschen oder Sinneseindrücken machen.

e) Jetzt haben Sie die nötigen Werkzeuge in der Hand, um mit Ihrem natürlichen, vollen Funktionieren die bisher aufgeschobene Tätigkeit zu erledigen.

f) Das Erledigen dieser Aufgabe zeigt Ihnen, dass Sie die Kontrolle haben, nicht Ihr Identitätssystem.

Wenn Sie die Übungen der ersten beiden Tage gemacht haben, dann haben Sie erlebt, was es heißt, Ihr Identitätssystem mit Bridging zu «überbrücken». Haben Sie bemerkt, wie weit dabei Ihr Bewusstsein ist, wenn Sie es mit dem beengten Zustand von Körper und Geist vergleichen, den das Identitätssystem verursacht? Bitte praktizieren Sie diese Übungen auch weiterhin regelmäßig. In den nächsten acht Tagen werden Sie sich mehr und mehr mit Ihrem Identitätssystem anfreunden und es damit ruhigstellen.

LESEN   Kapitel 1

Tag 3   Freunden Sie sich mit Ihrem Depressor an: Lassen Sie nicht zu, dass Ihre Gedanken Sie beherrschen

Inzwischen können Sie Ihren Stress bekämpfen und werden im Alltag produktiver. Mit jedem Bridging verringern Sie die Einmischung Ihres Identitätssystems in Ihr Leben. Blättern Sie zurück zur Tabelle für mehr Lebensqualität auf Seite 234. Schneiden Sie jetzt besser ab? Bitte lassen Sie bei Ihren täglichen Bridging-Übungen nicht nach. Wenn Sie aufhören, beenden Sie auch Ihre Fortschritte. Bridging ist nicht nur eine Technik, sondern ein natürlicher Weg, Ihr Leben voll auszuschöpfen.

Das Identitätssystem hat im Wesentlichen zwei Subsysteme (oder Helfer, wie ich sie gerne nenne): den Depressor und den

Reparierer. Heute werden Sie Ihren Depressor entschärfen, der seit Jahrzehnten Ihr Leben kontrolliert. Lassen Sie uns also gleich anfangen und eine Depressor-Map erstellen.

Depressor-Map
1. Schreiben Sie «Depressor» in die Mitte eines leeren Blattes und notieren Sie drum herum willkürlich Gedanken, die Ihnen in den Sinn kommen, wenn Sie entmutigt, niedergeschlagen oder deprimiert sind. Jeder Mensch kennt diesen negativen Selbstdialog. Wie lautet Ihrer? Seien Sie so spezifisch und vollständig wie möglich. Schreiben Sie zügig und ohne sich zu korrigieren drei oder vier Minuten lang.
2. Achten Sie als Nächstes bewusst auf Ihre körperlichen Empfindungen. Was fällt Ihnen an Ihrem Körper auf, während Sie über die Map im Allgemeinen und jeden Gedanken oder jede Phrase im Einzelnen nachdenken? Schreiben Sie alle körperlichen Empfindungen auf. Das Bewusstsein dafür leistet zweierlei: Es entdeckt die Warnsignale für ein überaktives Identitätssystem, und es macht den Weg frei, damit auf Zellebene eine Heilung stattfinden kann.

Wenn Sie diesen Absatz lesen, bevor Sie Ihre Map erstellt haben, unterlaufen Sie den Zweck des Zehn-Tage-Plans! *Es wird nicht funktionieren, wenn Sie die einzelnen Schritte nicht physisch ausführen!* Die Übungen und Maps, die Sie anfertigen, lassen Sie erkennen, wie Ihr persönliches Identitätssystem funktioniert.

Zurück zur Depressor-Map: Die Phrasen oder Gefühle, die Sie notiert haben, sind negativ und wahr, gleichzeitig aber sind es wundervolle natürliche Gedanken und Emotionen. Aussagen wie «Ich bin ein Loser» oder «Ich bin nicht intelligent genug» oder «Keiner liebt mich» sind nicht per se problematisch. Ihr Geist ist dualistisch, das heißt, er kann und wird nicht funktionieren ohne positive und negative Gedanken. Ein Mensch kann sich erst dann von negativen Gedanken befreien, wenn der Hirntod eintritt.

Problematisch wird die Sache erst, wenn das Identitätssystem sich natürlicher negativer Gedanken bemächtigt und deren Negativität buchstäblich in jeder Körperzelle einlagert. Die starken und unangenehmen körperlichen Empfindungen, die Sie in Schritt 2 der Map erlebt haben, unterstreichen diese Tatsache. Gedanken, ein Mittel zur inneren Kommunikation, sind nichts weiter als das Abscheiden einer Chemikalie durch eine Hirnzelle. Der Gedanke «Ich habe es falsch gemacht» zum Beispiel ist nichts weiter als ein Signal, dass Sie mit einem natürlich funktionierenden und entspannten Körper und Geist Ihre Arbeit überprüfen und möglicherweise noch einmal tun sollten. Sonst nichts. Doch oft geschieht es, dass das Identitätssystem sich diesen Gedanken schnappt und eine Storyline daraus bastelt: «Ich hätte es richtig machen sollen», «Warum habe ich so viel Zeit vergeudet?», «Vater hat schon immer gesagt, dass ich nicht intelligent genug bin», «Ich muss mehr am Ball bleiben». Es ist die Storyline, die den Schaden verursacht, und nicht der Gedanke. Ihr Identitätssystem nimmt Ihren Gedanken und lässt ihn mit Hilfe von Storylines in Ihren Körper übergehen, wobei Spannungen entstehen, der Kopf mit Ballast gefüllt und die Lebensqualität beeinträchtigt wird. Storylines können Sie buchstäblich lähmen.

Sie haben es in der Hand, Ihren Depressor und seine Storylines hier und jetzt zu entschärfen. Dazu müssen Sie sich Ihrer negativen Gedanken weder entledigen noch sie durch positive Gedanken ersetzen. Im Gegenteil: Je mehr Sie versuchen, negative Gedanken zu verbannen, desto mehr Energie geben Sie ihnen. Sie müssen nichts weiter tun, als sich mit dem Depressor anzufreunden, indem Sie lernen, seine Eigenschaften zu erkennen, ihn als ein natürliches System des Körpers zu begreifen und ihn dann angemessen zu behandeln.

Ein erfolgreicher Geschäftsmann, der an einem meiner Seminare teilnahm, hatte nur positive und motivierende Punkte auf seiner Depressor-Map notiert, Gedanken wie «Streng dich mehr an», «Verbessere dich», «Du bist okay». Als er über seine Statements nachdenken und die Reaktion seines Körpers darauf beobachten sollte, war er sich keiner unangenehmen Empfindungen bewusst. Doch der Depressor steckt in uns allen. Obwohl dieser Mann nichts davon bemerkte, war sein Depressor aktiv und stellte jede Menge Unsinn an.

Nachdem ich wegen seiner fehlenden Depressor-Signale etwas tiefer gebohrt hatte, sagte er: «Wenn ich mich wirklich anstrenge, die Dinge richtig zu machen, habe ich manchmal Magen-Darm-Blutungen.» Er war noch nie auf die Idee gekommen, die Reaktionen seines Körpers mit seinen Gedanken oder Handlungen in Verbindung zu bringen! Nachdem er die Übungen der Tage 1, 2 und 3 absolviert hatte, wurde ihm sein Depressor langsam bewusst, woraufhin sich nicht nur seine Gesundheit, sondern auch die Qualität seines ganzen Lebens verbesserte.

Machen Sie nun die folgenden «Anfreundungs»-Übungen, und setzen Sie zudem die Übungen von Tag 1 und Tag 2 fort.

Tag 3   Übungen

1. Wann immer ein negativer Selbstdialog auftritt, der den Phrasen auf Ihrer Depressor-Map gleicht, sollten Sie ihn sofort erkennen, sich daran erinnern, dass es sich nur um Gedanken handelt, und dann einfach mit Ihrer momentanen Tätigkeit weitermachen. Seien Sie sich dabei dessen bewusst, was Sie sehen, hören und physisch spüren.

2. Nehmen Sie das Etikettieren von Gedanken (vgl. Kapitel 4) in Ihre tägliche Praxis auf. Das wird Ihnen helfen zu erkennen, dass ein Gedanke nichts weiter als ein Gedanke ist. Wenn ich zum Beispiel nach einer kurzen Nacht müde

und unausgeruht erwache, denke ich vielleicht: «Ich bin ein alter Sack.» Dann etikettiere ich meinen Gedanken, indem ich einfach feststelle: «Ich habe den Gedanken ‹Ich bin ein alter Sack›», lächle ein wenig über mich selbst und mache mich für den Tag fertig. Den Schaden richten nur die Storylines («Ich kann nicht tun, was ich tun muss», «Ich muss mich mehr anstrengen», «Das wird ein schlechter Tag werden») an, die Sie Ihren Gedanken hinzufügen.

3. Erinnern Sie sich an Ihre Körperempfindungen im Zusammenhang mit Ihrer Map. Das sind Warnsignale, die Ihnen verraten, dass Ihr Depressor in Aktion getreten ist. Wenn körperliche Depressor-Symptome auftreten, erkennen Sie, dass die Schwere, Lethargie oder Enge, die Sie verspüren, nur körperliche Empfindungen sind, psychosomatische Komponenten des Depressors. Kommen Sie dann durch Ihr Bewusstsein für Ihre Umgebung zurück zu dem, was Sie gerade tun.

Sie haben Ihrer täglichen Praxis gerade zwei wertvolle Bridging-Werkzeuge hinzugefügt – das Etikettieren von Gedanken und das Bewusstsein für den Depressor. Das Bewusstsein ist alles, was Sie brauchen, um Ihr Identitätssystem ruhigzustellen. Je besser Sie in der Lage sind, es zu unterbrechen, indem Sie sich mit dem Depressor anfreunden, desto schwächer wird es, und desto mehr Kontrolle haben Sie über Ihr Leben. Seien Sie sanft, aber konsequent. Sie müssen negative Gedanken oder unangenehme körperliche Empfindungen nicht unterdrücken oder ändern. Sobald Sie das Licht Ihres Bewusstseins auf Ihr Identitätssystem scheinen lassen, wird Ihr natürliches Funktionieren den Rest erledigen.

LESEN   Kapitel 2, 3 und 4.

Tag 4 Sie sind nicht kaputt und müssen nicht repariert werden: Ihr wahres Ich fließt auf natürliche Weise

Gestern haben Sie gelernt, wie negative Gedanken den Depressor auslösen, Sie erlebten gelähmtes Denken, körperliche Anspannung und gestörtes Funktionieren. Wir nennen diesen dysfunktionalen und fehlangepassten Zustand des Body-Mind-Systems das «beschädigte Ich». Ihr Identitätssystem versucht dann, Sie als beschädigt zu definieren. Doch egal, wer Sie sind und was Sie durchgemacht haben, die folgende Übung beweist, dass weder Sie noch irgendjemand sonst per se fehlerhaft oder beschädigt ist. Lesen Sie zuerst die Anleitung, dann legen Sie das Buch zur Seite und machen die Übung. Um einen Nutzen zu erzielen, müssen Sie die Übung persönlich erleben.

Die Suche nach dem beschädigten Ich
1. Gehen Sie in einen Raum, wo Sie ungestört sind. Schließen Sie die Augen, machen Sie Bridging, indem Sie sich auf ein Hintergrundgeräusch konzentrieren, bis Sie die vertrauten Anzeichen Ihres ruhenden Identitätssystems bemerken.
2. Erleben Sie, während Sie weiter bewusst auf das Geräusch achten, die Weite Ihres Geistes und fangen Sie an, darin nach Beschädigungen zu forschen. Suchen Sie so intensiv, als hinge Ihr Leben davon ab.
3. Durchsuchen Sie jeden Winkel Ihres Geistes (links – rechts, hinten – vorne, oben – unten) nach Anzeichen für eine Beschädigung oder einen Mangel. Fragen Sie sich :«Wo ist die Beschädigung?»
4. Halten Sie das Geräusch weiter fest und versuchen Sie, den Schaden zu finden.
5. Nachdem Sie einige Minuten gesucht haben, öffnen Sie die Augen.

Haben Sie eine Beschädigung entdeckt? Vielleicht sagen Sie jetzt: «Nein, ich konnte weder Beschädigungen noch Mängel finden.» Großartig! Sie haben die Wahrheit erfahren. Das beschädigte Ich ist nämlich ein Mythos. Sie sind immer mit Ihrem Quell von Heilung, Wohlbefinden, Kraft und Weisheit verbunden. Sie sind genauso wenig von Ihrer Quelle zu trennen wie der Wasserfall von seiner flussaufwärts liegenden Quelle.

Vielleicht haben Sie aber auch zuerst Weite, Ruhe und Leichtigkeit erfahren, doch sobald Sie anfingen, nach der Beschädigung Ausschau zu halten, und dabei an Traumata der Vergangenheit, Selbstkritik oder schmerzhafte körperliche Empfindungen dachten, fiel die Weite in sich zusammen. Großartig! So konnten Sie aus erster Hand beobachten, wie sich Ihr Identitätssystem natürlicher negativer Gedanken bemächtigt, um Ihren Geist zu überfrachten und Ihren Körper zu verspannen. Sie haben erlebt, wie es auf Hochtouren arbeitet. Obwohl Sie immer mit Ihrer Quelle (das heißt Ihrem wahren Ich) verbunden sind, schafft es Ihr Identitätssystem, Ihre Fähigkeit einzuschränken, diese Verbindung zu erfahren – nicht nur, indem es Ihr Denken überfrachtet, sondern indem es Ihren gesamten Stoffwechsel beeinträchtigt. Das beschädigte Ich ist nicht nur ein selbstbegrenzender Zustand des Geistes, sondern ein Zustand der Kontraktion von Körper, Geist und Seele.

Erinnern Sie sich daran, wie sich bei der Depressor-Map an Tag 3 Ihre negativen Gedanken in Storylines verwandelten? Das Gleiche gilt für positive Gedanken. Die meisten Menschen sind verblüfft, wenn sie hören, dass auch positive Gedanken sie einschränken können. In unserer Kultur wird von praktisch allen psychiatrischen, psychologischen, Selbsthilfe-, Motivations- und sogar spirituellen Ratgebern dem positiven Denken ein besonderer Wert beigemessen. Doch wie bereits angesprochen, gehören zum natürlichen Funktionieren positive *und* negative Gedanken. Der Schlüssel liegt nicht darin, das Positive zu verstärken und das Negative zu eliminieren, sondern zu erkennen, dass Sie viel größer sind, als Sie glauben. Wer Sie zu sein glauben, ist eine selbstbeschränkte, unvollständige und beschädigte Version dessen, wer Sie *wirklich* sind. Die Weite Ihres wahren Ichs kommt durch Bridging auf natürliche Weise zum Vorschein. Ihr denkender Geist kann nicht erfassen, wer Sie wirklich sind, weil es so groß ist, so wandelbar, so grenzenlos.

Heute werden Sie feststellen, dass Ihre positiven Gedanken Sie nicht einschränken können, und Sie werden beginnen, Ihr natürliches freies Funktionieren zu verstehen. Fangen wir mit einer Reparierer-Map an. Denken Sie daran: Der Reparierer ist der Zwillingsbruder des Depressors, beides sind Werkzeuge, mit denen das Identitätssystem versucht, Sie klein zu halten.

Reparierer-Map

1. Schreiben Sie «Reparierer» in die Mitte eines leeren Blattes. Zeichnen Sie einen kleinen Kreis um das Wort und verteilen Sie auf der gesamten Seite willkürlich Gedanken darüber, wie Sie sich verbessern werden. Arbeiten Sie zügig und spontan drei bis vier Minuten lang.
2. Achten Sie auf Ihren Energiepegel, während Sie die Reparierer-Map anfertigen, und vergleichen Sie ihn mit dem Energielevel beim Erstellen der Depressor-Map.
3. Gehen Sie nacheinander alle Punkte auf der Map durch und achten Sie darauf, wo Sie inneren Druck oder Getriebenheit verspüren.
4. Notieren Sie Ihre körperlichen Empfindungen für den Fall, dass Sie nicht in der Lage sind, die Selbstverbesserungspunkte zu vollenden.

Die positiven Aussagen auf dieser Map sind natürliche, freie Gedanken. Es ist Ihre Lebensaufgabe, sich um sich selbst und Ihre Verpflichtungen zu kümmern. Wenn jedoch Ihr Identitätssystem sich freier Gedanken bemächtigt, dann steuert es Ihr Handeln, und Ihr Funktionieren ist eingeschränkt. Wenn Sie lernen, Ihr Identitätssystem ruhigzustellen, können Sie sich natürlich und frei funktionierend (also mit Ihrem wahren Ich) um sich selbst und Ihre Verpflichtungen kümmern.

Die meisten Menschen assoziieren den Reparierer mit einer positiveren Energie als den Depressor und kommen daher zu der falschen Überzeugung, all diese guten Vorsätze und der Wille zum Erfolg seien Ausdruck des natürlichen Funktionierens. Der entscheidende Punkt, wenn Sie das Leben voll ausschöpfen wollen, ist die Fähigkeit, den Reparierer Ihres Identitätssystems vom natürlichen Funktionieren zu unterscheiden.

Betrachten Sie nun jede einzelne Aussage Ihrer Map unter den folgenden Gesichtspunkten:

- Empfinden Sie eine subtile Unruhe, körperliche Anspannung und mangelnde Zufriedenheit, selbst wenn Sie erfolgreich sind? Der Reparierer ist ein hyperaktiver Duracell-Affe, er macht immer weiter und weiter. Genug ist nie genug. Der Reparierer will Ihr beschädigtes Ich reparieren, kann es aber nicht. Denken Sie daran: Das beschädigte Ich ist ein Mythos, reparieren setzt voraus, dass etwas kaputt ist.
- Was geschieht, wenn die geplante Verbesserung oder Entwicklung nicht erfolgt? Sind unangenehme Gedanken und körperliche Empfindungen das Ergebnis, dann will Ihr Identitätssystem Sie davon überzeugen, dass Sie ein Versager (mit anderen Worten: beschädigt) sind, wenn Sie keinen Erfolg haben. Hinter jedem Reparierer steht ein Depressor. Sehen Sie sich nun Ihre Depressor-Map noch einmal genau an. Versuchen Sie, den Depressor zu reparieren?
- Bei natürlichem Funktionieren sind Sie enttäuscht, wenn sich eine Erwartung nicht erfüllt oder Sie ein Ziel nicht erreichen. Natürlich. Erreichen Sie dagegen ein Reparierer-Ziel

nicht, dann sind Sie am Boden zerstört. Sie erleben einen drastischen Rückgang oder den totalen Zusammenbruch Ihrer Funktionsfähigkeit. Um das zu verhindern, sollten Sie sich mit dem Reparierer anfreunden, indem Sie erst das Licht Ihres Bewusstseins auf ihn richten und danach damit beginnen, natürlich und frei zu funktionieren. Angenommen, Sie denken beim Golfspielen: «Ich muss mit diesem Schlag das Grün treffen», oder im Büro: «Ich muss eine gute Präsentation machen», oder zu Hause: «Das Haus muss perfekt in Ordnung sein, wenn die Gäste kommen.» Freunden Sie sich mit Ihrem Reparierer an, indem Sie sich der überschüssigen Spannung in Ihrem Körper bewusstwerden. Die weißen Knöchel beim Umklammern des Golfschlägers sind ein Hinweis auf Reparierer-Gedanken. Wenn Sie sich der Anspannung und der Storylines Ihres Reparierers bewusst sind, werden Sie Ihren Griff lockern, Ihre Finger auf dem Schläger spüren, den Wind in den Bäumen hören und den Schläger anschließend frei schwingen. Bei der Arbeit und zu Hause ist es letztlich das Gleiche. Erkennen Sie den Reparierer, stellen Sie Ihr Identitätssystem mit Bridging ruhig und machen Sie einfach weiter mit dem, was Sie gerade tun.

Natürliches Funktionieren ist der Motor des Lebens. Es umfasst schlicht alle Aktivitäten Ihres täglichen Seins, ohne dass Ihr Identitätssystem etwas hinzufügt oder wegnimmt. Eine alternative Bezeichnung ist freies Funktionieren, weil es frei ist von Einmischungen des Identitätssystems. Wann immer Ihr Identitätssystem ruht, funktionieren Sie frei. Das Diagramm auf Seite 40, das natürliches Funktionieren dem Funktionieren unter dem Einfluss des Identitätssystems gegenüberstellt, illustriert das. Sie müssen sich nicht zwingen, frei zu funktionieren – genauso wenig wie Sie Ihren Magen dazu bringen müssen, Essen zu verdauen. Wenn Sie abends ins Bett gehen, bedeutet frei funktionieren schlafen, wenn Sie aufwachen, ist es waschen, anziehen, Körperpflege, Essen, mit der Familie sprechen, zur Arbeit fahren, einkaufen, Verpflichtungen nachkommen und so weiter. Die Qualität Ihres Lebens hängt allein vom freien Funktionieren ab.

All Ihre Gedanken beginnen als freie Gedanken. Morgens ist ein freier Gedanke zum Beispiel: «Was soll ich anziehen?» Mit dieser Frage im Sinn denken Sie darüber nach, was an diesem Tag für Sie ansteht und welche Optionen Ihre Garderobe bereithält, und Sie unternehmen die nötigen Schritte, um sich anzuziehen. Sie befinden sich in der Natürlichen Schleife.

Lassen Sie nicht zu, dass Ihr Identitätssystem mit einer Storyline wie etwa «Warum habe ich keine besseren Klamotten?», «Nichts davon ist gut genug», «Wie soll ich diesen Tag überstehen?» von diesem Gedanken Besitz ergreift. Sobald das geschieht, wird Ihr Depressor aktiviert, und Ihr Körper fühlt sich schwer und angespannt an. In der Annahme, dass Sie defekt sind und repariert werden müssen, legt der Reparierer los: «Ich brauche mehr Schlaf», «Ich brauche eine Montur, die etwas hermacht», «Ich muss besser aussehen.» Auf einmal fühlen Sie sich rastlos und getrieben. Der Reparierer hat die Stimmung vergiftet, und Sie sind schon beim Anziehen verspannt, während in Ihrem Kopf die Depressor- und Reparierer-Gedanken durcheinanderwirbeln. Der Reparierer drängt Sie, perfekt zu sein, und der Depressor ist nie zufrieden. Verwechseln Sie den Reparierer nicht mit freiem Funktionieren, auch wenn er zunächst einmal Energie spendet und Aktivität mobilisiert. Wenn Sie Ihre Gedanken etikettieren, hilft Ihnen das dabei, Ihre Gedanken vor dem Zugriff von Depressor und Reparierer zu schützen.

Tag 4   Übungen

1. Reparierer und Depressor arbeiten in jedem von uns allen Hand in Hand. Die beiden fahren so lange mit Ihnen Schlitten, bis Sie ihre Aktivität erkennen. Das Entscheidende ist, sich ihrer physischen und mentalen Eigenschaften bewusst zu sein. Der Reparierer ist normalerweise leichter und schneller, der Depressor schwerer und langsamer. Versuchen Sie, die Unterschiede zwischen dem harmonischen Fließen Ihres natürlichen freien Funktionierens einerseits und der Getriebenheit des Funktionierens unter dem Einfluss Ihres Identitätssystems andererseits zu erkennen. Das Erkennen Ihres aktiven Reparierers ist Ihr neues Werkzeug. Nutzen Sie es täglich.

2. Fragen Sie sich mehrmals pro Tag, wer gerade die Kontrolle hat – Ihr Identitätssystem oder Ihr frei funktionierendes Ich. Bridging bringt Sie sofort ans Ruder zurück! Machen Sie sich klar, dass bei ruhiggestelltem Identitätssystem Ihr wahres Ich automatisch frei funktioniert.

3. Wenn Sie niedergeschlagen sind, streut Ihr Identitätssystem Salz in Ihre Wunden. Gehen Sie gegen die falschen Wahrnehmungen vor, die Ihr Identitätssystem kreiert, indem Sie die Erlebnisübung «Suche nach dem beschädigten Ich» machen.

Sie fangen an zu erkennen, dass Ihr wahres Ich viel größer ist, als Sie mit Ihrem denkenden Verstand erfassen können, doch es manifestiert sich in jedem Augenblick in Ihrem Denken, Spüren, Wahrnehmen und Handeln. Morgen wollen wir uns die Frage stellen «Wer ich bin».

LESEN   Kapitel 5

255

Tag 5 Sie sind weder durch negative Gedanken definiert noch durch positive Gedanken eingeengt – was Sie zurückhält, sind Ihre Anforderungen

Sie haben alles, was dazu nötig ist, Ihr Leben in höchster Auflösung und in 3D zu erleben. Dieses Recht ist Ihnen von Geburt an eigen: ein von der Quelle gespeistes, frei funktionierendes wahres Ich.

Ihr Identitätssystem stört diese vitale und intensive Erfahrung, indem es für ein verengtes Bewusstsein, fehlende Sensibilität, einen verspannten Körper und ein überfrachtetes, von Zweifeln geplagtes Denken sorgt. An die Stelle Ihrer angeborenen Klarheit und Weisheit tritt ein selbstbeschränktes und unvollständiges Gedankenbild Ihrer selbst, das Ihre Mind-Body-Verbindung kontrolliert und Ihre natürlichen Widerstandskräfte und Bewältigungsstrategien untergräbt.

Mit der folgenden Mind-Body-Map werden Sie mehr darüber erfahren, wie Ihr Identitätssystem Schaden anrichtet.

«Wer ich bin»-Map
1. Zeichnen Sie auf ein Blatt Papier einen Kreis mit etwa zwölf Zentimetern Durchmesser. Denken Sie an Ihre wichtigsten Charaktereigenschaften. Schreiben Sie nun sechs oder acht davon mit jeweils ein oder zwei Wörtern in den Kreis.
2. Als Nächstes notieren Sie das jeweilige Gegenteil außerhalb des Kreises, dann verbinden Sie jedes Gegensatzpaar mit einem Strich.
3. Betrachten Sie die Eigenschaften innerhalb des Kreises. Notieren Sie alle Gedanken und körperlichen Empfindungen, die Sie gerade haben.
4. Jetzt tun Sie das Gleiche mit den Qualitäten außerhalb des Kreises. Achten Sie darauf, worin Ihre Reaktion sich unterscheidet.

Ihr Identitätssystem nimmt eine wertvolle Charaktereigenschaft wie Mitgefühl und macht daraus eine Anforderung Ihres Reparierers. Anschließend treibt es Sie an, seine Forderungen zu erfüllen. Während Sie sich abstrampeln, erhöht der Reparierer beständig die Messlatte. Wenn Sie dann letztendlich an den Anforderungen scheitern, löst der Depressor die gleichen unangenehmen Empfindungen aus, die Sie beim Betrachten der Eigenschaften außerhalb des Kreises erlebt haben, und untermauert so die falsche Überzeugung, dass Sie ein Versager und beschädigt sind.

Ihr Identitätssystem schafft *Anforderungen* darüber, wie Sie und die Welt zu jedem Zeitpunkt sein sollten. *Anforderungen* sind sein Treibstoff. Ohne sie ruht das Identitätssystem. In diesem Abschnitt wird das Wort *Anforderungen* kursiv gedruckt, um Sie daran zu erinnern, dass diese nicht für Ihre Sicherheit, Gesundheit oder Ihr Wohlbefinden nötig sind, sondern einzig und allein, um das Identitätssystem am Laufen zu halten.

Zu den Begriffen, die auf der «Wer ich bin»-Map innerhalb des Kreises stehen, können Wörter und Phrasen gehören wie «mitfühlend, «fürsorglich», «gute Mutter», «spirituell», «will immer die beste Leistung bringen». All das können frei funktionierende Ziele sein, aber auch *Anforderungen* Ihres Identitätssystems. Um herauszufinden, welche der beiden Möglichkeiten zutrifft, schreiben Sie einfach auf, wie Sie auf die entgegengesetzte Eigenschaft (die außerhalb des Kreises steht) reagieren. Je stärker Ihre Aversion, desto wahrscheinlicher ist es, dass es sich bei der positiven Eigenschaft um eine *Anforderung* handelt.

Die Eigenschaft außerhalb des Kreises löst Ihr Identitätssystem aus, und Sie fühlen sich am Boden zerstört. Einige *Anforderungen* innerhalb des Kreises wie «Ich muss mitfühlend sein», «Ich muss eine gute Mutter sein» und so weiter beschreiben das begrenzte, falsche und beschädigte Bild, das Ihr Identitätssystem Ihnen verkauft hat. Wenn der Begriff innerhalb des Kreises eine natürlich funktionierende Bestrebung oder Erwartung ist, dann löst das Gegenteil keinen Zusammenbruch aus, sondern lediglich Enttäuschung. Erinnern Sie sich: Die Wörter im Kreis sind einfach nur Konzepte und Ideen darüber, wer Sie zu sein glauben. Ergibt es einen Sinn, dass Ihr Quell von Wohlbefinden, Heilung, Kraft und Weisheit automatisch und schlagartig versiegt, sobald Ihnen ein gegenteiliges Konzept in den Sinn kommt?

Um weitere *Anforderungen* Ihres Identitätssystems aufzuspüren, betrachten Sie sich einfach im Spiegel – am besten jetzt gleich – und notieren Sie, was Ihnen dabei durch den Kopf geht. Gedanken wie «Ich habe Tränensäcke unter den Augen», «Ich werde alt» und «Ich habe nicht genug erreicht» sind Hinweise auf versteckte *Anforderungen* wie «Ich sollte keine Tränensäcke unter den Augen haben», «Ich sollte nicht alt werden» und «Ich sollte mehr erreichen».

Die üblichen Ratgeber würden Ihnen nahelegen, die «Wer ich bin»-Map mit positiven Dingen zu füllen und diese dann mit Affirmationen zu verstärken. Diese Methode hat zwei Konsequenzen. Erstens: Je mehr Sie positiv bekräftigen, was in dem Kreis steht, desto mehr Energie verleihen Sie dem jeweiligen Gegenteil. Ihr Geist arbeitet nun mal dualistisch, und dieser Tatsache können Sie nicht entfliehen. Zweitens: Sie sind immer nur so gut wie Ihr letzter Gedanke, und jedes Mal, wenn ein negativer Gedanke auftaucht, werden Sie beschädigt. Es ist nichts Schlechtes an positiven Gedanken. Die beginnen auf natürliche Weise zu fließen, sobald Sie Ihr Identitätssystem ruhiggestellt haben. Sie müssen sich allerdings nicht anstrengen, um diesen Zustand zu erreichen – er steckt bereits in Ihnen.

Sie können die Essenz Ihres Seins niemals in Gedanken einfangen. Innerhalb des Kreises steht das, was Sie zu sein glauben – und das ist immer ein falsches und beschädigtes Bild dessen, was Sie wirklich sind. Tatsächlich entfremden diese *An-*

forderungen Sie von Ihrem wahren Ich. Die positiven Konzepte innerhalb des Kreises legen Sie auf ein bestimmtes Bild fest und engen Sie ein. Immer wenn Sie einen Gedanken außerhalb des Kreises haben, löst dieser einen Zusammenbruch von Körper, Geist und Seele aus.

Bridging stellt Ihr Identitätssystem ruhig und sorgt dafür, dass der Kreis sich auf natürliche Weise ausdehnt, um die Wahrheit zu umschließen: Sie sind weder durch negative Gedanken definiert noch durch positive Gedanken eingeengt. Ihr wahres Ich ist von Weite bestimmt, und alle Eingrenzungen sind Merkmale Ihres beschädigten Ichs. Ihr Identitätssystem verengt nicht nur das Bewusstsein, es vermindert auch die Funktionsfähigkeit der Zellen und Organe Ihres Körpers.

Wie stark sich die Qualität Ihres Lebens verbessert, hängt von Ihrer Fähigkeit ab, *Anforderungen* in Ihrem Alltag zu erkennen, denn Sie sind das Einzige, was Ihr Identitätssystem aktivieren kann. Alles, was Sie in der letzten Woche aus dem Gleichgewicht gebracht hat, hatte mit *Anforderungen* zu tun, von denen Sie nichts wussten. Gehen Sie Ihre Problem-Map vom zweiten Tag noch einmal durch. Können Sie Ihre *Anforderungen* erkennen?

Beispiele von Ihrer Problem-Map könnten Sätze sein wie «Ich komme in meinem Job nicht schnell genug voran», «Ich bin dick und kann keine Diät einhalten» oder «Meine Schwiegermutter fällt mir immer in den Rücken». Die *Anforderungen* dazu lauten «Ich sollte öfter befördert werden», «Ich sollte schlank sein und Diäten einhalten» und «Meine Schwiegermutter sollte mir nicht in den Rücken fallen». Die Probleme haben offensichtlich damit zu tun, dass Sie beruflich nicht vorankommen, dick sind oder eine schwierige Schwiegermutter haben. Die Wurzel all dieser Probleme ist Ihr Identitätssystem, das von einer *Anforderung* aktiviert wird und Sie daran hindert, Ihre Probleme mit entspanntem Körper und Geist zu lösen.

Gehen Sie nun Ihre Reparierer-Map durch. Erkennen Sie auch hier die *Anforderungen?* Wie ist es mit der Tabelle für mehr Lebensqualität – entdecken Sie unterschwellige *Anforderungen?* Denken Sie an die letzte Woche zurück. Immer wenn Ihr Identitätssystem aktiviert wurde, steckte eine *Anforderung* dahinter. Überprüfen Sie, wie viele Sie erkennen können. Sie brauchen nichts weiter als Ihr Bewusstsein, um die *Anforderung* zu entschärfen.

Tag 5   Übungen

1. Fangen Sie jetzt sofort damit an, Ihre Anforderungen zu erkennen. Vielleicht ist es etwas wie: «Ich sollte sofort in der Lage sein, meine Anforderungen zu erkennen», «Mein Leben wird sich rapide ändern», «Mein Partner sollte nicht mehr so viel fernsehen», «Freunde sollten Geheimnisse nicht weitertragen», «Meine Kinder sollten glücklich sein», «Mein Bruder sollte nicht so viel trinken».

2. Seien Sie sich der Getriebenheit und der körperlichen Anspannung bewusst, die mit Ihren Anforderungen einhergehen. Erkennen Sie die selbstzerstörerischen Gedanken und unangenehmen körperlichen Empfindungen, die die Nichterfüllung Ihrer Anforderungen begleiten.

3. Beginnen Sie, mit dem neugefundenen Bewusstsein Ihrer Anforderungen den Teufelskreis Ihres Identitätssystems zu durchbrechen, in dem Sie normalerweise gefangen sind. Sobald Sie die Anforderung entschärfen, beginnt Ihr natürliches Funktionieren. Achten Sie darauf, wie sich diese Erfahrung anfühlt.

4. Sie stehen Tag für Tag vor Fragen oder Problemen, die Ihre Aufmerksamkeit erfordern. Dabei kann Ihnen eine Mind-Body-Map helfen – schreiben Sie Fragen oder Probleme in die Mitte eines leeren Blattes und verteilen Sie Ihre Gedanken und die körperlichen Begleiterscheinungen willkürlich um

den Kreis herum. Was Sie zurückhält, sind Anforderungen, Depressor und Reparierer. Sie brauchen nur ein Bewusstsein für Ihr Identitätssystem, um zum freien Funktionieren zurückzukehren. Um einen Vorgeschmack auf den Quell Ihres freien Funktionierens zu erhalten, machen Sie dieselbe Map noch einmal – diesmal allerdings mit gleichzeitigem Bridging (achten Sie bewusst auf ein Hintergrundgeräusch, spüren Sie den Druck auf Ihren Fingern, während Sie den Stift halten, und beobachten Sie, wie die Tinte auf das Papier fließt). Sobald Ihre unangenehmen körperlichen Empfindungen verschwinden, wechseln Sie von der Schleife Ihres Identitätssystems in die Natürliche Schleife.

Das Erkennen von *Anforderungen* ist wie erwähnt das wichtigste Werkzeug, das Ihnen zur Verfügung steht. In den letzten fünf Tagen werden wir dieses Werkzeug verfeinern und Ihnen ermöglichen, Ihre *Anforderungen* zu entschärfen und Ihr Leben für immer zu verändern.

LESEN   Kapitel 6

Tag 6   Die Wahrheit über Storylines: Verbessern Sie Ihre Beziehungen

Sie sind jetzt an einem Punkt, an dem die Bridging-Übungen allmählich Bestandteil Ihres Alltags werden, an dem Sie sich mit Depressor und Reparierer anfreunden und an dem Sie immer besser darin werden, Ihre Anforderungen zu erkennen. Bevor wir jedoch mit den Anforderungen weitermachen, wollen wir Ihr Bewusstsein für Storylines schärfen. Gesteuert von Ihrem Identitätssystem, führen diese repetitiven Themen Sie weg von dem, was Sie gerade tun, und verwandeln Sie in eine geschrumpfte Version Ihrer selbst. Die folgende Map mit dem Thema «Wie ich so wurde, wie ich bin» wird Ihnen dabei helfen, etwas über Ihre wichtigsten Storylines zu erfahren.

Map zum Thema «Wie ich so wurde, wie ich bin»

1. Schreiben Sie den Satz «Wie ich so wurde, wie ich bin» in die Mitte eines leeren Blatts. Ziehen Sie einen Kreis darum und notieren Sie auf der Seite, was immer Ihnen zu diesem Thema an Gedanken, Ideen oder Emotionen durch den Kopf geht. Arbeiten Sie zügig drei oder vier Minuten lang und denken Sie daran: Es gibt keine richtigen oder falschen Gedanken.

2. Sehen Sie sich nun jede dieser Aussagen über den Menschen, zu dem Sie geworden sind, genau an. Wann und wie oft fällt sie Ihnen ein – wenn Sie sich erfolgreich oder wie ein Versager fühlen, wenn Sie traurig oder glücklich sind, wenn Sie gelangweilt oder beschäftigt sind?

Die Gedanken und Ideen auf der Map sind einfach kondensierte Versionen Ihrer Storylines, einige davon akkurater als andere. Sie haben es bei der «Wer ich bin»-Map ja schon bemerkt: *Wer Sie sind*, Ihr wahres Ich also, ist so riesig, ständig veränderlich und grenzenlos, dass Sie es mit Ihrem Verstand nicht erfassen können.

Ihre Storylines sind eine selbstbeschränkte Version von «Wie ich so wurde, wie ich bin». Erinnern Sie sich noch an den «Kanal Ich»? All diese Storylines laufen dort zur Hauptsendezeit. Natürlich hat Ihre Vergangenheit einen Wert – einen großen sogar, aber sie ist eben nun mal vergangen. Diese Storylines beziehen sich zwar auf die Vergangenheit, aber sie haben einen negativen Einfluss auf Ihre Gegenwart.

Immer wenn die Storylines ablaufen, kontrolliert das Identitätssystem Ihren Tag, und Ihr wahres, funktionierendes Ich spielt eine Nebenrolle. Lassen Sie die Storylines gewähren, unterstützen Sie den Mythos Ihres beschädigten Ichs. Unterbrechen Sie sie, so verwirklichen Sie Ihr frei funktionierendes wahres Ich. Wenn Sie das nächste Mal bemerken, dass eine Storyline abläuft, lassen Sie einfach das Licht Ihres Bewusstseins darauf scheinen. Machen Sie sich bewusst, welche Rolle die Storylines dabei spielen, Ihr Identitätssystem am Laufen zu halten, und fahren Sie mit dem fort, was Sie gerade tun.

Sobald Sie Ihre Storylines aus dem Verborgenen ans Licht holen, verlieren sie ihre Macht. Damit bleibt nur noch ein Hindernis übrig: Ihre versteckten Anforderungen, also jene, die das Licht Ihres Bewusstseins noch nicht entschärft hat. Die versteckten Anforderungen liegen Tag für Tag in Lauerstellung, unsichtbar wie Landminen, die explodieren, wenn bestimmte Handlungen – entweder Ihre eigenen oder die von anderen Menschen – Ihr Identitätssystem aktivieren. Bisher haben Sie Ihren körperlichen und geistigen Stress den äußeren Umständen, dem Verhalten anderer Menschen oder Ihren eigenen Unzulänglichkeiten zugeschrieben. Sobald Sie erkannt haben, dass stressgeladene Situationen Ihr Identitätssystem auslösen und dass Ihr Bewusstsein diesen Auslöser zu entschärfen vermag, können Sie Ihr Leben schrittweise zurückerobern.

Am Beispiel der nun folgenden Map lernen Sie, wie Sie versteckte Anforderungen erkennen. Wir beginnen mit einer Anforderung, die in Ihrem Leben von großer Bedeutung ist, später können Sie das, was Sie hier gelernt haben, bei anderen Anforderungen als Vorlage nutzen.

«Beziehungsanforderungen an meinen Partner»

1. Denken Sie an eine wichtige Person in Ihrem Leben und denken Sie dann über eine Verhaltensweise dieser Person nach, die Sie stört, etwa «Mein Sohn raucht Marihuana», «Meine kleine Tochter schreit mich an, dass ich eine

schlechte Mutter sei», «Mein Chef kritisiert mich zu Unrecht» oder «Mein Partner lügt mich an». Seien Sie dabei so konkret wie möglich.

2. Schreiben Sie mitten auf ein leeres Blatt Papier das Verhalten, das diese Person im Idealfall an den Tag legen sollte – zum Beispiel «Ich will, dass mein Sohn keine Drogen nimmt» oder «Meine Tochter soll nicht schreien, dass ich eine schlechte Mutter bin». Diese Aussage ist Ihre Anforderung.

3. Nehmen Sie sich volle fünf Minuten Zeit, um darüber nachzudenken und zu notieren, welche *Gedanken* Ihnen kommen, wenn diese Anforderung nicht erfüllt wird. Schreiben Sie die Ergebnisse auf die untere Hälfte des Blattes (also unterhalb der Anforderung). Lassen Sie sich Zeit und gehen Sie so tief wie möglich.

4. Als Nächstes halten Sie auf der oberen Hälfte des Blattes fest, welche *körperlichen Empfindungen* Sie haben, wenn Sie über diese schmerzliche Situation nachdenken – und wo sich diese äußern. Lassen Sie sich dafür ebenfalls Zeit.

Diese Map verdeutlicht die Struktur und Funktionsweise Ihres Identitätssystems. Die Struktur ist die Anforderung in der Mitte, und die Funktionsweise zeigt sich darin, wie Ihr Identitätssystem mit Ihren Gedanken und Ihrem Körper arbeitet, um Ihr Leben einzuschränken. Auslöser für die unangenehmen körperlichen Empfindungen und das eingeschränkte Funktionieren, die Ihren Zusammenbruch kennzeichnen, sind die Gedanken, die Sie auf der Map aufgelistet haben, und nicht das Verhalten der anderen Person. Wenn das nicht so wäre, dann wären wir alle für den Rest unseres Lebens Opfer. Sobald Sie sich Ihrer Anforderungen bewusst werden – sowie der Gedanken und körperlichen Fehlfunktionen, die sie mit sich bringen –, entschärfen Sie diese und verändern Ihre Beziehung zu dieser

Person. Statt vom Verhalten Ihres Gegenübers in eine Krise gestürzt zu werden, erkennen Sie Ihre Anforderung, woraufhin Sie sich mit vollem Bewusstsein und allen Ihren Fähigkeiten mit dem Verhalten des anderen auseinandersetzen können, anstatt lediglich zu einer vom Identitätssystem gesteuerten Reaktion fähig zu sein.

Als Nächstes schauen wir uns an, wie das funktioniert. John, ein Top-Manager in einem großen Unternehmen, hatte zu Hause Schwierigkeiten mit seinem heranwachsenden Sohn. John erzählte: «Wenn mein Sohn mich anschreit und ‹Halt's Maul› zu mir sagt, laufe ich rot an, meine Kiefermuskeln spannen sich an, und ich balle sogar die Fäuste. In meinem Kopf schwirren Gedanken umher wie ‹Weiß er eigentlich, was ich alles für ihn getan habe?›, ‹Wie kann er so mit mir reden?› und ‹Ich sollte ihm eine scheuern›. Dann verkrampft sich mein Magen, und ich kann nicht mehr klar denken. In solchen Situationen fällt mir nur zweierlei ein, ihm entweder eine runterzuhauen oder den Raum zu verlassen. Meine Wut macht mir Angst, und ich muss das Zimmer verlassen, bevor ich etwas tue, das ich später bereuen könnte.»

John hatte die Ursache für seine Zusammenbrüche im trotzigen Verhalten seines Sohnes vermutet. Nachdem er eines meiner Seminare besucht hatte, fühlte er sich erleichtert, denn nun wusste er: Natürlich hatte sein Sohn sich unpassend verhalten, doch er, John, hatte nicht auf die eigentliche Situation reagiert, sondern auf die Anforderung seines Identitätssystems, dass sein Sohn ihn respektieren und nicht beschimpfen sollte. Sobald er sich dieser Anforderung bewusst war, war er nicht mehr eingeschränkt und konnte mit einer Klarheit und Ruhe reagieren, die ihn selbst überraschten. Er hatte seine Anforderung aus dem Spiel genommen – und danach blieb nichts weiter übrig als die Frage, wie man ein Kind erzieht, das sich danebenbenimmt. John erkannte, dass seine Verantwortung nicht darin lag, sich für die Beleidigung zu rächen, sondern seinem Sohn dabei zu helfen, zu einem verantwortungsbewussten Menschen heranzuwachsen. Als ihn sein Sohn das nächste Mal anschrie, war nicht mehr als Johns Bewusstsein nötig, um seine Anforderung zu entschärfen. Zwar war er von seinem Sohn enttäuscht, doch sein Geist war klar, und sein Körper wurde ruhig, als er in der Situation bewusst auf die Geräusche im Hintergrund hörte. Er begann in ruhigem Ton ein Gespräch, das dem Jungen half, ein Problem in der Schule zu lösen. Diesmal agierte Johns wahres und nicht sein beschädigtes Ich als Vater.

Sie haben selbst gespürt, wie Ihr Identitätssystem reagiert, wenn andere Ihre Anforderungen nicht erfüllen. Nun wollen wir einmal betrachten, wie es Sie kontrolliert, indem es Anforderungen dafür schafft, wie *Sie* zu sein haben. Erstellen Sie dazu die folgende Map für dieselben Bezugspersonen, um die es bei der letzten Map ging.

«Beziehungs-Anforderungen an mich selbst»

1. Denken Sie an eine wichtige Beziehung in Ihrem Leben und an eine besondere Forderung, die Sie in dieser Beziehung an sich selbst stellen – zum Beispiel «Ich sollte wissen, was ich zu antworten habe, wenn mein Firmenteilhaber mir eine Frage stellt», «Ich sollte ruhig sein und meiner Tochter den Rücken stärken, wenn sie eine Krise hat», «Ich muss verständnisvoller mit meiner kranken Mutter umgehen» oder «Ich muss ein aufmerksamerer Ehemann sein». Seien Sie dabei so konkret wie möglich.
2. Schreiben Sie nun mitten auf ein leeres Blatt Papier, wie Sie sich in der vorgestellten Situation idealerweise verhalten möchten – zum Beispiel «Ich muss auf der Arbeit die Antworten stets parat haben». Diese Aussage ist Ihre Anforderung.
3. Nehmen Sie sich volle fünf Minuten Zeit, um über Ihre Anforderung nachzudenken, und schreiben Sie dann auf die

untere Hälfte des Blattes die Gedanken, die bei der Vorstellung in Ihnen aufkommen, dass diese Anforderung nicht erfüllt wird. Lassen Sie sich Zeit und gehen Sie so tief wie möglich.

4. Notieren Sie nun auf der oberen Hälfte des Blattes, welche körperlichen Empfindungen Sie haben (und wo), wenn Sie über die Anforderung nachdenken. Lassen Sie sich auch hier ausreichend Zeit.

Diese beiden Maps zeigen Ihnen die Spitze Ihres Anforderungs-Eisbergs. Unsichtbar liegen darunter alle weiteren Anforderungen verborgen, die Sie an sich selbst, an andere und an die Welt im Allgemeinen haben. Allein dadurch, dass Sie erkennen, was Ihre Anforderungen sind und wie diese Ihr Leben nachteilig beeinflussen, können Sie sie entschärfen.

Tag 6   Übungen

1. Erkennen Sie die Storylines und wo sie in Ihrem Tagesablauf auftreten. Denken Sie daran, dass die Sendungen des «Kanals Ich» ein falsches und beschädigtes Bild Ihrer selbst vermitteln. Sie brauchen nichts weiter als Bewusstsein und Bridging, um Ihr Identitätssystem zu unterbrechen. Sobald Sie den «Kanal Ich» abgeschaltet haben, kehren Sie zurück zu dem, was Sie gerade tun.

2. Arbeiten Sie nun mit den beiden Beziehungs-Maps weiter, indem Sie in jeder Map mindestens fünf weitere Anforderungen hinzufügen und das Mapping wie oben beschrieben fertigstellen. Seien Sie so konkret wie möglich. Denken Sie daran: Das Identitätssystem will Sie glauben machen, dass das Verhalten Ihrer Mitmenschen Ihre verstörte Reaktion rechtfertigt und dass die anderen sich ändern müssen, bevor Ihre Beziehung sich ändern kann. Das stimmt jedoch nicht. Wenn es so wäre, dann wären Sie immer ein Sklave der Um-

stände und könnten niemals Ihr Schicksal selbst in die Hand nehmen.

3. Bei der heutigen Übung lernen Sie Anforderungen in Echtzeit für die Beziehung auf Ihrem Mapping zu entschärfen – und das ist alles, was Sie tun müssen, um diese Beziehung erheblich zu verändern. Ihr natürliches Funktionieren wird dann den Rest übernehmen.

Wenn Sie die heutigen Übungen erfolgreich absolviert haben, dann haben Sie allen Grund, sich für den Rest Ihres Lebens an diesen Tag zu erinnern. Sie haben Ihrem Identitätssystem mit eigenen Händen die Macht entzogen. Herzlichen Glückwunsch! Ihr Leben wird nicht mehr das gleiche sein. Fleiß und Übung werden von nun an alle Aspekte Ihres Lebens optimieren.

LESEN   Kapitel 7

Tag 7   Leben jenseits von Angst und Einschränkungen: Erobern Sie Ihren Quell von Heilung, Kraft und Weisheit zurück

Bridging befreit Sie von selbstauferlegten Ängsten und Einschränkungen. Kommen wir also gleich zur Sache, und zwar mit der Angst-Map.

Angst-Map

1. Notieren Sie Ihre fünf größten Ängste. Seien Sie dabei so konkret und detailliert wie möglich.
2. Gehen Sie nun die einzelnen Punkte nacheinander durch. Achten Sie bei jeder Ihrer Ängste auf die Gedanken, körperlichen Empfindungen und Einschränkungen, die sie auslöst.
3. Formulieren Sie jede Angst als Anforderung und schreiben

Sie diese nieder. Ist die Angst zum Beispiel «Ich werde nicht genug Geld haben, wenn ich in Rente gehe» oder «Ich werde panisch, sobald mein Chef mich anschreit», dann lautet die Anforderung «Ich brauche genug Geld, um in den Ruhestand gehen zu können» oder «Mein Chef sollte mich nicht anschreien». Wenn die Angst «Krebs» lautet, dann ist die zugehörige Anforderung «Ich will keinen Krebs bekommen».

Ihre Ängste schwächen Sie, allerdings nicht wegen der gefürchteten Situation, sondern wegen der Anforderung, die in jede dieser Ängste eingebettet ist. Dabei geht jede Anforderung zweifelsohne auf einen natürlichen Wunsch zurück – niemand will angeschrien werden, arm sein oder Krebs bekommen. Der entscheidende Punkt ist aber: Vereinnahmt Ihr Identitätssystem diesen natürlichen Wunsch und lähmt oder behindert es Sie? Finden Sie es heraus, indem Sie Schritt 2 wie oben beschrieben durchführen.

Wenn Ihre Lebensqualität durch eine Angst beeinträchtigt wird, dann steht hinter dieser Angst eine Anforderung. Furchtlos zu sein heißt nicht, dass Sie nie mehr Furcht haben werden, sondern dass Ihr Bewusstsein Ihre Anforderung entschärft – und damit deren Fähigkeit, Ihre Handlungsoptionen einzuschränken.

Doch wie wird aus der von der Angst des Identitätssystems getriebenen Reaktion auf ein unangenehmes Szenario eine natürliche und freie Reaktion? Zuerst müssen Sie erkennen, dass die Lähmung und der Stress keine Reaktionen auf die externe Situation sind. Als Nächstes müssen Sie die eingebettete Anforderung freilegen und erleben, wie Ihr Körper reagiert, wenn sie nicht erfüllt wird. Schließlich stellen Sie Ihr Identitätssystem ruhig und sind in der Lage, frei zu funktionieren. Sie müssen nichts reparieren – wenn Sie Ihre Sinne aktivieren, werden Sie natürlich und angemessen auf die Situation reagieren.

Kelly zum Beispiel hatte Angst, wenn ihr Freund, mit dem sie zusammenlebte, laut wurde und sie beschimpfte. Sie fing an zu zittern, kauerte sich zusammen und zog sich zurück. Sie glaubte stets, dass sein dominantes Verhalten für ihr Zusammenkauern verantwortlich war. Storylines über ihren aggressiven Vater komplizierten die Situation zusätzlich. Während eines Bridging-Seminars identifizierte sie ihre versteckte Anforderung: «Jack sollte mich nicht anschreien.» Als ihr Freund das nächste Mal laut wurde und anfing, über Kelly herzuziehen, fing sie wie üblich an zu zittern, doch dann, ohne es in irgendeiner Weise geplant zu haben, erkannte sie ihre Anforderung. Diese Erkenntnis ermöglichte ihr, etwas zu tun, das sie noch nie zuvor getan hatte: Sie sagte Jack klar und deutlich, dass er ihr Haus verlassen solle. Zu ihrem Erstaunen tat er das auch. Mit einem großen Gefühl der Erleichterung beendete Kelly ihre zweijährige Beziehung. Sie hatte sich natürlich und der Situation angemessen verhalten.

Denken Sie bei der nächsten Map einen Moment lang darüber nach, was Sie im Leben zurückhält.

Hindernisse-Map

1. Notieren Sie die fünf Dinge, die Sie am meisten behindern und zurückhalten. Ist es Ihr Aussehen, Ihre Intelligenz, der Chef, der Partner, die Kinder, Geldmangel, fehlende Bildung, Rasse, Religion oder etwas anderes?

2. Betrachten Sie nun nacheinander die einzelnen Punkte und achten Sie dabei bewusst auf Ihren Körper. Schreiben Sie die Anforderung auf, die Ihr Identitätssystem aktiviert hat. Ist das Hindernis beispielsweise «Ich bin nicht klug genug», dann lautet die Anforderung «Ich muss klüger sein». Spielen Sie die Storyline durch, die mit jedem Hindernis verbunden ist – zum Beispiel «Ich hätte mich in der Schule mehr anstrengen sollen. Warum habe ich es so weit kommen lassen?

Vater sagte immer, dass ich dumm bin. Ich sollte mich besser vorbereiten.» Denken Sie daran: Die Storylines verankern die Negativität in Ihrem Körper.

3. Die entscheidende Frage ist nicht, wie klug oder dumm, reich oder arm, dünn oder dick Sie sind, und auch nicht, welche Art von Eltern, Partner oder Chef Sie haben, sondern einzig und allein, ob es eine eingebettete Anforderung gibt, die Ihr Identitätssystem aktiviert und Sie behindert. Sobald Ihr Identitätssystem ruhiggestellt ist – auch wenn alle Umstände unverändert bleiben, kommt Ihr frei funktionierendes, wahres Ich zum Vorschein, und Sie ergreifen angemessene und natürliche Schritte, um die Hindernisse zu überwinden. Damit erfahren Sie eine erhebliche Verbesserung der Lebensqualität.

Tag 7 Übungen

1. Wenn Sie sich im Lauf des Tages über etwas ärgern, betrachten Sie es als eine Gelegenheit, eine versteckte Anforderung zu identifizieren. Erstellen Sie eine schnelle Mind-Body-Map zum Thema «Was mich aufregt», das wird Ihnen helfen, Ihre versteckten Anforderungen zu erkennen.

2. Nehmen Sie einen wichtigen Bereich Ihres Lebens, in dem Sie blockiert sind – zum Beispiel «Ich kann nicht nach einem neuen Job suchen», «Ich kann darüber nicht mit John reden» oder «Sie würde sowieso nicht mit mir ausgehen». Fertigen Sie eine Drei-Minuten-Map an, indem Sie alle Gedanken und körperlichen Empfindungen notieren, die in Ihnen aufsteigen, wenn Sie über dieses Hindernis nachdenken. Entlarven Sie Ihre Anforderung und sonstige Aktivitäten des Identitätssystems (Depressor, Reparierer, Körperspannung und so weiter). Erstellen Sie sofort danach die gleiche Map noch einmal, diesmal während Sie die ganze Zeit Bridging betreiben (sich auf ein Hintergrundgeräusch konzentrieren,

den Druck der Finger auf Ihrem Stift spüren, die Tinte aufs Papier fließen sehen). Die Klarheit und Leichtigkeit der zweiten Map weisen Ihnen den Weg, sich selbst zu befreien. Wenn Sie auf einmal in Bereichen aktiv werden, in denen Ihr Identitätssystem Sie bisher zurückgehalten hat, ist das der beste Beweis, dass Sie selbst – und nicht Ihre Ängste oder Einschränkungen – Ihr Schicksal in der Hand haben.

Wenn Sie die Fesseln Ihres Identitätssystems abwerfen, werden Ihre Ängste zu beherrschbaren Situationen, mit denen Sie natürlich umgehen. Stellen Sie sich vor, was Sie alles erreichen können, wenn Sie sich erst von Ihren selbstauferlegten Einschränkungen befreit haben! Bridging erlaubt Ihnen, Ihren Quell der Heilung, Kraft und Weisheit zu regenerieren.

LESEN   Kapitel 8

Tag 8   Pfade zur inneren Ruhe: Verbessern Sie Ihre Lebensqualität

In den letzten drei Tagen unseres Zehn-Tage-Plans werden Sie einen Blick auf Ihr Leben werfen und sich den kritischen Bereichen Ihrer Tabelle für mehr Lebensqualität zuwenden. Wie Sie an der nächsten Map arbeiten, entscheidet über das Ergebnis des Zehn-Tage-Plans. Nehmen Sie sich daher so viel Zeit, wie Sie brauchen. Immerhin hängt Ihr Leben davon ab.

«Innere Ruhe»-Map

1. Gehen Sie jeden einzelnen der zwölf Bereiche der Tabelle für mehr Lebensqualität durch. Notieren Sie auf einem gesonderten Blatt Papier für jeden Punkt der Skala, was idealerweise passieren müsste, um Ihnen innere Ruhe zu

verschaffen. Zum Beispiel für Punkt 9, «Zufrieden mit der finanziellen Situation», könnten Sie schreiben: «Ich muss mehr Geld sparen.»

2. Halten Sie auf demselben Blatt alle Gedanken und körperlichen Empfindungen fest, die in Ihnen hochkommen, wenn dieses Bedürfnis nicht erfüllt wird. Lassen Sie sich Zeit und verbinden Sie anschließend die ursprüngliche Aussage und Ihre Reaktion darauf durch einen Pfeil. Machen Sie das Gleiche mit allen Aussagen, die Sie auf die Map geschrieben haben. Lesen Sie dazu ruhig nochmal den Absatz über die «Innere Ruhe»-Map in Kapitel 8.

3. Jetzt bewerten Sie für jede Antwort, wie unangenehm die Erfahrung in Schritt 2 ist, und zwar von + bis zu ++++ (wobei ++++ am unangenehmsten ist).

Diese Map gibt Ihnen einen exzellenten Überblick über alle individuellen Anforderungen, die Ihr Fortkommen behindern. Erinnern Sie sich: Anforderungen ketten Sie stets an ein falsches und beschädigtes Selbstbild und entfremden Sie von Ihrem frei funktionierenden wahren Ich. Weder Ihre Finanzen noch die Arbeit, noch Ihre Beziehungen bringen Ihren Quell von Wohlbefinden, Weisheit, Kraft und Heilung zum Versiegen – allein die vom Identitätssystem ausgelöste Reaktion auf diese Situationen schränkt Sie ein.

Innere Ruhe kann nie vom Identitätssystem ausgehen. Die Anforderungen des Reparierers können nie das beschädigte Ich reparieren. Selbst wenn Sie eine Million Dollar verdienen, werden Sie sich nicht wie ein Millionär fühlen. In gewissem Sinn ist das Identitätssystem eine Leidensmaschine. Wenn Sie es unbeaufsichtigt lassen, reißt es die Zügel an sich und sorgt dafür, dass Sie Ihr beschädigtes Ich manifestieren. Nutzen Sie alle Werkzeuge dieses Zehn-Tage-Plans, um Ihr Identitätssystem zu «überbrücken» und es von einer Leidens- in eine Heilungsmaschine zu verwandeln. Lassen Sie es für sich arbeiten, denn es gibt Ihnen Tag und Nacht Hinweise, wann Sie vom Kurs abkommen und Ihre Ressourcen ungenutzt lassen. Befolgen Sie diese Hinweise. Sie müssen lediglich bewusster wahrnehmen, um sich mit Ihrem Identitätssystem anzufreunden und es zu einem wertvollen Kompass zu machen, der Ihnen erlaubt, das Leben voll auszuschöpfen.

An diesem Punkt wird langsam das Licht am Ende des Tunnels sichtbar, doch noch existieren Hindernisse. Wenn Sie nach wie vor Schwierigkeiten haben mit den Übungen der vergangenen Tage, gehen Sie bitte dorthin zurück und nehmen Sie sich so viel Zeit, wie Sie brauchen, um die früheren Teile des Plans zu festigen. Seien Sie nicht entmutigt, wenn Sie einmal zu sehr im Trubel des Alltags gefangen sind und Ihre Bridging-Praxis vernachlässigen. Ihr Körper wird sein Bestes tun, Ihnen sein Unbehagen mitzuteilen. Sobald Sie Spannungen bemerken – ob Magendrücken, Hals-, Kopf- oder Rückenschmerzen –, beachten Sie die Warnsignale Ihres Körpers, denn sie sagen Ihnen, dass Ihr Identitätssystem aktiv ist. Machen Sie ein Bridging zu Ihrer Umgebung und kehren Sie danach zu der Tätigkeit zurück, mit der Sie gerade beschäftigt waren. Seien Sie nachsichtig mit sich selbst und denken Sie daran – von sich selbst und anderen Perfektion zu verlangen ist oft eine versteckte Anforderung, die Ihr Identitätssystem aktiviert.

Tag 8   Übungen

1. Wählen Sie auf Ihrer «Innere Ruhe»-Map eine Anforderung aus einem Bereich, der Sie bisher zurückgehalten hat. Sie wird wahrscheinlich eine emotionale Bewertung von +++ oder sogar ++++ aufweisen. Sind Sie bereit, Ihre Bridging-Werkzeuge einzusetzen, um diese Anforderung zu entschärfen und einen neuen Versuch zu unternehmen? Ein sicheres Zeichen dafür, dass Ihr Identitätssystem ruht, ist es, wenn

Körper und Geist von der überschüssigen Spannung und eingeschränkten Funktion befreit sind, die sie selbst verursachen. Sie fühlen sich leichter, freier und sind eher bereit, aktiv zu werden. Der erste Schritt muss nicht groß sein, doch er wird erfüllt sein von der Kraft und Weisheit Ihrer Quelle.

2. Nachdem Sie eine Anforderung aus Ihrer Map erfolgreich überwunden haben, wenden Sie sich der nächsten zu.

Inzwischen sollte Ihnen auffallen, dass sich Ihr Umgang mit den Problemen und Fragen des Lebens, seinen gewöhnlichen Momenten und Stresssituationen, verändert hat. Sie haben entdeckt, dass Bridging nicht nur eine Technik ist, die es Ihnen erlaubt, Ihre Sinne zu aktivieren und Mappings zu erstellen, sondern ein Weg, Ihr Leben voll auszuschöpfen. Bridging ist wahres Leben. Es ist eine Lebensform.

Bridging gibt Ihnen die Wahl: Wollen Sie als Sklave Ihres Identitätssystems existieren oder frei leben und natürlich funktionieren? Die Übungen der nächsten beiden Tage werden Ihre Praxis weiter verfeinern und Sie mit zusätzlichen Bridging-Werkzeugen ausstatten.

LESEN   Kapitel 9

Tag 9   Ihr Identitätssystem hat immer noch ein paar Tricks parat: Ihr Wert hängt nicht davon ab, dass Sie Ihren Anforderungen entsprechen

Nach unserer Erfahrung erlebt jeder, der Bridging-Werkzeuge in sein Leben integriert, eine extreme Erneuerung. Doch trotz Ihrer Fortschritte beim Bridging haben Sie vielleicht immer noch Probleme. Sie erinnern sich: Egal was Sie erreichen, für Ihr Identitätssystem wird es nie genug sein.

Ein Herr, der vor nicht allzu langer Zeit an einem meiner Seminare zum Thema «Verändern Sie Ihr Leben in zehn Tagen» teilnahm, sprach begeistert von den positiven Veränderungen, die er erlebte, seit er die Bridging-Übungen machte. Allerdings fügte er hinzu, dass er nach wie vor das Gefühl hatte, eine Wolke des Pessimismus schwebe über ihm. Ich ermutigte ihn, nach einer versteckten Anforderung zu suchen, die seinen niedergeschlagenen Zustand erklären könnte, woraufhin er sagte: «Ich habe immer noch keinen neuen Job.» Dann brach er in Gelächter aus. Als er angefangen hatte, nach einer versteckten Anforderung Ausschau zu halten, war ihm sofort klargeworden, dass sein Identitätssystem ihm eingeredet hatte, dass er beschädigt sei, solange er keinen neuen Job hatte.

Wenn Sie sich den Zehn-Tage-Plan durchgelesen, aber die Übungen und Maps nicht gemacht und die Bridging-Praxis nicht in Ihr Leben integriert haben, begrüßen wir Ihre Skepsis. Aber Sie sollten eines wissen: Der Plan funktioniert nicht, wenn Sie die praktischen Elemente auslassen.

Die heutige Map enthüllt einen der wichtigsten Tricks Ihres Identitätssystem: positive Dinge in Ihrem Leben in Beschlag zu nehmen, um sich selbst am Laufen zu halten und Sie in Ketten zu legen.

Map zum Thema
«Meine fünf wichtigsten Eigenschaften»

1. Nehmen Sie sich ein paar Minuten Zeit, um über Ihre fünf wichtigsten persönlichen Eigenschaften nachzudenken. Zeichnen Sie einen Kreis und schreiben Sie diese Eigenschaften hinein. Ein oder zwei Wörter sollten für jeden Punkt reichen.
2. Als Nächstes streichen Sie die Eigenschaft durch, die Ihnen am wenigsten wichtig ist. Achten Sie dabei auf Ihre Reaktion, wenn Sie sich vorstellen, diese Eigenschaft nicht

mehr zu besitzen. Streichen Sie nun eine Eigenschaft durch, die Sie an sich bewundern, und achten Sie dabei ebenfalls auf Ihre emotionale Reaktion. Machen Sie weiter, bis nur noch eine übrig ist. Lassen Sie sich Zeit.

3. Jetzt streichen Sie auch die letzte Eigenschaft durch. Wie fühlen Sie sich dabei?

Ist es Ihnen schwergefallen, diese Map zu erstellen? Wenn man die Eigenschaften durchstreicht, die man am meisten an sich schätzt, kommt es einem vor, als würde man sich selbst aufgeben. Man verspürt ein Gefühl der Trauer, wenn man sein liebgewonnenes Selbstbild loslassen soll.

Die Eigenschaften, die Sie verkörpern wollen, entsprechen dem natürlichen, frei funktionierenden Wunsch, sich auszuzeichnen, mitfühlend zu sein, erfolgreich zu sein, religiös zu sein und so weiter. Wie schwer es Ihnen fällt, diese Eigenschaften loszulassen (Enge im Magen, geballte Fäuste und andere Anzeichen von Stress), zeigt an, wie stark Ihr Identitätssystem Sie auf das Bild beschränkt, dem Sie entsprechen wollen. Wenn Sie glauben, dass Sie keine der erwünschten Eigenschaften verkörpern, sind Sie beschädigt (gelähmtes Denken, angespannter Körper, eingeschränkte Funktion). Ihr Wert scheint davon abzuhängen, wie Sie das Resultat Ihrer Aktivitäten wahrnehmen. Inzwischen wissen Sie aber, dass der Reparierer das beschädigte Ich niemals reparieren kann.

Eine der größten Stärken Ihres Identitätssystems ist die Fähigkeit, sich alles anzueignen – Mutterschaft, Apfelkuchen, Gott, im Grunde genommen alles Gute – und es für seine eigenen Zwecke einzuspannen, nämlich sich selbst am Laufen zu halten und dafür zu sorgen, dass Sie sich als getrennt von Ihrem frei funktionierenden wahren Ich erleben. Die Realität aber ist, dass Sie niemals von Ihrem wahren Ich getrennt sind. Ihr Wert ist nicht abhängig davon, ob Ihre Anforderungen erfüllt sind.

Die Essenz dessen, wer Sie sind, ist kein enger Kreis, der mit bewundernswerten Qualitäten gefüllt ist, sondern ein riesiger Kreis, der alles umfasst. Sobald Ihr Identitätssystem ruht, wird Ihr freies Funktionieren angemessen handeln, und zwar in jedem Moment Ihres Lebens. Ihr ganzes Wesen wird Vollkommenheit und Liebe, Mitgefühl und Erfolg verströmen. Es muss nicht vom Identitätssystem angetrieben werden.

Tag 9   Übungen

1. Sehen Sie sich Ihre «Innere Ruhe»-Map von Tag 8 noch einmal an und konzentrieren Sie sich auf Problembereiche, die Punkt 7 der Tabelle für Lebensqualität («Hatte hinsichtlich der Beziehungen zu Familie und Freunden ein gutes Gefühl») betreffen. Schreiben Sie eine Anforderung von Punkt 7 auf – zum Beispiel «Ich muss ein gutes Gefühl haben hinsichtlich meiner Beziehung zu Jack». Dann listen Sie mindestens drei spezifische Beziehungsanforderungen auf, zuerst für die andere Person, dann für sich selbst.
Sie könnten zum Beispiel schreiben «Spezifische Verhaltensanforderungen für Jack:
   a) Jack sollte sich nicht so oft nach anderen Frauen umdrehen,
   b) Jack sollte lieber bei mir sein, als mit seinen Freunden loszuziehen,
   c) Jack sollte verstehen, dass ich auch einen anstrengenden Tag habe,
   d) Jack sollte mir gegenüber nicht laut werden.
Nach Ihren Anforderungen für die andere Person schreiben Sie Anforderungen für sich selbst auf – zum Beispiel «Spezifische Anforderungen für mich»:
   a) Ich sollte in der Lage sein, Jack aufzuheitern, wenn er ausgepowert nach Hause kommt,
   b) Ich will Jack sagen, was mir im Kopf herumgeht,

c) Ich sollte in der Lage sein, mich mit seinen Freunden zusammen zu amüsieren,

d) Ich werde mich nicht schuldig fühlen, wenn ich Zeit mit meiner Mutter und Schwester verbringe.»

Es ist wichtig, so präzise wie möglich zu sein, denn auch hinter scheinbar unwichtigen Dingen können sich Anforderungen verbergen. Wenn Sie beim Entschärfen einer Anforderung nicht weiterkommen, konzentrieren Sie sich auf konkrete Verhaltensweisen der anderen Person oder auf spezifische Gedanken, die Sie haben. Zum Beispiel: Ist es Jacks Tonfall, das, was er sagt, oder seine Körpersprache, der oder das Ihr Identitätssystem auslöst? Oder ist es ein Gedanke «Ich bin hilflos», «Ich bin ein Loser», «Ich werde es nie zu etwas bringen», «Ich bin dumm», der den Zusammenbruch auslöst? Wenn Sie ein paar spezifische Anforderungen auf der Map entschärft haben, werden Sie sehen, wie mächtig Bridging ist.

2. Jetzt, da Sie Mapping und Bridging mit Erfolg in einem Bereich Ihres Lebens angewendet haben, wenden Sie sich den anderen zu. Wenn es sofort funktioniert, großartig! Wenn nicht, ist das ebenfalls gut! Lassen Sie einfach weiter das Licht Ihres Bewusstseins auf Ihre Anforderungen leuchten – und dank Bridging werden Sie wissen, was zu tun ist.

Sie verfügen nun über sämtliche Werkzeuge. Wenn Sie sie nutzen, wird das jeden Aspekt Ihres Lebens verbessern. Am zehnten Tag konzentrieren wir uns darauf, wo Sie inzwischen stehen und wohin Ihr Weg führt.

LESEN   Kapitel 10 und 11

Tag 10 Bilanz ziehen und nach vorne blicken: Alles ist möglich

Egal wer Sie sind und was Sie durchgemacht haben, Bridging gibt Ihnen die Kontrolle über Ihr Schicksal zurück. Sie genießen Ihr Leben und gehen mit anderen Menschen auf eine Weise um, die nicht möglich war, bevor Sie mit dieser Methode gearbeitet haben. Doch Tag 10 ist nicht das Ende des Weges. Bridging wurde vor zehn Tagen ein Teil Ihres Lebens und bleibt es von diesem Tag an. Es ist einfach wahres Leben. Sie besitzen jetzt die Fähigkeit, Ihren endlosen Reichtum zu jeder Zeit anzuzapfen. Dank Bridging herrschen Harmonie und Gleichgewicht zwischen Körper, Geist und Seele. Manchmal wird das Bridging automatisch erfolgen, bei anderen Gelegenheiten werden Sie es bewusst einsetzen müssen, und manchmal werden Sie es sogar ganz vergessen. Sich anzustrengen gehört ebenso zum Bridging, wie sich nicht anzustrengen. Das eine ist nicht besser als das andere. Wenn Sie unglücklich sind, betrachten Sie es als eine Chance, eine weitere verborgene Anforderung zu entschärfen. Wenn Sie das Bridging vergessen und sich in Ihren Storylines verlieren, bedeutet das nicht, dass Sie von Ihrer Quelle abgeschnitten sind.

Jeden Tag treffen Sie unzählige Entscheidungen, die von banal bis monumental reichen. Von heute an wird Ihnen die folgende Map helfen, wenn Sie vor schwierigen Entscheidungen stehen:

Entscheidungs-Map

1. Schreiben Sie auf ein Blatt Papier entweder ein Problem, das Sie zurzeit beschäftigt, oder eine bevorstehende Entscheidung (z. B. «Soll ich meinen gerade volljährig gewordenen Sohn dabei unterstützen, ein Auto zu kaufen?»). Kreisen Sie den Satz ein und notieren Sie dann willkürlich alle Gedan-

ken, die Ihnen in den Kopf kommen. Lassen Sie sich dafür drei oder vier Minuten Zeit.

2. Stellen Sie sich die zentrale Entscheidung vor und nehmen Sie bewusst die körperlichen Empfindungen wahr, die dabei entstehen. Machen Sie das Gleiche mit allen Gedanken.

Der Zweck dieser Map besteht nicht darin, Ihnen eine bestimmte Entscheidung nahezulegen, sondern Ihnen zu zeigen, wie und wo Ihr Identitätssystem Sie daran hindert, mit Ihrem natürlichen freien Ich eine Entscheidung zu treffen. Wie üblich zeigen die körperlichen Empfindungen an, dass Ihr Identitätssystem auf Hochtouren arbeitet und Sie daran hindert, im Einklang von Körper und Geist zu einer Entscheidung zu kommen. Erkennen Sie den Depressor («Ich fühle mich schlecht, wenn mein Sohn kein gutes Auto hat») und den Reparierer («Ein Auto zu haben wird ihn glücklich machen»). Erkennen Sie auch die versteckten Anforderungen («Ich brauche es, dass er das Gefühl hat, wir unterstützen ihn») und erkennen Sie, welche Punkte freie Funktionen sind («Mit seinem Einkommen wird er nicht in der Lage sein, die laufenden Kosten zu tragen»).

Anschließend erstellen Sie die gleiche Map noch einmal, diesmal mit Bridging. Schreiben Sie dasselbe Problem auf ein neues Blatt, konzentrieren Sie sich dabei auf ein Hintergrundgeräusch, bis Sie sich entspannt fühlen, und fangen Sie dann erst an, Ihre Gedanken zu notieren, während Sie sich weiter auf das Geräusch konzentrieren. Achten Sie auch auf Ihre anderen Sinne: das Gefühl des Stifts in Ihren Fingern, die Spur der Tinte auf dem Papier. Sie werden überrascht sein über die neuempfundene Klarheit, Weisheit und Entschiedenheit, die Ihre zweite Map demonstriert. Bridging erlaubt Ihnen immer, den Weg zu erkennen, der durch das Problem hindurchführt.

Jetzt ist es an der Zeit, Bilanz zu ziehen, wo Sie stehen. Gehen Sie zurück zur Tabelle für Lebensqualität und beantworten

Sie die Fragen noch einmal. Wie schneiden Sie diesmal ab? Hat Ihr Leben sich verbessert, während Sie daran gearbeitet haben, sich mit Ihrem Identitätssystem anzufreunden? Wir haben die Erfahrung gemacht, dass die Lebensqualität umso höher ist, je mehr man Bridging in sein Leben integriert. Um Ihre persönliche Bridging-Praxis zu bewerten, füllen Sie nun die Bridging-Tabelle auf S. 284 aus. Dieser kleine Fragebogen wird Ihnen deutlich vor Augen führen, wo es bei Ihnen noch hakt. Wenn Sie die entsprechenden Passagen dieses Buches noch einmal lesen und die Übungen in Ihren Alltag integrieren, werden Sie erstaunt sein über Ihre Fortschritte.

Tag 10   Übungen
Diese Übungen sind für jeden Tag, integrieren Sie sie daher in Ihr Leben.
1. Aktivieren Sie weiter Ihre Sinne. Sie haben inzwischen ja herausgefunden, welche Methoden am besten für Sie funktionieren. Bleiben Sie dran.
2. Storylines sind besonders hartnäckig. Wenn Sie feststellen, dass Sie eine davon ständig wiederholen, dann müssen Sie, um Ihr Identitätssystem ruhigzustellen, lediglich auf ein Geräusch hören und spüren, was Ihre Fingerspitzen gerade berühren. Danach etikettieren Sie Ihre Gedanken und kehren zu dem zurück, was Sie gerade tun.
3. Achten Sie dabei auf Signale Ihres Körpers dafür, dass der Depressor oder der Reparierer aktiv sind.
4. Immer wenn eine Emotion oder eine Situation Sie übermannt, steckt eine versteckte Anforderung dahinter. Keine Sorge, Ihr Bewusstsein wird sie entschärfen.
5. Wenn Sie mit einer Entscheidung kämpfen, erstellen Sie eine zweiteilige Entscheidungs-Map. Der Bridging-Teil wird Ihnen neue Optionen eröffnen und neues Selbstvertrauen geben.

6. Tägliche Maps zum Thema «Was mir im Kopf herumgeht» aus Kapitel 5 sind entscheidend, um Sie mit den individuellen Methoden vertraut zu machen, mit denen Ihr Identitätssystem Sie einschränkt. Notieren Sie rasch Ihre Gedanken, Körperempfindungen und Wahrnehmungen auf einem Blatt Papier. Diese Map ist eine Momentaufnahme und zeigt Ihnen, wo Sie sich gerade befinden. Wenn Ihre Map schwierig ist, erstellen Sie sie noch einmal, nachdem Sie sich auf Hintergrundgeräusche und Sinneseindrücke konzentriert haben.

7. Lesen Sie dieses Kapitel noch einmal und konsultieren Sie regelmäßig dieses Buch. Während Sie zunehmend erfahrener darin werden, sich mit Ihrem Identitätssystem anzufreunden, werden verschiedene Teile des Buches Sie auf verschiedene Art ansprechen.

8. Es stärkt Ihre eigene Bridging-Praxis, wenn Sie Ihr wunderbares Leben mit anderen teilen.

Jetzt liegt es bei Ihnen. Gut ausgestattet mit Werkzeugen, werden Sie weiterhin Fortschritte machen, denn Ihre Vielfalt ist grenzenlos. Wie Sie sicher bemerkt haben, ist Ihr Identitätssystem ein mächtiges, starkes und hartnäckiges System. Nur wenn Sie sich mit ihm anfreunden, bekommen Sie die Kontrolle über Ihr Schicksal. Betreiben Sie weiter Bridging. Und lassen Sie uns wissen, wie Sie vorankommen.

LESEN   Kapitel 12

Bridging-Tabelle

Wie oft haben Sie in der letzten Woche die folgenden Dinge getan?

Kreuzen Sie an, was Ihrem Verhalten am nächsten kommt:
nie, selten, gelegentlich oder regelmäßig.

Wie oft …	Nie	Selten	Gelegentlich	Regelmäßig
… hören Sie auf Hintergrundgeräusche?				
… spüren Sie die Sinneseindrücke Ihrer Fingerspitzen, wenn Sie etwas trinken?				
… erfahren Sie die Schwerkraft?				
… setzen Sie Bridging ein, um Stress zu bekämpfen oder Leid aufzulösen?				
… sind Ihnen alltägliche Aktivitäten wie Betten machen, essen oder Auto fahren deutlich bewusst?				
… hören Sie das Wasser durch den Abfluss fließen und erfahren Sie das Wasser auf Ihrem Körper, wenn Sie duschen oder sich die Hände waschen?				
… nutzen Sie Bridging, um einzuschlafen?				
… nutzen Sie Bridging, um zu entspannen und konzentriert zu bleiben?				
… nutzen Sie körperliche Empfindungen als Signal für ein überaktives Identitätssystem?				
… erkennen Sie, dass Ihr überaktives Identitätssystem Ihrem Problem zugrunde liegt?				
… erkennen Sie Ihren Depressor?				
… erkennen Sie Ihren Reparierer?				
… freunden Sie sich mit Ihrem Depressor an?				
… freunden Sie sich mit Ihrem Reparierer an?				
… erkennen Sie, dass Anforderungen Ihren täglichen Ärger verursachen?				
… entschärfen Sie Anforderungen?				
… erkennen Sie Storylines?				
… «überbrücken» Sie Storylines mit Bridging?				
… erkennen Sie Ihr beschädigtes Ich?				
… erleben Sie Ihr beschädigtes Ich als Mythos Ihres Identitätssystems?				
… erkennen Sie freies (natürliches) Funktionieren?				
… ist Ihnen bewusst, dass Ihr wahres Ich von Moment zu Moment frei funktioniert?				
… betrachten Sie Aspekte des täglichen Lebens in einem neuen Licht?				
… erstellen Sie täglich Mind-Body-Maps?				

Die häufigsten Lebensprobleme

Was bereitet Ihnen Kummer oder wird zum Problem? Wahrscheinlich haben wir es in diesem Buch besprochen! Nutzen Sie die folgende Liste, um herauszufinden, wie Bridging und Mapping Ihnen helfen können, verschiedene Lebensprobleme zu lösen. Sie werden auch konkrete Geschichten von Menschen finden, die mit Bridging ihr Leben verändert und gelernt haben, ihr angeborenes natürliches Funktionieren zum Lösen ihrer Probleme einzusetzen oder einfach, um ein erfüllteres Leben zu führen.

Abgelenktheit
Aggressions- und Gewalt-
    prävention
Angst
Aufmerksamkeitsdefizit/
    Hyperaktivitätsstörung
    (ADHS)
Baseball
Behinderungen, körperliche
Betätigung, sportliche
Beziehungen, allgemein
Beziehungen, Liebes-
Burnout
Depressionen

Entscheidungsfindung
Entspannung
Erfolg, beruflicher
Ermüdung
Erziehung
Essstörungen
Fahrprobleme:
    Verkehrsrowdytum und
    Ermüdung
Fibromyalgie
Gewaltprävention und Wut
Gewichtsprobleme
Golf
Grenzenloses Ich, entdecken

Danksagung

Wir danken allen, die uns dabei geholfen haben, unsere Erkenntnisse über das Identitätssystem zu verfeinern, zu dokumentieren und anzuwenden.

Ein besonderer Dank geht an die vielen Menschen, die an unseren Workshops, Seminaren und Einzelsitzungen teilgenommen haben.

Sie haben ihr Leben verändert und dadurch dieses Buch möglich gemacht.

Stopp das Denken, spür das Leben! ist allen gewidmet, die ihr Leben endlich voll ausschöpfen wollen.